Markus Bäuchle

Irland
Ein Länderporträt

Markus Bäuchle

Irland

Ein Länderporträt

Ch. Links Verlag, Berlin

In Erinnerung an Thomas, Gerd und Bodo.
In Dankbarkeit für die Menschen, die mich inspirieren.
Für Hanna, Werner, Petra, Bärbel, Carl,
Heinke, Niko, Christopher, Ben.
Für Eliane, die mit mir Leben und Arbeit teilt.

Die Deutsche Nationalbibliothek verzeichnet diese
Publikation in der Deutschen Nationalbibliografie;
detaillierte bibliografische Daten sind im Internet über
www.dnb.de abrufbar.

3., aktualisierte Auflage, Juni 2015
© Christoph Links Verlag GmbH, 2013
Schönhauser Allee 36, 10435 Berlin, Tel.: (030) 44 02 32-0
www.christoph-links-verlag.de; mail@christoph-links-verlag.de
Umschlagentwurf und Innengestaltung: Stephanie Raubach, Berlin
Karte: Christopher Volle, Freiburg
Satz: Ch. Links Verlag, Berlin
Lektorat: Günther Wessel, Berlin
Druck und Bindung: Druckerei F. Pustet, Regensburg

ISBN 978-3-86153-741-0

Inhalt

Vorwort

Meine persönliche Irland-Story beginnt im Jahr 1979. Ich hatte die Fiedeln der Horslips und die Gitarrenriffs von Rory Gallagher gehört, zudem Fotos von irischen Landschaften gesehen. Zurück aus dem Traumreiseziel New York, war nun Kontrastprogramm angesagt: Ich fühlte mich magisch angezogen von der kleinen grünen Insel am westlichen Rand Europas. Warum genau, blieb unklar, also sah ich nach. Geld war knapp in jenen Tagen, und so reiste ich per Anhalter durch Frankreich, England und Wales nach Irland. Kaum angekommen, nur eine Anhalter-Tour vom Fährhafen von Rosselaire landeinwärts, saß ich schon mittendrin, gemütlich beim Tee mit fremden Menschen, die seltsam freundlich und anteilnehmend sprachen. Um uns herum das weite Land. Elegante Schlichtheit. Schönheit. Eine Natur- und Kulturlandschaft, an der ich mich nicht sattsehen konnte.

Es war die Zeit, als auf den engen Sträßchen Irlands nur wenige Autos verkehrten, als die Menschen auf dem Land noch mit Esel und Karren unterwegs waren, als die Dörfer einen Shop, eine Kirche und eine Polizeistation hatten und die Cottages für 15 000 Mark die Besitzer wechselten. Hier war alles anders als zu Hause in Deutschland – und doch so vertraut. Es war wie Liebe auf den ersten Blick. Andersartigkeit, die nicht wehtat.

Der ersten Irland-Reise folgten viele weitere, der träumerische Wunsch, in dieser Idylle einmal zu leben, erfüllte sich als Ergebnis einer subtilen Langzeitprogrammierung 20 Jahre später. Das Internet war angekommen und baute Brücken. Im Jahr 2000 zogen wir um an die Südwestküste Irlands, die Westküste Europas. Die kleine Insel machte sich gerade auf, eine Dauerparty des neuen Wohlstands zu feiern, bald röhrte der *Celtic Tiger* laut und manchmal ordinär. Der Bauboom wütete, die irische Gesellschaft modernisierte sich im Zeitraffer und mit der Brechstange. Irland kam in der europäischen Gegenwart an und wandelte sich im Rekordtempo. Es war eine Zeit wie ein Déjà-vu.

Dann kam 2008 der große Knall: wirtschaftlicher Zusammenbruch, Stillstand, Rückwärtsbewegung. Vorbei die kurzen fetten Jahre. Arbeitslosigkeit, Not und Mangel kehren zurück, die Welle der Auswanderung rollte wieder. Sechs Jahren tiefer Krise folgte erst ab 2014 die allmähliche wirtschaftliche Erholung. Gleichzeitig erhöht Europa den Anpassungsdruck. Eigenheiten fallen der Gleichmacherei des globalen Wirtschaftens und der Euro-Bürokratie zum Opfer. Wohin ist dieses Land wohl unterwegs? Bei allem Anpassungs- und Veränderungsdruck: Irland ist anders geblieben. Dies gilt bis heute. Auch anders, als wir es als Urlauber gesehen hatten. Die persönliche Lovestory mit Irland hält an. Es ist wohl eine reifere, erwachsenere Form der Beziehung geworden, doch durch alle Veränderungen hindurch hat sich die Zuneigung zu Land und Leuten erhalten. Hier lässt sich gut leben.

Bevor wir uns gemeinsam auf Lesereise begeben durch dieses kleine, faszinierende Land, das gerade so groß ist wie Bayern, drei kurze Vorbemerkungen: Dieses Buch ist eine Annäherung an ein Land im Übergang, an eine Gesellschaft, die sich ihrer selbst nicht sicher ist und bisweilen Schwierigkeiten hat, sich selbst zu verstehen. Wer einfach nur Daten und Fakten zu Irland sucht, ist bei der irischen Statistikbehörde CSO, beim CIA Factbook oder bei Wikipedia gut aufgehoben oder wirft einen Blick in den Fakten-Anhang am Ende des Buches. Zudem: Dieses Buch verallgemeinert. Über »die Iren« zu schreiben, hat im Zeitalter des ultimativen Individualismus für manchen einen despektierlichen Unterton – und doch ist die Prägekraft gemeinsamer kultureller und geografischer Lebensbedingungen sowie eines gemeinsamen Genpools augenscheinlich. So benenne ich die Gemeinsamkeiten und Eigenheiten, ohne die Individualität und Einzigartigkeit einzelner Menschen in Zweifel zu ziehen. Und ja, Wesensarten wie die perfektionierte Unpünktlichkeit werden in heiligem Respekt vor all den irischen Handwerkern beschrieben, die dann doch pünktlich und zuverlässig sind.

Schließlich: Dieses Buch wurde auf dem Land erlebt und geschrieben. Abseits der Metropolen, auf dem Dorf, an der Peripherie. Irland ist Peripherie; Dublin, die einzige Großstadt der Republik, ist nicht Irland – auch wenn zwei von fünf Iren (und wenn ich in einem solchen Zusammenhang von Iren schreibe, dann meine ich selbstverständlich die Irinnen mit) in der Hauptstadt oder in deren Einzugsbereich leben. »Mein Irland« findet, wer will, in der wenig bevölkerten, weiten irischen Landschaft an der Atlantikküste. Und natürlich ist mit Irland die Republik Irland gemeint, *The South,* wie es hier heißt, oder *Eire,* wie Irland offiziell genannt wird. Man kann auch sagen, es geht hier um die Insel namens Irland minus das noch immer zum Vereinigten Königreich gehörende Nord-irland. Doch nun viel Spaß beim Lesen.

Einleitung

Irland ist … weite grüne Wiesen, Schafe, Whiskey, bunte Cottages, immer freundliche Menschen. Irland ist der Ort, wo rothaarige, freundliche Insulaner den ganzen Tag im Pub sitzen, irische Folk-music hören und spielen und immer Zeit für ein Schwätzchen haben. Irland ist Irish Stew, Guinness, Ruinen, Feen und *Leprechauns,* Irland liegt irgendwo ganz links und ganz weit oben, dort im Norden, wo es immer regnet. Kein Land in Europa hat ein so kurioses Image wie Irland, ein Image, das genauso prägnant wie falsch ist, genauso verführerisch wie irreführend. Kein Volk in Europa hat sich einen solch schmeichelhaften Ruf erworben wie die Iren: die netten Menschen von der Insel, die sympathischen Verlierer, neuerdings die Musterpatienten. In Wirklichkeit ist Irland ein wenig so – und doch ganz anders. Images sind meistens falsch, unscharf, ungenau – und doch haben sie zumeist einen wahren Kern. Wir wollen in diesem Buch der Wirklichkeit hinter dem Image nachspüren.

Das moderne Irland ist ein widersprüchliches, ein schillerndes und sich selbst suchendes Land. Alte, gesetzte Kulturen wie die der Japaner oder der Bayern haben ihren Frieden mit den inneren Widersprüchen längst gemacht und harmonisieren diese in bestem Marketing-Sprech: Laptop und Lederhosen. Wo Vergangenheit auf Zukunft trifft. Von einem solch abgeklärten Selbstverständnis ist Irland weit entfernt. Nach einem 50 Jahre währenden nationalen Ritt auf der Achterbahn, nach 15 fetten Wohlstandsjahren und einem alptraumhaften Absturz von 2008 bis 2014 in ungeahnte und doch vertraute Tiefen, nach schnellen Modernisierungsschüben im Zeitraffer und nach kollektiven Anpassungsversuchen an die Welt um die Insel herum präsentiert sich Irland heute als ein Land der Ungleichzeitigkeiten. Wir erleben das moderne Irland mit seinen

Glitzerfassaden, seinem Wohlstand und seinem amerikanisierten Lebensstil, wir erleben im anderen Extrem das traditionelle, alte Irland in treuer Fixierung auf Kirche und Tradition, wir erleben dazwischen Menschen, die beides in sich tragen und nicht selten hin- und hergerissen sind zwischen den vielen Vorzügen und Nachteilen des einen wie des anderen Lebens.

So ist Irland im Jahr 2015 ein spannendes Land, das in seinen Widersprüchen schillert wie der Regenbogen; ein Land auf der Suche nach den Goldtöpfen an den Enden dieses Regenbogens, ein Land, das gerade schmerzhaft gelernt hat, dass diese Goldtöpfe sich in die Büchse der Pandora verwandeln, wenn man sie nur unvorsichtig genug öffnet. Nur 160 Jahre nach der Zeit der bittersten Armut, keine 100 Jahre nach den blutigen Kämpfen der Unabhängigkeit und der Identitätsfindung, nur 50 Jahre seit dem Anschluss an die Moderne befindet sich das Land auf einer Achterbahnfahrt zwischen Existenzminimum und fragilem Wohlstand.

Wer durch eine typische irische Stadt geht, nehmen wir Tralee, Hauptstadt der Grafschaft Kerry, sieht die Widersprüche auf einen Blick: hier vor der Stadt die Wohnpaläste der neuen Reichen und die Hotels für alle, die es sich leisten können, die Mega-Shopping-Mall, die an Wochenenden den gesamten regionalen Verkehr in sich aufsaugt, dort die alten, ärmlichen Straßen im Zentrum, die geduckten Häuser, die Zwei-Euro-Shops. Neue und alte Armut, Hyperkonsum und Wohlstand, Tradition und Moderne existieren hier Tür an Tür – und mittendrin das alte Football-Stadion, mächtig und doch morbide, wie aus einer anderen Zeit.

Als Heilritual gegen die Identitätskrise beschwört man gerne die heilige *Irishness,* das einende irische Wesen, die »Irischkeit«. Es gipfelt in der Bekundung von Nationalstolz, was in unseren Ohren erst befremdlich klingt, wenn wir versuchsweise »irisch« durch »deutsch« ersetzen: »Proud to be Irish« – stolz, ein Ire zu sein. Wer also sind diese Iren, wie leben sie und wie lebt es sich in ihrem Land?

Wir nähern uns dem Inselland und seinen Menschen in sechs Schritten, zunächst ganz behutsam mit den ersten Eindrücken nach der Landung und mit einer etwas anderen Landeskunde. Kapitel zwei beschreibt die zwei Jahrzehnte bis heute, die Irland dramatisch verändert haben: die Ära des Keltischen Tigers und des wirtschaftlichen Absturzes, die Jahre auf der Achterbahn. Das dritte Kapitel widmet sich dem Leben auf dem Lande, in der Hauptstadt Dublin und auf den Inseln. Wir werfen einen Blick in die Arbeitswelt und auf den modernen Lebensstil, schauen im Krankenhaus vorbei und gehen einkaufen. Danach, im Kapitel vier, ist Freizeit angesagt: vom Tresen- zum Ballsport, vom Pferderennen zu den Meisterschaften im Wettpflügen; und natürlich gehen wir zum Abschalten hinaus in Irlands einzigartige Naturlandschaft. Über das Sonderverhältnis zwischen den Deutschen und Irland gibt das vorletzte Kapitel Auskunft, bevor wir zum Schluss ein paar gängige Vorurteile über Irland auseinandernehmen und uns auf die definitive Suche nach den Feen und *Leprechauns* machen. Wer sich brennend für die Frage interessiert, wo man die »Kleinen Leute« findet, muss hinten anfangen. Alle anderen Leserinnen und Leser blättern einfach um.

Irland ist anders.
Eine kleine Landeskunde

Der erste Eindruck

Es dauert keine zwei Stunden von Deutschland in eine andere Welt. Wer mit dem Flugzeug über Irland einschwebt und den weitläufigen, mit Steinmauern parzellierten Felderteppich unter sich näherkommen sieht, versteht noch vor der Landung, warum Irland auch die »Grüne Insel« genannt wird. Grün herrscht als Farbe vor, Grün ist die Nationalfarbe, das grüne Kleeblatt das Nationalsymbol. Iren tragen im Alltag zwar selten grün, doch am Nationalfeiertag am 17. März oder zu besonderen Anlässen wie einer Fußball-WM oder einer Rugby-Meisterschaft lassen sie die grüne Kluft zusammen mit grün gefärbten Haaren und Wangen umso heller strahlen. Grün ist die Farbe der Landschaft, und auch wenn die Iren sich während des großen Baubooms in den frühen Jahren des neuen Jahrtausends alle Mühe gegeben haben, die Insel zu betonieren und mit Häusern zuzustellen: Es ist ihnen nicht gelungen. Sieht man einmal vom Ballungsraum Dublin und den großen Städten Cork, Limerick oder Galway ab, so bleibt Grün die dominierende Farbe.

Die atlantischen Regengebiete, die mit schöner Regelmäßigkeit das Wetter auf der drittgrößten Insel Europas bestimmen, halten die Vegetation in Schuss, und einer im Wachstum stagnierenden Bevölkerung, der das nötige Kleingeld zum Bauen ausgegangen ist, gelingt es seit geraumer Zeit nicht mehr, das vitale Grün zugunsten von Betongrau zurückzudrängen. *40 Shades of Green,* 40 verschiedene Grüntöne sollen die Gesamtkomposition Irland ausmachen. Die hat der legendäre amerikanische Countrystar Johnny Cash einmal gezählt und seine Erkenntnisse zu einem gleichnamigen Song verarbeitet. Der Klassiker gilt noch heute als gewinnbringende Steilvorlage für Irlands Tourismuswerber: Die Grüne Insel lockt seitdem mit 40 verschiedenen Grünschattierungen.

Nun sitzen wir schon im Auto und betrachten diese immer grüne Landschaft von der linken Straßenseite aus. In Irland herrscht Linksverkehr. Es fällt auf, dass die meisten der vielen neuen Wohnhäuser auf betonierten Bodenplatten stehen und von Asphalt umgeben werden. Ob Beton und Bitumen ausdrücken wollen, dass man in der Zivilisation angekommen ist? Dass einem das stets wuchernde Grün nicht mehr gnadenlos auf die Pelle rücken kann, dass die regelmäßigen Ginsterfeuer einem nichts mehr anhaben können? Pflegeleichter Betonboden und die sichere Distanz zur Vegetation scheinen jedenfalls eine zivilisatorische Errungenschaft der letzten 20 Jahre zu sein, am besten wirkt sie, wenn noch drei oder vier Autos draufstehen. Vielleicht will man sich mit der Asphalt- und Betonplatte auch einfach nur die wilden Tiere vom Hals halten: etwa die meist in Schwärmen auftretenden irischen Minimücken, die sich allzu gerne im feuchten Gras verstecken.

Irlands Häuslebauer schätzen neben der Distanz zu Wiesen, Hecken und Weiden auch den Sicherheitsabstand zum Nachbarn. Die neuen Häuser liegen – wie auf einer Perlenkette aufgereiht immer an der Straße entlang – in beachtlicher Entfernung zueinander. Es heißt, diese verschwenderische Form der Landbesiedelung hätten die Neuzeit-Iren von ihren keltischen Vorfahren übernommen. Die lebten auch in einer eigenen Behausung mit viel Raum, in weiten Streusiedlungen und konnten sich eine verdichtete Bebauung namens Dorf oder Stadt nicht vorstellen. Iren streben ein Leben mit der Familie im eigenen Haus an, 70 Prozent der Bevölkerung hat eigene vier Wände.[1] Zur Miete wohnt man nicht gern, und die Eigentumswohnung ist nur ein Kompromiss. Überall dort, wo in Irland dann doch Siedlungszentren mit verdichteter Bebauung entstanden sind, beispielsweise die Gründungen Dublin oder Cork, haben andere Invasoren ihre Handschrift hinterlassen: Die großen Städte sind Gründungen der Wikinger.

Die an uns vorbeiziehenden Häuser wirken trotz der verschiedenen Farben und Größen uniform und architektonisch ein wenig langweilig. Sie sind sich landauf, landab so ähnlich, als hätte sie alle derselbe fleißige Architekt entworfen. Tatsächlich hatte die Zunft der kreativen Architekten im jüngsten irischen Bauboom nicht viel ausrichten können. Wer in Irland ein Haus baut, geht traditionell zum News Shop, kauft sich eine Baufibel und wählt sein Haus

aus einem guten Dutzend Standardgrundrissen aus. Dieselben Grundrisse hat jeder Ingenieur in seinem Computer gespeichert und kann den Wunsch des Kunden nach drei, vier oder mehr Schlafzimmern binnen Minuten in einen Bauplan umsetzen. Der französische Schriftsteller Michel Houellebecq, der mehrere Jahre in Irland lebte, beurteilte die zeitgenössische irische Bauweise lakonisch: »Die irische Architektur hatte [...] keinerlei spezifischen Charakter: Es war eine Mischung aus kleinen roten Backsteinhäusern, wie man sie in den englischen Vorstädten finden konnte, und großen weißen Bungalows, die nach amerikanischer Art einen geteerten Vorplatz hatten und von Rasenflächen gesäumt waren.«[2]

Viele Häuser entlang der Straße, auch diese uniformen Ferienhaussiedlungen, die nun so manchen Ortsrand verschandeln, wirken seltsam unbelebt, verlassen, leer. Sie sind es. Auf den 70 000 Quadratkilometern namens Irland konkurrieren natürliches Grün und zivilisatorisches Grau ständig um Dominanz und Flächengewinn. Im Boom-Jahrzehnt vor dem großen Immobilien-Crash im Jahr 2007 bauten gewinnbeseelte Iren bis zu 70 000 neue Häuser im Jahr. Die Preise verdoppelten und verdreifachten sich in der Zeit, viele Bauspekulanten verdienten sich eine goldene Nase, doch die nur 4,6 Millionen Inselbewohner bauten massiv über ihren Bedarf hinaus. Die Immobilienblase platzte schließlich und stürzte eine ganze Volkswirtschaft in die Krise. Nun stehen 290 000 leere Häuser in der Landschaft, die niemand bewohnt und niemand braucht. Jedes siebte der knapp zwei Millionen Häuser in Irland stand im Jahr 2011 laut Census aus demselben Jahr leer.[3] Der Ökonomieprofessor Morgan Kelly vom University College Dublin prognostizierte schon 2008, dass im folgenden Jahrzehnt mehr Häuser in Irland abgerissen als neu gebaut werden würden. Häuser, die der Mensch nicht bewohnt und nicht pflegt – zumal in der Version des im Boom schnell errichteten Holzständerbaus –, werden innerhalb von zehn bis 15 Jahren von der Witterung und der vitalen Vegetation zurückerobert und in den erbarmungswürdigen Zustand überführt, der nur noch den Abriss zulässt.

Doch zurück zur Landschaft: Dass sich in Irland ein Gefühl der Weite und des Raumes einstellt, obwohl dieses nach Ansicht von Globetrottern nur noch im Outback Australiens oder in der Tundra des Nordens erfahrbar sein soll, liegt an der niedrigen Bevölkerungsdichte und dem vergleichsweise noch immer überschaubaren Landverbrauch. In Irland leben auf einem Quadratkilometer durchschnittlich nur 65 Menschen, in Deutschland sind es 229, also dreieinhalb Mal so viele; und die Zahl der Häuser hat auch nach dem wilden Bauboom lediglich die Dichte von 29 Gebäuden pro Quadratkilometer erreicht.

Den Besucher aus »Europa«, wie der Insel-Europäer den europäischen Kontinent gerne distanzierend nennt, irritiert am irischen Haus noch eines: Auf »innere Werte« wird nicht viel Gewicht gelegt. Die Isolierung beschränkt sich auf das Allerwesentliche, die Leitungen für Strom, Wasser und Abwasser liegen zumeist gut sichtbar auf Putz an der Rückfassade. Das macht irische Häuser anfällig für eine Wetterlage, die im Wetterplan eigentlich gar nicht vorgesehen ist: den Winter. Fallen die Temperaturen im Dezember oder Januar einmal deutlich und längere Zeit unter null Grad, dann frieren die Leitungen ein, und es fehlt den Menschen schnell am Notwendigsten: an Trink-, Koch- und Waschwasser, an funktionierenden Toiletten, an Kerosin und Diesel für die Heizungen – und selbst an Lebensmitteln: Denn Irlands Autos sind für Fahrten auf Schnee und Eis nicht gut ausgerüstet, und deren Fahrer fühlen sich nicht dazu berufen. So sorgt schon der Hauch eines Wintereinbruchs, der im Allgäu leicht als Frühlingsschneegestöber durchgehen würde, für apokalyptische Verhältnisse auf den Straßen. An Straßenrändern abgestellte und in Straßengräben zum Stillstand gekommene Fahrzeuge säumen dann die Fahrbahnen und bleiben dort stehen, bis die Kraft der Sonne wieder geordnete Verhältnisse ermöglicht.

Wir sind weiter unterwegs. Ein Blick auf das Nummernschild des vorausfahrenden Autos lässt erkennen: Irland hat seine eigene Systematik der Kraftfahrzeug-Registrierung: 06-C-869. Die hinteren drei (bis fünf) Ziffern sind die individuelle Registriernummer, der Buchstabe in der Mitte bezeichnet das County, in der das Auto zuerst zugelassen wurde: Das »C« steht für die Grafschaft Cork, »D« steht für Dublin, »KY« für Kerry oder »DL« für Donegal – und die beiden ersten Ziffern nennen das Jahr der Erstzulassung. Diese beiden Ziffern sind Irlands inoffizieller Neid-und-Status-Code: Zum Millennium, der Jahreswende 1999/2000, war auf der Insel eine wahre Status-Orgie ausgebrochen: Hunderttausende Iren wollten mit einem schönen, neuen und natürlich möglichst großen

Auto und dem Kennzeichen »00« anzeigen, dass sie finanziell vorne liegen und auf der Statusleiter ganz nach oben gehören. In den ersten vier Jahren des neuen Jahrtausends wurden deshalb gefühlte zwei Drittel des Wagenbestands erneuert. Wer auf einer alten 94er oder 99er-Limousine sitzen blieb, galt im großen Prahlen der Keltentigerära schnell als erfolgloser Außenseiter.

Dann kam der Absturz, die Rezession, der wirtschaftliche Niedergang. Mit ihm nahm auch die Zahl der Auto-Neuzulassungen drastisch ab, und die Autos werden seitdem wieder deutlich kleiner. 90 Prozent der in den vergangenen zwei Jahren neu zugelassenen Fahrzeuge werden in den beiden schadstoffärmsten und steuerlich günstigsten Klassen geführt. 2012 wurden in der Republik noch 76 250 neue Autos zugelassen, ein Jahr zuvor waren es 86 900, das waren – gepusht durch eine Abwrackprämie im ersten Halbjahr – immerhin 1,6 Prozent mehr als im Jahr 2010. Doch im Spitzenjahr 2007, dem letzten Jahr des irischen Booms, war die Zahl der Neuzulassungen laut *Irish Times* mehr als doppelt so hoch und lag bei 186 500. Die Zulassungszahlen zeigen, welche tiefen Spuren die Rezession in den Taschen der Insulaner hinterlassen hat – und dennoch: Auch die tiefste Krise geht irgendwann vorbei. In den ersten Monaten des Jahres 2015 stieg die Zahl der Autokäufe auf den höchsten Stand seit Beginn der Rezession und eine jubelnde Branche steuerte erstmals nach sieben Jahren wieder 100 000er Marke an.

Das Schicksalsjahr für die irische Autobranche war zweifellos das Jahr 2013. Zwar hatte das Land den angekündigten Weltuntergang im Dezember 2012 trotz großer Bedenken abergläubischer Einwohner problemlos überstanden, doch dann drohte die unglückselige Zahl 13 die Automobilwirtschaft auf der Insel endgültig in den Abgrund zu ziehen. Laut Befragungen war es für jeden zwölften Iren nicht vorstellbar, ein Autokennzeichen mit der Jahreszahl 13 zu chauffieren. Diese Befindlichkeit kam der Automobil-Lobby gerade recht. Denn die Neigung der Autobesitzer, einen beträchtlichen Teil der Neuwagen bereits in den ersten drei Monaten des neuen Jahres zu kaufen, um frühzeitig anzuzeigen, dass man vorne mit dabei ist, stellt die Autohändler seit Jahren vor große Probleme: Sie kämpfen mit vier Monaten Hochbetrieb und acht Monaten Flaute. Die Abschaffung der Unglückszahl 13 auf den Kfz-

Kennzeichen und die Einführung der Ziffern 131 und 132 – verbunden mit zwei Zulassungshalbjahren – sollten deshalb Glück und Glanz von Fahrern und Händlern gleichzeitig mehren. Was leicht verschroben wirkt, ist schlichtweg eine typische irische Lösung für ein typisch irisches Problem. Und die Lösung hält: Wir sehen nun 152-er und bald auch 161-er und 162-er Wagen rollen.

Wir fahren durch Straßendörfer. Hier begrenzen die längs zur Ortsdurchfahrt stehenden, direkt aneinander gebauten, geduckten alten Häuser die enge Straße auf beiden Seiten. Die Ortsdurchfahrten stammen aus einer Zeit, als das Auto noch nicht erfunden war. Sie halten dem Verkehrsaufkommen heute nur mühsam stand. Die Hausbänder links und rechts präsentieren sich in bunten, wechselnden Farben. Gäste aus dem Ausland halten den farbenfrohen Anblick der Dörfer gerne für »typisch irisch«. Das mag mittlerweile stimmen, doch noch vor 30 oder 40 Jahren waren die Häuser in Irland entweder grau verputzt oder mit weißer Kalkfarbe gestrichen. Die blassen Farben der Armut wichen erst mit zunehmendem Wohlstand den bunten Fassaden, die der stolze und pflichtbewusste Hausbesitzer nun alle ein, zwei Jahre neu bepinselt.

Ein Vorzug der irischen Dörfer und Städtchen: Viele von ihnen halten für Bewohner wie Besucher und Durchreisende noch eine alte Institution bereit: die öffentliche, kostenlos zu benutzende Toilette. Sie ist gewöhnlich an ihrer Schmucklosigkeit zu erkennen, und oft wäre Latrine das bessere Wort für das stille öffentliche Örtchen. Doch wer wollte in der Not über Stilfragen diskutieren? Nur eines muss bedacht sein: »M« steht in Irland nicht für »Männer« und »F« auch nicht für »Frauen«. Auf Irisch heißen die Männer *Fir* und die Frauen *Mna*. Wie gesagt, Irland ist anders. Immer dran denken, auch wenn die Zeit einmal drängt.

Autofahren in Irland ist übrigens ziemlich einfach. Die meisten Kreuzungen sind gar keine, weil der Verkehr kreuzungsfrei durch große und kleine Kreisel fließt und man sich nur eines merken muss: Der Kreisel hat immer Vorfahrt, wer in den Kreisel einfährt, wartet auf seine Gelegenheit und gibt seine Absicht beim Ausfahren durch Blinken zu erkennen. Dass das Blinken genauso wie andere Regeln reine Theorie ist und weiter niemanden interessiert (außer neuerdings ein paar übereifrige Verkehrspolizisten), ist ein anderes Thema, genauso wie die Sache mit dem Führerschein.

Noch immer fahren in Irland zigtausend Verkehrsteilnehmer ohne gültigen Führerschein – manche völlig legal, andere weniger. Wenn jemand mit dem roten L-Schild (für *Learner*) unterwegs ist, heißt das zumeist, dass der Fahrer rein theoretisch über den Straßenverkehr Bescheid weiß beziehungsweise immerhin die Theorieprüfung gemacht hat. Der Fahrschüler darf in diesem Fall in Begleitung eines Führerscheinbesitzers selber am Steuer sitzen. Die Sache mit dem Beifahrer wird allerdings im Alltag allzu leicht vergessen, genauso wie die mit dem »L« an der Heckscheibe. Doch bis vor Kurzem schreckte jede irische Regierung davor zurück, dem Wahlvolk ohne Führerschein das Leben in der Praxis schwer zu machen.

Den Angaben auf dem wachsenden Heer von Straßenschildern darf man übrigens einigermaßen Glauben schenken – jedenfalls mehr als noch vor zehn Jahren. Die alten gusseisernen schwarzweißen Wegweiser mit Meilenangaben wirkten oft willkürlich gesetzt, zeigten bevorzugt in die falsche Richtung und widersprachen sich regelmäßig und mehrfach innerhalb von nur ein, zwei Meilen Fahrt. Eine übereifrige Administration und die auf Vereinheitlichung drängende Europäische Union haben das Land neuerdings aber mit einem flächendeckenden modernen Schilderwald überzogen, der die Verkehrsteilnehmer mit Kilometer- und Stundenkilometer-Angaben diszipliniert und auch vor dem kleinsten Feldweg nicht haltmacht. Irlands Straßenverwalter machten sich eine Schilderästhetik zu eigen, die ihre Wurzeln in Großbritannien, in den USA, in der EU und in Australien hat.

Die schlauen Planer haben zudem vier Straßentypen ausgemacht und die Beschilderung systematisch und stur durchgezogen: das 120 km/h-Tempolimit für Autobahnen, 100 km/h für Nationalstraßen, 50 km/h für Ortsstraßen und 80 km/h für regionale und lokale Straßen. Ungläubige Touristen fotografieren nun immer wieder gerne die abstrusen Resultate der Schilderreform: Beliebte Motive sind die Tempo-80-Schilder an den vielen Feldwegen und den engen Sträßchen, auf denen man auch mit viel Übung kaum auf die Hälfte der Maximalgeschwindigkeit kommt, ohne sich als Hasardeur und Straßenrowdy zu outen.

Die Iren selber nehmen die vielen neuen Schilder gelassen hin, gewissermaßen als unverbindliche Vorschläge, und ärgern sich allenfalls, dass sie am großen Schilderdeal selber nicht verdient haben. Die Regierung im fernen Dublin hat mittlerweile immerhin eingesehen, dass das neue System deutliche Schwächen hat. Nun wartet man auf die Reform der Reform. Eine neue Schilderwelle droht.

Und woran merken wir sonst noch, dass wir endlich in Irland sind? An den rothaarigen, sommersprossigen Menschen vielleicht? Dies allenfalls mit etwas Glück, denn so häufig wie im Vorurteil kommen die »typischen« Iren im wirklichen Leben nicht vor. Wenn wir jedoch bei acht Grad Celsius und Nieselregen auf der Straße Männern in T-Shirts und Mädchen in ärmellosen Hemdchen und kurzen Röcken begegnen, in der Hand eine Flasche *Lucozade* oder eine Tüte *Tayto*-Kartoffelchips, dann können wir ziemlich sicher sein, dass wir angekommen sind in diesem wundersamen kleinen Land.

Das liebe Wetter: Thema Nummer eins

Auch das Wetter sollte uns einen deutlichen Hinweis auf unseren Aufenthaltsort geben. Selbst wenn es einmal wenig spektakulär ist: Die Menschen reden darüber. Ständig. Pausenlos. In jedem Gespräch, vor jedem Smalltalk, bei jeder Begrüßung: Erst wird das Wetter erörtert. »Wie geht's dir, was für ein wundervoller Morgen.« – »Mir geht's nicht übel, welch ein prächtiger Morgen.« Die eher rhetorische Gruß-Frage »Wie geht es?« (»How are you?«) wird meist kurz beantwortet mit »Good« oder »Not too bad« und dann mit einem Kommentar zum Wetter gekontert: »Nice morning.« Der Konter wird erwidert mit einer Bestätigung des Wetterkommentars, etwa mit »Glorious morning«. Danach wird dann das Wetter im Detail diskutiert, und so geht das eine ganze Weile hin und her, bis man endlich zur Sache kommt – oder auseinandergeht.

Jeder Ire ist sein eigener Meteorologe mit einer eigenen Prognose für die nächste Stunde, den laufenden Tag oder das ganze Jahr – und der Wetterbericht des staatlichen Wetteramtes Met Éireann gehört obligatorisch zum täglichen Medienmenü. Besucher, die das Gesprächsritual noch nicht beherrschen, grübeln gelegentlich über die Frage nach, warum die Iren eigentlich so gerne, so oft, so leidenschaftlich und vor allem ständig über das Wetter reden. Wir haben die Frage einmal auf die Metaebene gehoben und einfach die Nachbarn gefragt: Warum tut ihr das? Das kam dabei heraus: Weil das Wetter so selten den eigenen Erwartungen entspricht. Weil Wetter ein so herrlich unverfängliches Thema ist, über das man sich sogar streiten kann, ohne miteinander in Streit zu geraten. Weil man es nicht beeinflussen kann und deshalb auch niemandem die Verantwortung oder gar die Schuld geben muss – außer vielleicht den Amateuren vom Wetteramt, die gestern mit ihrer Prognose mal wieder komplett danebenlagen. Oder weil man dann nicht über die neuesten Untaten des Pfarrers reden muss und weil es kein besseres Thema für eine formale und unverdächtige Unterhaltung gibt. Oder weil sich der nächste Pub-Besuch mit einem Hinweis auf das Wetter bestens rechtfertigen lässt: Denn im Pub ist das Wetter immer dasselbe, dort regnet es eher selten – sieht man einmal von gelegentlichen Bierduschen ab.

Andrew O'Shea, Besitzer eines Modeladens in West Cork, gibt eine weitere plausible Antwort: »Wir Iren reden unaufhörlich vom Wetter, weil es einen so großen Einfluss auf unser Leben hatte und bis heute hat.« Das ist der entscheidende Hinweis: In der Agrargesellschaft, die Irland bis vor Kurzem noch war, waren die Menschen vom Wetter stark abhängig, und sie sind es bis heute, weil das Wetter in Irland so vielfältig ist, dass man sprichwörtlich alle vier Jahreszeiten an einem Tag erleben kann.

Die Entscheidungen über das Wetter des Tages fallen nicht immer, aber sehr oft draußen über dem Atlantik. Was die konkurrierenden Wettersysteme dort unter sich ausmachen, wird als Hoch oder Tief direkt auf den ersten Vorposten am westlichen Rand der europäischen Landmasse geschickt – und der heißt Irland. Hier kommen die Regengebiete genauso ungebremst und ungebändigt an wie die wilden Winterstürme oder das Bilderbuchwetter mit Sonne und Kumuluswolken. An Irlands Atlantikküste im Westen der Insel gibt es deshalb privilegierte Orte, die 2000 Millimeter Regen und mehr pro Jahr abbekommen. Das sind immerhin zwei Meter in der Höhe, die mühelos ein Freibad füllen würden. Fast kontinental geht es dagegen schon auf der anderen, der Europa zugewandten Ostseite der Insel zu: Dort fallen in einem durchschnittlichen Jahr 750 bis 1000 Millimeter Regen – Werte, die man auch aus Flensburg oder München kennt. Die amtlich bestallten

Wetterfrösche von Met Éireann, die in einer Büropyramide in Dublins Stadtteil Glasnevin arbeiten, stehen auf dem Land immer im Verdacht, das Wetter nur für Dublin zu »machen«, und so wundert es niemanden, dass sie aus ihren jahrzehntelangen Aufzeichnungen diese Mittelwerte errechnet haben: An der Ost- und Südostküste der Insel gibt es pro Jahr etwa 150 Regentage, im Westen sind es bis zu 225 – und ein Regentag ist ein Regentag, wenn mehr als ein Millimeter Wasser vom Himmel fällt. Wer seine Chancen, nass zu werden, optimieren will, sollte sich vor allem in den Monaten Dezember und Januar im Freien aufhalten, wer mehr auf trockenes Wetter wartet, sollte statistisch abgesichert auf den Juni setzen. Aber reden wir bloß nicht vom vergangenen Juni …

Das Drama mit dem irischen Wetter ist nun: Dort, wo es eher wenig regnet, sitzen die Leute überwiegend in den Häusern und in den Büros, zum Beispiel im Großraum Dublin; und dort, wo es mehr regnet, finden die Freunde der Natur die herrlichsten Berge und die schönsten Landschaften. Das Outdoorleben am Atlantik hat deshalb seinen Preis: Wer aus dem Haus geht, wird sich von betörendem Sonnenschein nicht den Kopf verdrehen lassen, er wird trotzdem alle Fenster gut verschließen und seinen ständigen Begleiter, den Irennerz oder die wasserdichte Funktionsjacke aus Hightechfasern, auch und gerade jetzt mit sich führen. Denn wie gesagt: Das Wetter ist vielfältig und die Unterbrechung des schönen Wetters durch vier, fünf Schauer keine Seltenheit.

Es stimmt tatsächlich: Es regnet öfter in Irland als auf dem Kontinent. Die vielen Schauer tragen einen Gutteil dazu bei. Die irische Wetterbehörde legt dennoch Wert auf die wissenschaftlich untermauerte Feststellung, dass »öfter« nicht gleichzeitig »mehr« bedeutet. Typischerweise fallen an einem regnerischen irischen Tag ein oder zwei Millimeter pro Stunde, es nieselt, die Luft fühlt sich feucht an wie eine Schönheitsmaske, und der Ire spricht von einem *Soft Day,* einem sanften Regentag. Eher selten regnet es »Katzen und Hunde«, wie die Menschen auf der großen Nachbarinsel sagen, und das, was die deutsche Wetterfee Claudia K. neuerdings als »Starkregen« ankündigt, ist die ganz große Ausnahme und ereignet sich rein statistisch nur alle fünf Jahre.[4]

Allerdings wollen die Propheten des Klimawandels wissen, dass der irische *Soft Day* ein vom Aussterben bedrohtes Wetterphänomen sei. Die Meteorologen vom britischen Wetterdienst haben in ihren Zukunftsmodellen einen Hang zur Dramatisierung errechnet: Das sanfte Wetter soll tendenziell einem härteren und wilderen weichen. Also doch »Starkregen« über Irland? Warten wir es ab. Die Prognosen der Wissenschaftler zielen mindestens genauso oft daneben wie die der Wettermacher in der Pyramide in Glasnevin. Erinnern Sie sich zum Beispiel noch an die Mär vom Versiegen des Golfstroms? Diese warme Meeresströmung, die im großen Stil aus dem westlichen Südatlantik warmes Wetter in den östlichen Nordatlantik pumpt, ist für das milde, ausgeglichene Klima in Irland zuständig. Dem Golfstrom sei Dank, dass auf der Insel Winter vorherrschen, die den Namen nicht verdient haben, mit ein paar harmlosen Frostnächten und wenig bis ganz wenig Schnee. Wintersport zumindest kann sich in Irland nicht entfalten.

Seit dem Jahr 1999 bastelten seriöse Wissenschaftler jedoch an der Drohkulisse einer erkaltenden Wärmepumpe und eines versiegenden Golfstroms. Als die zwei aufeinanderfolgenden Winter der Jahre 2009 und 2010 dann auch noch extrem kalt ausfielen – solche Ausreißer gibt es alle 50 bis 60 Jahre – schien das Schicksal Irlands besiegelt: Patrick und Mary sahen sich am Rande einer neuen Eiszeit. Sie sinnierten schon über die Anschaffung von Schneeketten und investierten in Frostschutzmittel. Dann, im September 2012, kam die Entwarnung: Die Jäger des Golfstroms hatten sich verrechnet. Dem Golfstrom geht es gut, er pumpt so warm und so robust wie eh und je. Auf der Expertentagung »Klimafaktor Ozean« in Hamburg verkündeten die versammelten Klimaforscher im Chor: Der Golfstrom pumpt, und das ist gut so.[5] Wir sangen mit: Lang niesele der sanfte Regen.

Am Tag, als mir der weitgereiste Mark aus Macroom die wahre Lebensart des entschlossenen Iren erklärte, regnete es übrigens nur einmal: von morgens bis abends. Wir bestiegen zusammen den Hungry Hill, einen der schönsten Aussichtsberge Irlands, im Zentrum der Beara-Halbinsel. Wir stapften, wir schlitterten und wir krabbelten, stellenweise auf allen vieren, durch Matsch und Pfützen. Von Aussicht keine Spur. Doch wir folgten Marks Lebensmotto für einen gelingenden irischen Alltag. »Mache deine Pläne bevor du morgens die Gardinen öffnest und führe sie dann aus – egal, was du da draußen siehst.« Yes, we did it!

Exkurs: Das Wetter und die Gäste Irlands

Das Wetter ist nicht nur das Lieblingsthema der Iren. Auch die Besucher Irlands lassen sich leicht anstecken und verpassen keine Gelegenheit, um den Wettergott zu beschwören – allen voraus die Besucher aus Deutschland. Die imprägnierten Insulaner haben zahlreiche Euphemismen in die Welt gesetzt, die jeden Gast eigentlich aufhorchen lassen müssen: Sie lassen Champagner regnen, sie stehen tropfnass im »flüssigen Sonnenschein« *(liquid sunshine)*, sie erleben »vier Jahreszeiten an einem Tag«, sie erkennen einen »lovely morning«, wenn es dem Urlaubsdeutschen vor lauter Wetterfrust schon die klammen Schuhe auszieht.

Die Deutschen und das irische Wetter, auch das ist eine lange Geschichte, die Geschichte einer Hassliebe.

Zigmillionen Deutsche wollen eigentlich gerne einmal ins romantische Irland reisen. Am Ende schaffen Jahr für Jahr eine gute halbe Million deutsche Reiselustige den Sprung über die zwei Meereskanäle. Zu sehr drohen schlechtes Wetter, Dauerregen, miese Laune – da geht man lieber auf Nummer sicher, bucht das Ticket mit Schönwettergarantie nach Mallorca und auf die Kanaren, an die schöne blaue Adria, die Strände von Alexis, Julio, Mehmet oder Giovanni. Warum auch nicht. Gott hält seine nasse Hand schützend über die Grüne Insel. Die deutschen Irlandreisenden, die es schließlich doch wagen und es auch schaffen, im Land des vermeintlich ewigen Regens anzukommen, lassen sich in diese sechs Wettertypen aufteilen – wobei der Irland-Besucher in seiner Wetterfühligkeit zur Hybridisierung neigt:

1. Der Wetter-Nörgler
Mit skeptischem Blick auf das Smartphone stellt er mindestens dreimal am Tag familienöffentlich fest, dass es in Deutschland gerade wieder drei Grad wärmer und zehn Millimeter trockener ist. Der Feststellung folgt eine kritische, meist mit negativen Untertönen durchsetzte Würdigung des lokalen Kleinklimas. Der Nörgler neigt zur Selbstkritik: Eigentlich hat er es aufgrund akribischer Vorstudien ja gewusst, dass das Wetter in Kerry kühler ist als das auf Gran Canaria.

2. Der Wetter-Leidende (WL)

Eigentlich *die* Wetter-Leidende, denn WLs sind oft weiblich. Sie neigen zum kalten Fuß; wenn ihr unruhiger Blick nicht gerade den Himmel nach Regenwolken scannt, sucht sie die Räume im Automodus nach Heizkörpern und Thermostaten ab. Wetter-Leidende werden oft in drei Schichten Fleece gehüllt angetroffen und verlangen auffallend oft nach Wärmflasche und Dauerheizung. Im Kuschelbettchen unter warmen Decken ist Irland einfach am schönsten. Auch über einem Gläschen Hot Whiskey lässt sich das Leid besser ertragen.

3. Der Wetter-Kolumbus

Ein ganz schräger Vogel. Er will nach Indien und landet in Amerika. Er will sich im Süden im heißen Sand wälzen und friert sich in Lahinch die Klöten ab, wie er das selber ausdrückt. Er ist der dumme August der Reise-Community. Denn eigentlich hätte er wissen können, dass der Ire auf dem Breitengrad von Hamburg keine Kokospalmen erntet.

4. Der Wetter-Engel

Der Wetter-Engel (m/w) ist ein häufig anzutreffendes Geschöpf. Er hat seine großen Momente im herrlichen Sonnenschein, im Dauerschönwetter und in der ein- bis zweiwöchigen Regenpause. In seinem Narzissmus schreibt sich der Wetter-Engel den Umstand schönen Wetters oder absolut trockener Tage und Wochen immer selber zu. »Wenn Engel reisen …«, spricht die Wetter-Engelin vielsagend und lässt ihr Gegenüber angesichts dieser mächtigen metaphysischen Machtdemonstration staunend zurück. Wer wollte einem wettergottgleichen Wesen schon widersprechen.

5. Der Wetter-Fatalist

Der Wetter-Fatalist nimmt das Wetter, wie es ist. Er lebt nach dem Wahlspruch: Ändere, was du ändern kannst, und nimm den Rest gelassen an. Den Wetter-Fatalisten gibt es in der Version des Vorbereiteten, der sich alle Varianten vom Sonnenbrand bis zu leichten Erfrierungen vorstellen kann und mit entsprechender Kleidung vorsorgt. Die Version des sorglosen Wetter-Fatalisten verfügt in der Regel über eine robuste physische Konstitution. Der Regen perlt an seiner Teflonhaut ab, die UV-Strahlung reflektiert er unbeeindruckt in den Äther zurück. Der Wetter-Fatalist ist der wahre Meister der Klimabeherrschung. Er lebt nach der Wahrheit: Das Wetter in Irland ist fabelhaft. Es schützt dieses Land vor allerlei – auch vor Massentourismus, Sangria-Eimern und Teutonengrill.

6. Der Wetter-Tolerante
Dem Wetter-Fatalisten nicht unähnlich, befindet sich der Wetter-Tolerante noch auf dem Weg. Er ist sozusagen der Oberstufenschüler in der großen Wetterschule. Betont bemüht, scheut er keine Anstrengung, um sich dem Wetter gewachsen zu zeigen. Ob's stürmt oder schneit, der Wetter-Tolerante ist allzeit bereit, den Schritt vor die Tür zu wagen. Koste es, was es wolle. Der Wetter-Tolerante hat vor Reiseantritt meistens eine niedrige vierstellige Summe in Funktionskleidung investiert, denn er lebt nach dem Wahlspruch: »Es gibt kein schlechtes Wetter, es gibt nur schlechte …« Genau. Kleidung.

Die Lage: Nur einen Ozean von Amerika entfernt

Erst das Ende der Eiszeit machte Irland zur Insel, erst seit rund 10000 Jahren ist Irland auf allen Seiten von Wasser umgeben. Die Landmasse der Republik erstreckt sich zwischen dem sechsten und dem elften Grad westlicher Länge, zwischen dem Wicklow Head an der Irischen See und dem Dunmore Head an Kerrys Atlantikküste. Zwischen Irland und dem europäischen Kontinent liegt Großbritannien. Nach Westen hin öffnet sich der Nordatlantik – bis 4000 Kilometer weiter die Neue Welt beginnt. Die Randlage an der westlichen Peripherie Europas und die entfernte Nachbarschaft zu Nordamerika haben das Land und seine Menschen geprägt. Immerhin gilt Irland heute als das uneuropäischste und gleichzeitig als das amerikanischste Land Europas, auch wenn es sich weitaus eindeutiger zur Europäischen Union bekennt als das wankelmütige Großbritannien. Während der große Nachbar seinen Bedeutungsverlust nach dem Ende des weltumspannenden Empires noch immer nicht verschmerzt hat und nach seiner weltpolitischen Verankerung zwischen den USA und Europa sucht, hat sich das kleine

Irland seit der Öffnung in den 1960er Jahren einer pragmatischen Politik des Sowohl-als-auch verschrieben.

Eine klare politische Orientierung nach Europa und ein überwiegend klares Bekenntnis zum Projekt Europa vom EU-Beitritt im Jahr 1973 bis heute harmonieren recht gut mit einer klaren kulturellen und familiären Orientierung in Richtung USA. Man könnte sagen: Mit dem Verstand neigt Irland nach London, Berlin, Paris und Rom, mit dem Herzen nach Boston, New York und Washington und mit dem Bankkonto in beide Richtungen (und neuerdings auch stark nach China). Genau genommen spielt Irland die Rolle eines Scharniers zwischen den USA und Europa, und dies sehr geschickt: Als Mitglied der EU verschafft es Amerika den leichten Zugang zu den Märkten Europas.

Man findet kaum eine Familie auf der Insel, die nicht enge Verwandte in Amerika hätte. Durch die großen Auswanderungswellen des 19. und 20. Jahrhunderts kamen mehrere Millionen Iren zunächst per Schiff, später mit dem Flugzeug nach Nordamerika, um dort ein neues Leben zu beginnen. Die Reise, die im Hafen von Queenstown, dem heutigen Cobh, und später am Shannon Airport bei Limerick begann, schuf eine enge Verflechtung zwischen den Menschen Irlands und der Vereinigten Staaten. Heute leben geschätzt dreimal mehr Iren in den USA als in Irland. Über 40 Millionen Amerikaner bekennen sich zu ihrer irischen Herkunft und sind stolz auf ihre *Irish Roots*. Im Flur des traditionellen Hauses in Irland hängt neben dem Foto des Papstes meist eines von John F. Kennedy. »Jack«, wie sie ihn nennen, war einer von ihnen, der es geschafft hat. Der irischstämmige Kennedy war der erste katholische Präsident der USA und wird »zu Hause« bis heute als Nationalheld verehrt.

Iren und Amerikaner sprechen eine gemeinsame Sprache, Iren und Amerikaner haben sich kulturell gegenseitig wesentlich geprägt. Feste wie *Samhain* gelangten mit irischen Einwanderern nach Amerika, um später als Halloween nach Irland zurückzukehren und sich dann in ganz Europa zu verbreiten. Die weltweit größte Feier zum irischen Nationalfeiertag, dem *St. Patricks Day,* findet Jahr für Jahr in New York City statt.

Der armutsbedingte Zug der Iren nach Amerika sollte keine Einbahnstraße bleiben: Die besser situierten Verwandten aus Amerika schickten im frühen 20. Jahrhundert erst Hilfspakete und Dollars nach Hause, ab Ende der 1960er Jahre kamen dann ganze Firmen und viele Arbeitsplätze aus den USA auf die Insel. Heute ist Amerika der größte Auslandsinvestor in Irland. Durch Steuererleichterungen zusätzlich angelockte amerikanische multinationale Konzerne haben seitdem weit über 100 000 Arbeitsplätze geschaffen und sind heute das geliehene Rückgrat der irischen Wirtschaft.[6] Mit den Unternehmen zogen auch viele Amerikaner und der amerikanische Lebensstil am Westrand Europas ein, und im Jahr 2012 besuchten über eine Million nordamerikanische Touristen Irland und brachten dringend benötigte Devisen und Unterstützung in die abermals von wirtschaftlicher Not geplagte Inselrepublik.[7]

So erklärt sich die Vorliebe für vieles Amerikanische: Allzu gerne verbringen die Familien ihre Wochenenden in den großen Shoppingmalls außerhalb von Dublin, Cork oder Limerick. Sie fahren gerne SUVs, die großen Autos mit eingebautem Protzfaktor, und sie fahren sie gerne von Tür zu Tür, um jeden überflüssigen Schritt zu Fuß zu vermeiden. Sie wohnen bevorzugt in American-Style-Häusern, ernähren sich gerne von amerikanischem Fast Food, und der Body-Mass-Index vieler Iren bewegt sich steil nach oben. Vorbild: Amerika. Der *American Way of Life* ist im irischen Alltag allgegenwärtig. Unsere Freundin Sharon lässt keinen Zweifel aufkommen: »Wir sind heute viel amerikanischer als europäisch oder gar britisch. Wir mögen den amerikanischen Lebensstil, und wir konnten ihn uns selber aussuchen. Die britische Art ist uns allzu lange mit Gewalt aufgedrängt worden.«

Auch die Lust, mit skurrilen Schadensersatzklagen viel Geld zu machen, eint Amerikaner und Iren. Den Vogel hat im Jahr 2010 ein Gericht im County Dublin abgeschossen: Es billigte einem zur Tatzeit Fünfjährigen 7500 Euro Schadensersatz zu, weil der zu Unrecht beschuldigt worden sei, eine Packung Chips gemopst zu haben. Der Vorfall ereignete sich in einem Lidl-Markt in Balbriggan. Der kleine Tadgh hatte eine Packung Chips in der Hand, als eine Lidl-Verkäuferin zeterte: »Er hat die Chips genommen«, und den Kleinen unsanft am Arm packte. Das trug Lidl Irland eine Klage wegen übler Nachrede, Körperverletzung und Freiheitsberaubung ein – Letztere in Tateinheit vollbracht, als die »Ladenhüterin« den Buben am Arm festhielt. Die Mutter konnte beweisen, dass die

Chips bezahlt waren, und der kleine Ire ist nun – gezeichnet fürs Leben und traumatisiert – um 7500 Euro reicher.[8] Bei Schadensersatz- und Schmerzensgeldklagen vor irischen Gerichten geht es allerdings meist um wesentlich höhere Summen, um Millionen nämlich: Wenn zum Beispiel die Gattin nach einer Risikoschwangerschaft im Krankenhaus verstirbt, sind schnell mal zwei, drei Millionen Euro Trostgeld für den Witwer fällig. Auch ärztliche Kunstfehler werden von Gerichten genauso gnadenlos abgestraft wie Rufmord oder Körperverletzungen, egal ob vorsätzlicher oder fahrlässiger Art: Einem Polizisten im County Leitrim, der mit einem renitenten »Kunden« in den Nahkampf geriet, als er jenen verhaften wollte, wurden im Januar 2013 von einem Gericht 102 000 Euro Schmerzensgeld zugesprochen – für vorübergehende Schmerzen an Brust und Rücken. Auch Damen, die eher unzufrieden von diversen Schönheitsoperationen zurückkehren, nehmen gerne den direkten Weg zum Anwalt, um sich mit sechsstelligen Summen über die ästhetischen Kümmernisse einer misslungenen Fettabsaugung hinweghelfen zu lassen.

Irische Rechtsexperten wie der ehemalige Justizminister Michael MacDowell warnen ihre Landsleute davor, wegen der kleinsten Missgeschicke des Alltags vor Gericht zu ziehen. Sie gestehen aber auch ein, dass das irische Rechtssystem die Schmerzensgeld-Kultur im Land geradezu fördert. McDowell sieht »Anwälte am Werk, die Krankenwagen verfolgen«, und Mitbürger, die er als »klageverrückt« bezeichnet. Das Verklagen anderer auf Schmerzensgeld und Schadensersatz ist nämlich längst zum Volkssport geworden, und vor allem mit geschädigten Kindern – siehe Lidl – kommen kompensationsgierige Eltern vor den Zivilgerichten oft zum Erfolg. Ein Junge, der sich beim Fußballspielen ein Bein brach, erhielt 20 000 Euro Schmerzensgeld; ein Kind, das sich am Gepäckband am Flughafen an der Hand verletzte, als es auf dem Band herumkletterte, erhielt 15 000 Euro, und ein dreijähriger Junge, der in einer Kinderkrippe gegen einen Stuhl lief und sich die Lippe aufschlug, bekam 17 500 Euro, obwohl die Lippe fast perfekt verheilte. Aber auch der Erwachsene, der in einem Einkaufszentrum auf einer Babywindel ausrutschte, die für wenige Minuten dort lag, erhielt 17 500 Euro.[9] Bezahlt haben der Fußballplatzbesitzer, die Flughafenverwaltung, die Kinderkrippe und das Einkaufszentrum. Das alles kennt man aus Amerika. Wobei die Amerikaner die Zivil-klagen zugegebenermaßen perfektioniert haben: Dort erhielt eine Amerikanerin von einem Gericht 2,9 Millionen Dollar zugesprochen, weil sie sich mit einem Kaffee von McDonalds verbrüht hatte. Begründung: Der Kaffee sei zu heiß gewesen. Auch wenn die Summe später reduziert wurde: Um in diese Dimensionen vorzu-stoßen, müssen selbst die klagefreudigen Iren noch einen Gang zulegen.

Der kleine Inselstaat Irland ragt übrigens wesentlich weiter in Richtung Amerika in den Atlantik hinein als auf den ersten Blick erkennbar. Was kaum jemand weiß: Irland ist einer der größten Flächenstaaten Europas – wenn man das Meer dazurechnet. Die Landmasse der Republik Irland beträgt 70 000 Quadratkilometer, das Meeresgebiet Irlands ist mit 900 000 Quadratkilometern fast 13-mal so groß – auch wenn Uneinigkeit darüber besteht, wem das von Irland beanspruchte atlantische Rockall-Massiv wirklich gehört. Insgesamt kommt Irland auf eine Fläche von fast einer Mil-lion Quadratkilometern. Als Insel hat es eine Küstenlänge von 7500 Kilometern – mehr als die meisten Staaten Europas.

Die Regierung in Dublin hat sich erst im Jahr 2012 an diese Tat-sache maritimer Größe erinnert und versucht seitdem, ein Pro-gramm zur ökonomischen Nutzung und Ausbeutung der Meeres-ressourcen zu entwickeln. Standen die Meeresangelegenheiten in den vergangenen Jahrzehnten nicht im Fokus der Politik, so ver-suchte die Fine-Gael-Labour-Regierung nun, sich die nasse Res-source vor der Haustür kräftig untertan zu machen: *Ocean Wealth* heißt das Programm, das die Nutzung des Meeres systematisch vorantreiben soll – als Raum für Energiegewinnung (Öl- und Gas-vorkommen), Energieerzeugung (Windparks), Tourismus, Freizeit und Sport, für die Nahrungsproduktion (Fischfang, Fisch- und Mu-schelzucht) und für innovative Technologien. Immer mit im Spiel: die Dollarinvestitionen aus Amerika.

Dass die Amerikaner ihre Dollars mit Vorliebe in Irland inves-tieren, hat im Übrigen noch einen ganz triftigen Grund, über den im Rahmen des Projekts »Euro-Rettung« heftig diskutiert wurde. Die irischen Gesetze belohnen angesiedelte Unternehmen nicht nur mit einem angenehm niedrigen Steuersatz von 12,5 Prozent. Sie lassen den großen, weltweit operierenden US-Unternehmen auch genügend Spielraum, damit sie ihre Milliardengewinne via Irland durch die Welt verschieben und damit die Steuer weitgehend umgehen können. Das völlig legale Konstrukt dieser Finanztrickserei trägt den Namen *Double Irish in a Dutch Sandwich.* Was wie ein irisches Frühstück klingt, kostet allein den amerikanischen Staat pro Jahr geschätzte 60 Milliarden Dollar[10] und lässt auch die Steuerzahlungen der großen Konzerne in Europa auf Kleinformat schrumpfen. Wikipedia erklärt anschaulich, wie das *Double Irish* mit Hilfe von zwei Firmen in Irland funktioniert:

»Die Grundidee ist es, durch künstliche Buchungen innerhalb des Konzerns Gewinn von Ländern mit hohen Steuersätzen in Länder mit geringen Steuersätzen zu transferieren. Besonders Technologieunternehmen verwenden diesen Trick, um mit Hilfe von Lizenzzahlungen für geistiges Eigentum Gewinne in anderen Ländern zu verbuchen. So vermied Google im Jahr 2011 Steuerzahlungen in Höhe von zwei Milliarden Dollar (1,5 Mrd. Euro).

Das *Double-Irish*-Prinzip nutzt zwei irische Unternehmen, wodurch sich der Name erklärt. Die Gewinne des Konzerns werden in Irland über die europäische Zentrale verbucht. Diese Gewinne werden aber nicht in Irland versteuert, sondern für Lizenzzahlungen in beinahe gleicher Höhe an ein zweites irisches Unternehmen aufgewendet. Der Hauptsitz der zweiten Firma ist in einem Steuerparadies wie beispielsweise den Bermudas, damit fallen in der Europäischen Union kaum Steuern an. Durch die direkte Überweisung aus Irland an ein Unternehmen in einem Steuerparadies würden allerdings Steuern anfallen. Das lässt sich letztlich durch einen weiteren Trick vermeiden. Mit den Niederlanden hat Irland ein EU-Abkommen, das Lizenzgebühren von Steuern ausnimmt. Indem also das Geld zuerst in die Niederlande geschickt wird und nach der Rücküberweisung erst weitergeleitet wird, fallen keine Steuern an *(Dutch Sandwich).*«

So weit die Erklärung des *Double-Irish-plus-Sandwich*-Tricks. Diese noch im Jahr 2014 völlig legale Form der Steuervermeidung, Kritiker nennen es Geldwäsche zu Lasten der Staatskassen und des Gemeinwesens, verwendeten zahlreiche angesehene und in Irland stark investierende US-Unternehmen wie Apple, Eli Lilly, Facebook, Google, Microsoft, Oracle, Pfizer, Cisco, Dell oder Adobe Systems.[11] Google beispielsweise senkte seine Steuerquote mit dem *Double*

Irish in a Dutch Sandwich auf spindeldürre 2,4 Prozent. Vor diesem Hintergrund versteht man endgültig, warum Irland und die Iren noch immer die Lieblinge der amerikanischen Wirtschaft sind.[12] Die von Irland geduldeten, wenn nicht sogar geförderten Steuervermeidungstricks der Konzerne setzen die Regierung in Dublin letztlich jedoch schwer unter Druck. Die europäischen Partner forderten zunehmend heftig, dass die bereitwillig geöffneten Schlupflöcher endlich geschlossen werden, und Irland musste nachgeben. Man versprach den EU-Partnern, die Schlupfloch-Stickerei bis zum Jahr 2020 endgültig zu beenden. Gleichzeitig signalisierte man den amerikanischen Partnern neue kreative Wege der Wohlstandsprivatisierung. Aber wenigstens können Multinationals sich bereits seit dem Jahr 2015 nicht mehr neu in Irland registrieren, ohne auch Steuern im Land zahlen zu müssen. Die Finanzpraxis der Megafirmen lässt allerdings auch das Phänomen des Keltischen Tigers in anderem Licht erscheinen: Weil Irland für große Teile der Gewinne immer nur Durchlaufstation war und das erwirtschaftete Geld nicht im Land blieb, wirkte der Boom größer und bedeutender, als er tatsächlich war. Doch schauen wir nun in die entgegengesetzte Richtung, nach Osten.

Der Nachbar im Osten: 800 Jahre gemeinsames Schicksal

Den Nachbarn im Osten, die Insel Großbritannien mit Wales, England und Schottland, sieht man an Irlands Küste an klaren Tagen mit bloßem Auge: Von der kleinen zur großen Britischen Insel sind es an der engsten Stelle im Nordkanal am Fair Head gerade einmal 27 Kilometer, an der engsten Stelle in der Irischen See liegen die Inseln 34 Kilometer auseinander. Geografische Nähe heißt allerdings nicht automatisch friedliche Nachbarschaft. Vielmehr unterhielten Iren und Briten über 800 Jahre lang ein kompliziertes, verstricktes, lange feindschaftliches und destruktives Verhältnis mit Generationen von Opfern.[13] Doch es gibt Hoffnung …

Genau genommen begann die schicksalhafte Beziehung von Irland und England im Jahr 1169, als ein gewisser Strongbow den ersten Eroberungsfeldzug englischer Truppen nach Irland führte.

Der Normanne Strongbow, der eigentlich Richard de Clare hieß, kam im Auftrag des englischen Normannenkönigs Heinrich II. nach Irland, um seinen Gebietsanspruch geltend zu machen. Fairerweise muss erwähnt werden, dass er um den Einmarsch gebeten wurde, weil sich die Iren wieder einmal untereinander nicht einig waren: Diarmud MacMurrogh, der König von Leinster, hatte seinen Königstitel an einen anderen Regionalkönig und den letzten irischen Hochkönig Rory O'Connor verloren und rief die Nachbarn um Hilfe, um sich sein Königtum zurückzuholen. Die Normannen rückten ein und feierten dank der überlegenen Militärtechnik ihrer Bogenschützen schnell große Erfolge: Das war der irische Sündenfall, mit Strongbow und König Heinrich II. begannen über 750 Jahre Kolonialisierung, Unterdrückung, Kampf und Krieg. Doch es fing recht harmlos an, denn die normannischen Invasoren fanden Gefallen am irischen Lebensstil, machten sich diesen alsbald zu eigen und arrangierten sich mit der einheimischen Bevölkerung. Man heiratete ein, die Fremden wurden Freunde, integrierten sich, und bald galten die Normannen als »irischer als die Iren selbst«.

Bis zum Jahr 1509 sollten die gälisch-irischen Familien sich vielerorts im Land eine große Unabhängigkeit von der in Dublin agierenden Zentralmacht bewahren, und auch die Statthalter Englands regierten vor Ort recht unabhängig von ihrem eigentlichen Auftrag und von einschlägigen Gesetzen wie den Statuten von Kilkenny, die ab 1366 die Trennung von Iren und Engländern und das Verbot von Mischehen einigermaßen erfolglos einforderten. Doch das änderte sich, als in London die Tudors an die Macht kamen: Heinrich VIII. erhöhte den Druck auf die Iren drastisch und forderte deren unbedingte Loyalität in seinem Kampf gegen Rom. Es war die Zeit der Glaubenskriege und der Reformation: Heinrich hatte sich im Streit mit der katholischen Kirche zum Führer seiner eigenen Kirche ernannt und zwang auch Irlands Katholiken unter seinen neuen protestantischen Glauben.

Der Konflikt eskalierte unter der Regentschaft von Heinrichs zweiter Tochter, Elisabeth I., zum Krieg. Elisabeth Tudor wurde 1559 mit 25 Jahren zur Königin von England und Irland gekrönt. Unter ihrer langen Regentschaft entfaltete sich die anglikanische Kirche zu voller Stärke, in Irland versuchte die englische Krone ihren Machtanspruch im gesamten Land gegen die noch immer mächtigen lokalen gälisch-irischen Clans mit Gewalt durchzusetzen. Der gälische Stammesfürst Hugh O'Neill, Herrscher im irischen Norden mit dem Titel Earl of Ulster, trat mit verbündeten Familien und mit Hilfe der Spanier gegen Elisabeth an – und verlor nach einem blutigen neunjährigen Krieg von 1594 bis 1603. Die Auseinandersetzung endete mit der Flucht der irischen Führer, der Weg für die vollständige Unterwerfung von Ulster und anderer unabhängiger Teile Irlands war frei.

Die vollzog mit aller Härte der Nachfolger Elisabeths, James I. Der Sohn der Schottenkönigin Maria Stewart leitete 1609 die systematische Kolonisierung Ulsters ein. Er handelte nach dem Vorbild früherer Landnahmen und Besiedelungen unter Elisabeth in Laois, Offaly, Limerick, Kerry, Cork oder Waterford: Das Land wurde von den entmachteten irischen Großgrundbesitzern konfisziert und von schottischen und englischen Getreuen besiedelt. Diese *Plantations* schufen die Grundlage der Macht für die englische Oberschicht in Irland.

Die Iren wehrten sich zwar nach Kräften, sie rebellierten und revoltierten ab 1641 unter dem Eindruck von Hunger und Unterdrückung und erreichten nach dem gewaltsamen Aufstand eine kurze Phase weitgehender Selbstverwaltung durch eine Konföderation. Der Aufstand endete jedoch mit der Rückeroberung Irlands durch Oliver Cromwell, der mit einem 20 000 Mann starken Heer von 1649 bis 1653 einen mörderischen Feldzug durch Irland führte und sich mit Scharmützeln und Massenhinrichtungen als grausamer Unterdrücker der Iren in das Geschichtsbuch eintrug. Alleine beim Massaker von Drogheda ließ der Lordprotektor Cromwell 3000 Soldaten und alle katholischen Geistlichen umbringen. Cromwell regierte England nach der Absetzung von König Charles I. als vom Parlament legitimierter republikanischer Führer und bekämpfte die Königstreuen, die in Irland eine Machbastion aufgebaut hatten, auch auf der Nachbarinsel.

Cromwells Irlandfeldzug wird zwischen Barbarei und Völkermord angesiedelt, sein Name löst bis heute Verbitterung aus. Die Rückeroberung Irlands bezahlten über 200 000 Iren mit dem Leben, insgesamt werden die Opfer der kriegerischen Jahrzehnte in der Mitte des 17. Jahrhunderts auf eine halbe Million geschätzt, etwa ein Drittel der irischen Bevölkerung soll damals umgekommen sein, viele nicht durch den Krieg direkt, sondern durch die Folgen der großen Hungersnot von 1741. Während und nach Oliver Cromwells Schreckensherrschaft wurden die verbliebenen katholischen Grundbesitzer systematisch enteignet und deportiert. Das Land wurde an loyale Unterstützer und an die Soldaten von Cromwells Armee vergeben. Zug um Zug wurden die bestehenden Strafgesetze *(Penal Laws)* gegen die Katholiken in Irland und die katholische Kirche verschärft und neue erlassen, um den Machtanspruch der englischen Herrscher mit Hilfe der anglikanischen Church of Ireland zu festigen. Vor allem in den Jahren zwischen 1691 und 1704 erließ England zahlreiche Gesetze, um den Einfluss der katholischen Elite zu brechen: Katholische Priester mussten das Land verlassen, Katholiken konnten nun nicht mehr im irischen Parlament sitzen, sie wurden aus dem Staatsdienst entfernt, durften keine Rechtsberufe ausüben, keine Waffen, keine Boote und keine kriegstauglichen Pferde besitzen; die katholischen Kirchen wurden genauso geschlossen wie die Schulen. Katholiken wurden am Kauf und am Pachten von Land gehindert, neue Erbfolgegesetze bewirkten eine Zerstückelung des Landbesitzes, denn das Land musste an alle Söhne vererbt und aufgeteilt werden.

Auch wenn die Wirklichkeit bisweilen anders aussah, weil die Engländer die *Penal Laws* nicht vollkommen konsequent anwendeten und weil findige Iren immer wieder Wege ersannen, um hinter hohen Hecken Schulen zu betreiben und in den Bergen Gottesdienste zu feiern oder ihre Felder zu bestellen: Spätestens um das Jahr 1700 hatten die englischen Besatzer Irland vollkommen im Griff und diktierten das Leben der Einheimischen. Die *Penal Laws* blieben fast im gesamten 18. Jahrhundert in Kraft und wurden erst an dessen Ende aufgehoben.

Gleichzeitig nahmen die Versuche, die englische Herrschaft abzuschütteln und das irische Volk zu befreien, Ende des 18. Jahrhunderts an Ernsthaftigkeit zu. Es waren junge, gebildete Protestanten, die die Ideen der bürgerlichen Revolution in Frankreich unterstützten und eine Lösung für Irland und die unterdrückten Katholiken suchten. Im Verbund mit Englands Erzfeind Frankreich versuchte die Bewegung der *United Irishmen* eine eigene Revolution zu starten. Sowohl die Invasion der Franzosen als auch die Rebellionen der Bevölkerung in Dublin und verschiedenen Landesteilen scheiterten allerdings zwischen 1796 und 1798 mehrfach. Der Anführer Theobald Wolf Tone endete in Gefangenschaft, und das irische Parlament wurde abgeschafft. Ab 1801 wurde Irland in Union mit Großbritannien vom Parlament in London regiert – und doch war der Anfang gemacht. Der Dubliner Protestant Wolf Tone sollte als Vater der irischen Republikaner und der Befreiung Irlands in die Geschichtsbücher Eingang finden. Stück für Stück erkämpften sich die Iren dann ab dem frühen 19. Jahrhundert ihre Rechte und schließlich die Freiheit zurück. Die katholische Emanzipationsbewegung, »der Befreier« Daniel O'Connell und Charles Steward Parnell, der »ungekrönte König von Irland«, schufen die Grundlagen für das Erstarken der Katholiken und der nationalen Bewegung. Unter dem Druck einer katholisch-politischen Bewegung musste die Regierung in London die *Penal Laws,* die Strafgesetze gegen Katholiken, Stück für Stück zurücknehmen; Katholiken erhielten wieder Zugang zu Ämtern und durften als politische Vertreter ins Parlament gewählt werden. Eine Landreform schuf schließlich fairere Gesetze für die Pacht und den Kauf von Land, während gleichzeitig die auf Willkür beruhende Macht der anglo-irischen Großgrundbesitzer zurückgedrängt wurde. Noch war allerdings die Freiheit nicht errungen, und das dunkelste Kapitel der irischen Geschichte war längst nicht bewältigt: die große Hungersnot.

Für die Menschen in Irland waren Hunger und Mangelernährung nichts Unbekanntes. Als in den Jahren 1845 bis 1848 aber vier Kartoffelernten komplett ausfielen, erlebte die Insel eine Tragödie: Eine Million Iren starben an den Folgen von Hunger und Krankheiten, zwei Millionen verließen das Land auf der Suche nach einem Ort, an dem sie überleben und eine Zukunft finden würden. Ein bis dahin unbekannter Pilz namens Phytophthora infestans war im Jahr 1845 aus Nordamerika nach Irland eingeschleppt worden und ließ die Kartoffelknollen in kürzester Zeit im ganzen Land verfaulen. Kartoffeln waren die Haupt- und für ein Drittel der Bevölkerung die ausschließliche Nahrung. Die Bevölkerung war von 1800 bis 1850 viel zu schnell von fünf auf über acht Millionen Menschen gewachsen. Viele Iren mussten aufgrund der gesetzlich diktierten Grundstücksteilungen auf kleinsten Landparzellen überleben. Dass in Irland nur zwei Kartoffelsorten kultiviert wurden und beide dem Pilz nichts entgegenzusetzen hatten, ließ die Ernte-ausfälle zur Katastrophe eskalieren. Strenge Winter setzten den geschwächten Menschen zusätzlich zu.

Während die arme Landbevölkerung verelendete, während Hunderttausende starben und auswanderten, exportierten die anglo-irischen Großgrundbesitzer Nahrung in großem Stil aus Irland, und die britische Regierung in London sah tatenlos und ungerührt zu. Sie folgte der damaligen Strategie des politischen »Laissez faire«, nach der sich der Staat nicht in die Angelegenheiten der Wirtschaft einzumischen hatte. Auch humane Prinzipien spielten keine Rolle. Erst spät und dann halbherzig entschied sich London auf Drängen anglo-irischer Großgrundbesitzer zum Eingreifen, richtete Armenhäuser ein und organisierte Arbeitsbeschaffungsmaßnahmen, die nach dem Prinzip »Essen für Arbeit« funktionierten.

Die große Hungersnot von 1845 bis 1849 hat sich als *The Famine* tief als das größte einzelne Unglück des Landes in das kollektive Bewusstsein der irischen Gesellschaft eingegraben. Im Gefolge der Hungersnot und der Emigration hatte sich die Bevölkerung in den ersten Jahrzehnten des 20. Jahrhunderts halbiert; die Angst, dass ein ähnliche Katastrophe wiederkehren könnte, beflügelte die Bereitschaft zur Auswanderung bis in die jüngste Vergangenheit. Auf dem Hungerfriedhof von Skibbereen, einer Gemeinde im Süden Irlands, die von der *Famine* besonders betroffen war und jeden dritten Einwohner verlor, mahnt eine Gedenktafel am Rand eines Massengrabs, in dem 9000 Opfer anonym begraben sind: »Eine abschreckende Erinnerung an die Unmenschlichkeit von Menschen gegenüber Menschen.«

Die Hungersnot konnte den Freiheitswillen der Bevölkerung nicht brechen, sie trug vielmehr dazu bei, dass sich der Niedergang der englischen Oberschicht beschleunigte: Viele Herrschaftshäuser, die auf die Pachtzahlungen, die Arbeit und die Abgaben der Bauern angewiesen waren, gerieten während und nach der Hungersnot selber in wirtschaftliche Schwierigkeiten. Die Forderungen nach gerechteren Pachten und einer faireren Landaufteilung zugunsten der katholischen Bevölkerung waren nach der Katastrophe politisch nicht mehr zu ignorieren. Die erstarkende *Home-Rule*-Bewegung drängte nun darauf, die Regierungsgewalt von London wieder nach Dublin zu holen. Die Menschen besannen sich auf ihre eigene Sprache, auf ihre eigenen Spiele und ihre eigene Kultur. Irisch war nun Trumpf. Am Anfang des 20. Jahrhunderts sammelte Irland die entscheidenden Energien für den anstehenden Freiheitskampf und für die Beendigung der jahrhundertelangen englischen Fremdherrschaft.

Im Jahr 1913 begann das Jahrzehnt der Befreiung, das Irland schrittweise die Unabhängigkeit, die Teilung und 100 Jahre später das »Jahrzehnt der Erinnerung und der Gedächtnisfeiern« bringen sollte. Es war ein blutiges Jahrzehnt, eingeläutet von den großen Streiks von 1913 für die Rechte der Arbeiter. Es folgten Aussperrung, Verhaftungen und die Bewaffnung von Arbeitern. Der Kampf um *Home Rule* legte bereits den Konflikt offen, der zur Teilung Irlands und zum Nordirlandkonflikt führen sollte: Während die überwiegend katholischen Republikaner im Süden ihre eigene Regierung in Dublin forderten, drängten die protestantischen Unionisten in der Nordprovinz Ulster auf das Verbleiben in der Union mit Großbritannien und der Regierungsgewalt in London. Ostern 1916 brachte den ersten revolutionären Höhepunkt. Republikaner um Padraig Pearse besetzten das Hauptpostamt in Dublin und riefen die Republik aus. Der Osteraufstand scheiterte nach sechs Tagen, bereitete jedoch den Weg für den Unabhängigkeitskrieg von 1919 bis 1921 und den anglo-irischen Vertrag vom Dezember 1921, in dem die britische Regierung Irland endlich die lange ersehnte Souveränität garantierte. Allerdings: Es war nur eine Teilsouveränität zur Bildung eines Freistaates in 26 von 32 Grafschaften Irlands, der zudem Teil des britischen Commonwealth blieb.

Wie kompliziert das Verhältnis von Iren und Engländern war, zeigte sich in aller Brutalität in den Jahren des irischen Bürgerkriegs von 1922 bis 1923, der mehr Todesopfer forderte als der Unabhängigkeitskrieg. Im Bürgerkrieg ging es politisch um die Frage, ob der anglo-irische Vertrag, die daraus resultierende Teilsouveränität Irlands und die faktische Teilung akzeptable Realpolitik oder ein Verrat an der irischen Sache war. Auf einer ganz praktischen Ebene ging es um die Frage: »Wie hältst du es mit den Engländern?« – und genau an dieser Frage zerbrachen ganze Familien, bekämpften sich Brüder, entzweiten sich Väter und Söhne und verbitterte eine ganze Generation. Richard, ein alter Mann im Dorf, der mit Vorliebe im Pub politisiert, sagte mir einmal: »Das ist das

Schlimmste, was uns jemals widerfahren ist. Hunderte Jahre Unterdrückung waren schlimm, aber nichts dagegen, was wir uns im Bürgerkrieg selber angetan haben.«

»Wie hältst du es mit den Engländern?« Die Prinzipientreuen klärten die Frage politisch oder prinzipiell, für die meisten Iren aber war die lebenspraktische Frage entscheidend, in welchem Verhältnis sie zu den englischen Landlords standen: Hatten Sie Arbeit bei ihnen, verdienten sie Geld, genossen sie Privilegien? Hatte man sich arrangiert, oder war man auf Distanz zu denen gegangen, die im Dorf das Sagen hatten, die im Herrenhaus lebten, die das Geld und die Macht besaßen? War man gar übergangen und ausgegrenzt worden? Hatten englische Landlords die eigenen Großeltern aus deren Haus vertrieben, die Eltern zur Emigration gezwungen? Oder war der eigene Vater der Chauffeur des Lords oder der Stallmeister der Lady gewesen und hatte der eigenen Familie damit ein gutes Leben ermöglicht? Sollte man das Herrschaftshaus der örtlichen Familie jetzt nach der Unabhängigkeit also anzünden, oder sollte man es verteidigen? Sollte man den alten Unterdrücker vertreiben, oder sollte man seinen Arbeitgeber in Schutz nehmen?

Die Engländer auf der anderen Seite waren keine homogene Elite. Neben linientreuen Unterdrückern und menschenverachtenden Despoten gab es anglo-irische Familien, die sich im Lauf der Jahrhunderte dem irischen Lebensstil völlig angepasst hatten, die die rigide Irlandpolitik Englands nicht mittrugen und diese verurteilten. Es gab andererseits englische Lokalgrößen, die mit harter Hand regierten und ihre Privilegien kalt und unbarmherzig auskosteten. Es gab Anglo-Iren, die nach ihrem Selbstverständnis Iren waren, es gab andere, die die Forderung nach einer Unabhängigkeit Irlands früh zur eigenen Sache machten und dafür kämpften, obwohl sie sich als Briten verstanden.

Und es gab das Phänomen, dass man den Feind heimlich bewunderte, dass viele Iren unbedingt wie die alten Unterdrücker sein wollten, dass sie sich nach den Insignien von Macht und Wohlstand sehnten. Sie wollten genauso sein: Sie wollten in einem schönen großen Haus direkt an der Straße wohnen. Sie wollten den englischen Lebensstil kultivieren. Sie wollten am besten »englischer als die Engländer« selber sein. Politisch und kulturell allzu anglophile Iren wurden von den eigenen Landsleuten schon im 19. Jahr-

hundert als *West Brits* verhöhnt. Der Begriff hielt sich im Sprach-
gebrauch und bezeichnet heute wohlhabende Bewohner der feinen
Stadtteile in Dublins Süden mit entsprechender Vorliebe für einen
aufwendigen und extravaganten Lebensstil.

Seit dem Ende des Bürgerkriegs sind neun Jahrzehnte vergangen.
Es ist ruhig und friedlich geworden zwischen Engländern und
Iren. Man mag sich nicht immer, die alten Geschichten rumoren
noch immer unter der Oberfläche, die alten Wunden sind noch
nicht verheilt, doch die Zeit der Normalisierung hat längst begonnen, der Prozess der Aussöhnung ist im Gange. Ein wichtiges Ereignis im Jahr 1998 und eine kleine alte Frau mit Hut haben diesen
Prozess entscheidend beeinflusst und beschleunigt: Am 10. April
1998 unterzeichneten die Regierungen Irlands und Großbritanniens sowie die Parteien in Nordirland das Karfreitagsabkommen
zur Beendigung des Nordirlandkonflikts und zur Erlangung eines
dauerhaften Friedens. Das Abkommen hält bis heute und bereitete
den Boden für die alte Dame mit Hut: Im Mai 2011 besuchte die
britische Königin Elisabeth II. Irland. Es war der erste Besuch eines
britischen Monarchen in der Republik Irland seit 100 Jahren, seit
zuletzt George V. im Jahr 1911 seinen irischen Untertanen einen
Besuch abgestattet hatte. Elizabeths Besuch war ein wegweisender
Schritt auf dem Weg zu einer Normalisierung der verkrampften
politischen Beziehungen zwischen den beiden Ländern. Ein Schritt,
von dem viele glaubten, er würde nie erfolgen. Die Queen betrat
passenderweise in einem grünen Kostüm irischen Boden und
sandte bereits damit ein erstes sublimes Signal. In einem straffen
Vier-Tage-Programm führten Präsidentin Mary McAleese und Premierminister Enda Kenny der 85-jährigen Monarchin und dem
Prinzgemahl Philip einige kulturelle Highlights Irlands vor: Trinity College, Book of Kells, Guinness Storehouse, Riverdance, The
Chieftains, den Rock of Cashel, den English Market in Cork. Es
waren aber die Besuche der symbolbehafteten Orte, bei denen
viele Beobachter eine Gänsehaut bekamen: Die Kranzniederlegung
im *Garden of Remembrance* zur Ehrung der irischen Freiheits-
kämpfer von 1916, der Besuch von *Croke Park,* dem Heiligtum der
Gaelic Athletic Association GAA und Stätte des *Bloody Sunday,* des
Stadionmassakers von 1920 durch englische Polizisten. Mit würde-
voll demütigen Gesten zeigte die Queen, dass sie gekommen war,

um einen Schlussstrich unter die blutige Vergangenheit der beiden Nachbarländer zu ziehen. In ihrer Bankettrede sprach sie von »the weight of history« (der Bürde der Vergangenheit) und »the importance of forbearance and conciliation« (der Bedeutung von Nachsicht und Versöhnung) und »of being able to bow to the past, but not be bound by it« (von der Fähigkeit, der Vergangenheit Respekt zu zollen und dennoch nicht von ihr gebunden zu sein). Man muss die Vergangenheit nicht vergessen. Aber man muss auch nicht in ihr verharren. Der Besuch öffnete ein neues Kapitel in der Geschichte der beiden Länder. Die Queen entschuldigte sich zwar nicht für die Vergangenheit, aber sie beeindruckte die Iren mit klug gesetzten Gesten und gab ihnen das wichtige Gefühl, dass man sich endlich auf Augenhöhe begegnete. Es war die Leistung einer alten Frau, die mütterlich, gar großmütterlich auf viele Iren wirkte. Ihr war abzunehmen, was sie sagte und ausstrahlte.

Auch das politische Irland war von der tiefen Symbolik der monarchischen Bewegungen hoch beeindruckt und tief zufrieden. Also, wie Elisabeth sich mit einem deutlichen Nicken des Kopfes vor den Opfern des irischen Freiheitskampfes verbeugte: großartig. Lange genug. Tief genug. Eindrücklich genug. Dieses Zeugnis stellte Irlands Regierungschef Enda Kenny der Queen persönlich aus, und Irlands Starpublizist Fintan O'Toole kommentierte den Jahrhundertbesuch in der *Irish Times* mit dem Titel: »Die Woche, in der der Hass auf England starb«. O'Toole wertete den Besuch der Queen als einen Schlüsselmoment in der Geschichte der beiden Länder, als einen Akt der Befreiung für beide Seiten und als Beginn einer Beziehung zwischen Gleichberechtigten. Künftig, so Fintan O'Toole, würde kein Ire mehr wählen müssen, ob er Englandhasser oder West Brit sei.[14] Dass das Pendel Wochen nach dem königlichen Wohlfühlereignis sogar in die andere Richtung ausschlug und Kommentatoren die Vereinigung Irlands mit Großbritannien oder den gemeinsamen Austritt der neuen Allianz aus der EU fordern ließ, musste wohl dem allgemeinen Überschwang und der Euphorie des Augenblicks zugeschrieben werden.

Ob sich nun im Zeichen des großpolitischen Tauwetters auch die sportlichen Vorlieben der Iren langsam verändern? Bislang jedenfalls trägt der irische Nachwuchs mit Vorliebe die Fußballtrikots von Manchester United, von Chelsea London oder von Arsenal

London. Am Wochenende fiebert der irische Sportfan mit dem britischen Fußballclub seiner Wahl, und zur Wochenmitte, wenn die europäischen Spitzenclubs sich in der Champions League messen, schlägt das Herz junger und alter Iren – auch mangels guter irischer Clubs – immer für die englischen Vereine, dies umso schneller, wenn einer der ihren es in den Kader eines Großclubs von der Nachbarinsel geschafft hat. Die Liebe hört jedoch auf nationaler Ebene abrupt auf: Wenn die englische Nationalmannschaft antritt, wünscht man ihr alles erdenklich Schlechte, am besten das sofortige Ausscheiden beim erstbesten Elfmeterschießen. Es heißt, dass die Niederlage der englischen Fußballnationalmannschaft für den irischen Fußballfan fast genauso befriedigend ist wie der Sieg der eigenen Mannschaft. Beim Rugby, wo sich Iren und Engländer jedes Jahr im Six Nations um die Krone streiten, gilt gar das ruppige irische Fan-Motto: »Die Jungs aus England sind eigentlich ganz in Ordnung, aber einmal im Jahr müssen wir sie hassen«.

Bleibt noch nachzutragen, wie es in Irland nach dem Unabhängigkeitskrieg, dem Bürgerkrieg und der Etablierung des *Irish Free State* weiterging: Nach 1923 kam der junge Freistaat Irland nur langsam in die Gänge. Die ehemaligen Bürgerkriegsparteien formierten sich in Gestalt der politischen Parteien *Fianna Fail* (gegen den anglo-irischen Vertrag) und *Fine Gael* (für den Vertrag) neu und wechselten sich in der Regierung des Landes ab. Die ersten Jahrzehnte des *Free State* prägte ein Politiker ganz besonders: der *Fianna-Fáil*-Politiker Eamon de Valera. Der Revolutionär mit kubanisch-spanischen Wurzeln und amerikanischem Pass war die charismatische Überfigur im jungen Staat. Eine Biografie beschreibt ihn schlicht als »Der Mann, der Irland war«.[15] Als Regierungschef versuchte de Valera, das Land nach seinen konservativ-idealistischen Vorstellungen zu prägen, wie er sie in einer berühmten Radioansprache zum *St. Patricks Day* 1943 beschrieb:[16] »Das ideale Irland [...], von dem wir träumen, wäre die Heimat von Menschen, die materiellen Wohlstand nur als Grundlage für das rechte Leben schätzen, von Menschen, die mit einfachem Komfort zufrieden wären und sich in ihrer Freizeit den geistigen Dingen widmen würden – ein Land, dessen Landschaft von behaglichen Gehöften geprägt wäre, dessen Felder und Dörfer freudig erfüllt wären von den Klängen der Fabriken, vom Herumtollen der Kinder, von

Wettbewerben junger Athleten und vom Lachen glücklicher Mädchen, dessen Plätze an den Kaminen Foren für die Weisheit des heiteren Alters wären. Kurz gesagt: Die Heimat eines Volkes, das ein Leben lebt, wie Gott es sich von den Menschen wünscht.« De Valera gelang nicht, wonach er strebte. Er schuf vielmehr ein wirtschaftlich unterentwickeltes Agrarland, das nach außen isoliert und nach innen aufgrund von Zensur und einer strengen staatlich-kirchlichen Moral repressive Züge annahm und nach heutigen Maßstäben als halbdemokratisch gelten würde.

Irland war nun offiziell ein unabhängiger Staat im Verbund des Commonwealth, aus der Abhängigkeit von Großbritannien konnte sich das junge Land aber nur ganz allmählich befreien: 1937 gab sich Irland eine eigene Verfassung, auf deren Grundlage des Land 1949 zur Republik wurde, aus dem Commonwealth austrat und sich endgültig dem Einfluss der britischen Krone entzog. Wirtschaftlich blieb das Agrarland bis in die 1970er Jahre in erster Linie von Großbritannien abhängig. Erst die Zugehörigkeit zur Europäischen Gemeinschaft ab 1973 und die Abkoppelung des irischen Punts vom britischen Pfund Sterling im Jahr 1979 öffneten neue Märkte und Handelsbeziehungen im großen Stil.

Eines der hartnäckigsten Klischees, das sich über Irland gehalten hat, offenbart sich in der bangen Frage: »Ja, ist denn da nicht Krieg?« Gemeint ist der Nordirlandkonflikt: Der ethnische Regionalkonflikt in den sechs nördlichen Grafschaften, der immer wieder in den irischen Süden und auch nach Großbritannien ausstrahlte, forderte zwischen 1969 und 1998 über 4000 Todesopfer und 20 000 Verletzte. Er hatte seine Wurzeln in der Kolonialisierungspolitik des 16. Jahrhunderts und war ein Resultat der Teilung Irlands bei der Staatsgründung. Der Konflikt wurde mit dem Karfreitagsabkommen von 1998 und der darauffolgenden institutionalisierten Friedensarbeit der britischen, der irischen und der nordirischen Regierung beigelegt. Dieser Frieden hält bis heute, und parallel dazu normalisiert sich das Verhältnis zwischen den beiden Nachbarn, das jahrhundertelang ein kompliziertes, verstricktes und destruktives war.

Garinish Island oder:
Der anglo-irische Konflikt im Kleinformat

Die großen Linien des anglo-irischen Konflikts hatten ihre Entsprechungen stets im Alltag der Menschen. Ein solcher lokaler Konflikt rankte sich beispielsweise um Garinish Island, die bekannte Garteninsel in der Bantry Bay im Südwesten Irlands, die heute so etwas wie die Mainau des Nordatlantiks ist. Garinish Island feierte im Jahr 2011 den 100. Geburtstag. Geschliffen und geformt wurde das faszinierende Fleckchen Erde in West Cork seit über 300 Millionen Jahren – erst vor etwas mehr als 100 Jahren allerdings machte sich ein wohlhabendes britisches Ehepaar daran, die größte Insel im Hafenbecken von Glengarriff in einen einzigartigen botanischen Garten zu verwandeln. 100 Jahre später feierten dann Briten, Iren, Anglo-Iren und Urlauber den Garten der Familie Bryce, der seit 1954 nach einer Schenkung dem irischen Volk gehört.

Die offizielle Geschichte von Garinish Island wurde oft erzählt, oft geschrieben und wieder abgeschrieben. Die wahre Geschichte der Insel ist bis heute außerhalb von Glengarriff und West Cork weitgehend unbekannt und liest sich ungleich spannender. Sie ist so schillernd und vielschichtig, wie ihre Erschaffer und ihre ehemaligen Bewohner es waren, und sie ist – obwohl nur ein kleines lokales Detail – ein Spiegelbild des großen und langen Konflikts zwischen Iren und Briten. Offiziell geht die Geschichte so: Am 10. August 1910 kaufte der wohlhabende britische Geschäftsmann und Parlamentsabgeordnete John Annan Bryce vom britischen Kriegsministerium einen nackten 15 Hektar großen Felsen in der Bucht vor Glengarriff. Sofort beauftragte er den renommierten Architekten und Landschaftsdesigner Harold Peto mit der Planung für ein herrschaftliches Haus und einen ambitionierten Pflanzengarten, heuerte über 100 Arbeiter an, ließ tonnenweise Mutterboden auf die Insel schippern und verwandelte eine wilde Naturinsel binnen weniger Jahre in ein kultiviertes subtropisches Kleinod.

Von 1911 bis 1914 regierten die Bauarbeiter auf der Insel, die eigentlich einmal Ilnacullin, die Insel der Stechpalmen, geheißen hatte, aufgrund der Nähe zu Glengarriff bei den Einheimischen nur als Garinish, die nahe Insel, bekannt ist. Bald war das Fundament für eine vielversprechende dreiteilige Anlage geschaffen –

mit einem klassischen Park im italienischen Stil, der Bauformen aus Italien, dem antiken Griechenland und aus Japan zitiert, mit einem wilden Landschaftspark und einem ummauerten Garten.

Gerne wurde das Ehepaar Bryce als die Robinsons des frühen 20. Jahrhunderts stilisiert: Sie kamen in die Wildnis, übernahmen eine unberührte und unerschlossene Insellandschaft und schufen daraus den Garten Botanien. Nur ein alter, verlassener Wehrturm aus dem Jahr 1815 kündete von früheren zivilisatorischen Bemühungen. Die britischen Besatzer hatten auf dem höchsten Hügel von Garinish einen Martello Tower gebaut. Er war Teil einer Turmkette entlang der Südwestküste und sollte Schutz vor Napoleons Großmachtansprüchen bieten. Schon nach wenigen Jahren ließ das Interesse an der antiquierten Verteidigungsform nach, die britischen Truppen verließen die Insel, und Garinish verfiel offiziell wieder in tiefen Dornginsterschlaf. Bis zum Jahr 1910.

Was die Bryces antrafen, als sie den »nackten Felsen« im Jahr 1910 übernahmen, geht aus einem historischen Foto aus dem Jahr 1905 und aus den Volkszählungsbögen aus den Jahren 1901 und 1911 hervor: Auf der Insel lebte in dieser Zeit eine fünfköpfige irische Familie, nämlich die Witwe Mary Sullivan mit ihren vier Söhnen. Die Sullivans wohnten in einem schlichten Cottage in der Nähe des Piers im Nordosten der Insel. Sie hielten sich ein paar Kühe, pflanzten Kartoffeln, stachen Torf zum Kochen und Heizen und fuhren in ihrem Boot zum Fischen. Der Vater war früh gestorben, die vier Junggesellen hielten die Familie über Wasser. Mal wurden die Brüder beim Forellenfischen im Glengarriff River erwischt, mal transportierten sie Waren oder Fahrgäste in der Bucht, ansonsten betrieben sie eine kleine Landwirtschaft. Was geschah, als die neuen Eigentümer auftauchten und das Land nach ihren Vorstellungen umgestalteten, geht aus dem Landschaftsplan des Architekten Harold Peto hervor: Die Kuhweide wich Pflanzbeeten, die Zäune wurden niedergerissen. Neben dem Häuschen der Sullivans wurde – mitten durch die Viehweide – eine Straße zum neuen Pier gebaut. Auf dem Torffeld entstanden Tennisplätze für die Herrschaften und ihre Kinder und Gäste. Das Brennmaterial verschwand unter leuchtend grünem Rasen.

Während die offizielle Geschichtsversion der britischen und angloirischen Landbesitzer anhand von schriftlichen Dokumenten gut nachvollzogen werden kann, hat die arme irische Landbevölkerung ihre Geschichte zumeist nur mündlich überliefert. So wurden aus Geschichte Geschichten, aus manchen Fakten Märchen – und vieles ist nicht mehr nachprüfbar. Die alten Leute in Glengarriff jedenfalls erzählen noch heute von den Sullivans und ihrem Schicksal. In einer Gegend, wo jeder Dritte O'Sullivan hieß, rief man die Inselleute gemäß ihrem Wohnort »die Garinishes«. Die Überlieferung will wissen, dass das Ehepaar Bryce die irischen Bauern als Arbeiter und Gärtner übernehmen wollte. Die Garinishes allerdings verfielen in Kummer und Traurigkeit, sahen sich um ihre Existenz gebracht, waren von ihren Brennstoffquellen und ihrem traditionellen Leben abgeschnitten. Zwei der vier Junggesellen sollen sich im Meer ertränkt haben.

Die Beweislage für die irische Erzählung bleibt dürftig. Erwiesen ist, dass einer der Brüder, Florence Sullivan, von einer Bootstour zum Grasschneiden auf einer Nachbarinsel nie zurückkehrte. Das war allerdings im Jahr 1935, 25 Jahre nach der Ankunft der Bryces. Nur die Ruder wurden gefunden, der alte Mann und das Boot blieben für immer verschwunden.

Die Erzählungen, die gerne mit einem bitteren Unterton vorgetragen werden, schufen und schaffen jedoch ihre eigene Realität. Sie sagen, in Klartext übersetzt: Ihr habt euch auf unserem Leid einen Ort der Muse gebaut. Ihr habt euch vergnügt, während wir ums Überleben kämpften. Wo unsere Kühe weiden sollten, habt ihr Tennis gespielt. Ihr habt uns um unsere Lebensgrundlagen gebracht.

Die Geschichte macht deutlich, wie umstritten und ungeliebt der anglo-irische Besitz Garinish Island bei vielen Iren war, und sie zeigt, dass die Wunden der Jahrhunderte währenden Konflikte zwischen den Einheimischen und den englischen Grundbesitzern bis heute nicht verheilt sind. Zwar galten die Bryces zu Lebzeiten bei Einheimischen auch als Wohltäter. Sie brachten Geld, Arbeit und Ideen. Die Gesellschaftsdame Violet Bryce betrachtete sich selber als Irin, machte sich öffentlich für die irische Sache, die irische Sprache und die Unabhängigkeit stark. Sie wurde für ihre Überzeugung sogar zweimal verhaftet – und doch blieb sie den Einheimischen fremd. Ihre der Zeit vorauseilenden Ideen wurden von der Bevölkerung abgelehnt: Man ignorierte sie oder unterstützte sie so lange nicht, bis sie in Vergessenheit gerieten. Und die Bryces schufen Neid, Zwietracht und Disharmonie bei denen, die nicht in irgendeiner Weise vom Bau von Garinish Island profitierten oder am Wohlstand der Familie partizipieren konnten.

Die Garteninsel Garinish Island wurde, auch wenn immer nur das Ehepaar Bryce genannt wird, von vielen fleißigen irischen Händen geschaffen. Über 100 Iren aus den umliegenden Orten haben alleine in den drei Gründerjahren an den Gebäuden, Pflanzbeeten, Tennis- und Kricketplätzen, den Wegen und dem kleinen Pier gebaut. 60 Arbeiter beschäftigte alleine der örtliche Bauunternehmer Robert Kelly auf dem Eiland. Sie alle kommen in der offiziellen Würdigung des Werkes »Garinish Island« allerdings bis heute nicht vor. Noch nicht. Dies lässt manche Menschen in Glengarriff bis heute schlecht über die Insel sprechen, von englischen Bäumen, die besser umgesägt gehören, anstatt sie in einem Garten zu präsentieren. Doch es scheint nur noch eine Frage der Zeit zu sein, bis die Menschen auch hier so weit sind, die Vergangenheit als eine gemeinsame anzunehmen und sich mit ihr auch in den kleinen alltäglichen Dingen zu versöhnen.

Man darf gespannt sein, wie das künftige Besucherzentrum, das im renovierten »Gardener's Cottage« im bislang unzugänglichen Nordostteil der Insel eröffnet wird, die Geschichte von Garinish Island präsentieren wird: Immerhin bietet sich nun die Chance, die irischen Arbeiter und die einstigen irischen Bewohner der Insel ebenfalls gebührend zu würdigen.

Noch mehr Geschichte:
Noch mehr Eroberungen und Invasionen

So war und ist das also mit den Iren und den Briten. Dass Irlands Geschichte mehr war als die lange Auseinandersetzung mit den normannischen, englischen und dann britischen Nachbarn, soll nicht verschwiegen werden. Sie war jedoch fast immer eine Geschichte von Eindringlingen. Bevor die Normannen auf der Insel auftauchten, waren schon andere dort eingefallen: die sagenhaften Völker aus dem Nebel, die Kelten und die Wikinger. Doch der Reihe nach:[17] Irlands Geschichte ist die Geschichte von Invasionen, Einwanderung und Eroberungen.

Die ersten Menschen kamen nach heutigen Erkenntnissen vor 9000 Jahren nach Irland. Vor 10 000 Jahren hatte die letzte Eiszeit geendet, Irland war ein menschenleeres Territorium ohne Namen; Jahrhunderte später, nachdem der nordeuropäische Packeisgürtel sich teilweise verflüssigt hatte und der steigende Meeresspiegel die Festlandbrücke flutete und Irland zur Insel beförderte, wanderten die ersten Nomaden vom heutigen Schottland in den Nordosten Irlands ein. Die Wissenschaftler sind sich nicht einig, ob diese »Ureinwohner« noch durch knietiefes Wasser wateten oder ob sie schon Boote benutzten, um überzusetzen. Archäologische Funde belegen jedenfalls: Sie haben es geschafft, und sie stießen auf der Suche nach Tieren und Pflanzen, die sie ernähren würden, ganz allmählich in südlichere Gefilde vor, während sich der Wald und die einziehende Vegetation in umgekehrter Richtung von Süden nach Norden ausbreiteten.

Die ersten Kelten (Keltoi), ein indogermanisches Volk aus Mitteleuropa, auf deren Erbe und Kultur sich Irland beruft, erreichten nach gängiger Geschichtsinterpretation 600 Jahre vor der Zeitenwende die Insel. Sie kamen aus dem heutigen Frankreich und Deutschland und nahmen in einer mächtigen Invasion die atlantischen Inseln Europas ein, bevölkerten sie und errichteten in Irland ihr Herrschaftssystem, das über 1000 Jahre unangefochten blieb, bis sich das Christentum ausbreitete. Die ersten Kelten werden in den mythischen Erzählungen Irlands jedoch als die Milesier beschrieben, die »Soldaten Spaniens«, die aus den eurasischen Steppen des heutigen Südrusslands über Ägypten und Spanien nach Irland gelangt sein sollen. Diese »Informationen« aus vorgeschichtlicher Zeit wurden von irischen Mönchen in den mythischen Büchern im 11. und 12. Jahrhundert niedergeschrieben. Sie beriefen sich auf mündliche Überlieferungen und möglicherweise auf ältere Schriften, die nicht mehr erhalten sind. Diese Erzählungen, besonders »Das Buch der Landnahmen Irlands« (»Lebor Gábala Érenn«) aus dem 17. Jahrhundert, das auf älteren Quellen wie dem »Book of Leinster« basierte, wurden lange für frühe Geschichtsschreibung gehalten. Es handelt sich jedoch um mythische Schriften, um Sagen. Das »Buch der Landnahmen« beschreibt sechs Einwanderungswellen, an deren Ende die Ankunft der Milesier steht. Die ersten Einwanderer waren dieser irisch-christlichen Deutung zufolge Cessair, die Enkelin Noahs, und ihr Gefolge von 50 Frauen, die 40 Tage vor Beginn der Sintflut die Südwestküste Irlands erreicht haben sollen. Es folgten Partholon und Nemed mit ihren Begleitern. Danach traf das Volk der Firbolg ein und herrschte über Irland, bis es von den Tuatha De Danann, dem vorkeltischen Volk der Danu, vertrieben wurde. Die Leute vom Volk von Danu wurden schließlich von den Milesiern, den ersten Gälen, in den Untergrund verbannt, wo sie bis heute als »das Kleine Volk« aus der Anderswelt existieren.

Die Geschichten von den sagenhaften Völkern, die aus dem Nebel der Mythen emporstiegen und in ihm wieder verschwanden, haben die Phantasie von Dichtern und Keltenfans angeregt, letztlich aber wenig zu einer exakten Geschichtsschreibung beigetragen. Und dennoch könnte in den mythischen Erzählungen mehr Wahrheit stecken, als Sagen üblicherweise zugestanden wird.

Die Gälen pflegten die mündliche Überlieferung, nur aufgrund von archäologischen Funden wissen wir von dieser hochentwickelten Gesellschaft der Eisenzeit, dass sie Bauern waren, Rinder züchteten, mit Gold und Silber Schmuck fertigten, Sinn für Kunst und einen gewissen Wohlstand hatten. Sie importierten Waren aus Mittel- und Südeuropa und pflegten Kontakte dorthin. Die ausdifferenzierte Gesellschaft wurde von Königen geführt, sie verfügte über Richter, ein Rechtssystem, über Dichter, Sänger und Geschichtenerzähler sowie über Priester und Gelehrte, die Druiden.[18]

Von den Gälen, den Inselkelten, haben die modernen Iren ihre Sprache; auf die keltische Abstammung und Kultur beriefen sie sich, um sich ihrer Identität zu vergewissern, in der Tradition der Gälen sahen sie ihre großen Führer, ihre wichtigen Spiele und ihre Art zu siedeln. Bis vor einigen Jahren galt als gesichertes Wissen, dass Stämme des einst mächtigen Volks aus Mitteleuropa auf die Insel einwanderten und dass sie die Vorfahren der Iren seien. Neuere Erkenntnisse der Genforschung zeichnen jedoch ein differenzierteres Bild. Das Forscherteam um den Humangenetiker Dan Bradley, ein Professor am Trinity College Dublin, hat im Jahr 2004 mit Hilfe von DNA-Analysen starke genetische Verbindungen zwischen der irischen und der nordspanischen Bevölkerung nachgewiesen.[19] Die Wissenschaftler schlossen daraus, dass bereits vor rund 6000 Jahren Menschen aus dem heutigen Nordspanien, aus

Galizien und dem Baskenland über den Atlantik nach Irland gekommen sein müssen. Die Forscher stellten zudem starke genetische Ähnlichkeiten zwischen Iren und Schotten fest und halten frühe Wanderbewegungen entlang der »Atlantischen Fassade« auf dem Wasserweg von Südeuropa Richtung Norden für wahrscheinlich. Die Frage der Iren nach ihrer Identität muss also neu gestellt werden, die Antworten sind durchaus komplex. Der Ur-Ire ist demnach viel älter als ursprünglich angenommen, seine Ahnen lebten bereits auf der Insel, lange bevor die Kelten ankamen. Das hat, um auf die mythischen Erzählungen zurückzukommen, die Sage schon immer gewusst: Die nämlich beschrieb die Milesier, die »Soldaten Spaniens«, als Eroberer, die von der Iberischen Halbinsel einwanderten; und wer die Menschen im Westen Irlands einmal genauer studiert hat, wird feststellen, dass sich das typisch irische Aussehen nicht auf rothaarige Menschen mit weißer Haut und Sommersprossen beschränkt. Viele Iren erinnern im Aussehen an Menschen aus Südeuropa, sie haben dunkle Haare, tiefbraune Augen und eine Haut mit dunklem Teint. Zur vorläufigen Beruhigung aller Keltenfans: Die nachgewiesene irisch-spanische Verwandtschaft muss nicht zwangsläufig der keltischen Prägung der irischen Kultur widersprechen – obwohl Wissenschaftler auch daran Zweifel angemeldet haben.

Im 5. Jahrhundert jedenfalls trat Irland dann endgültig in die Geschichte ein. Mit dem Christentum kamen die Schrift und die schriftlich dokumentierte Geschichtsschreibung. Wir wissen seither mehr über das Leben der Menschen der ausgehenden keltischen und der einsetzenden christlichen Epoche. Doch auch schriftliche Hinterlassenschaften haben ihre Tücken, und so bleibt bis heute unklar, wer der wichtigste aller Früh-Iren, der Heilige Patrick, wirklich war und was er genau getan hat.

Vor Patrick hat es auf der Insel wohl erste Anhänger des christlichen Glaubens gegeben, und die Historiker sind ziemlich sicher, dass ein Bischof namens Palladius der erste Fahnenträger des neuen Glaubens war. Es ist wahrscheinlich, dass die Lebensläufe von Palladius und Patrick später vermischt und miteinander verwechselt wurden, und möglicherweise gab es sogar zwei Patricks, einen jüngeren und einen älteren. Tatsache ist, dass sich St. Patrick zum Patron der Iren aufschwingen konnte und bis heute berühmt ist, dass sein keineswegs verbriefter Todestag am 17. März 460 zum Nationalfeiertag wurde, während über Palladius nur noch ein paar Historiker reden. Dieser Patrick missionierte also die Bevölkerung, machte ihr klar, dass sie die heidnischen Glaubenssysteme der Kelten zugunsten der christlichen Lehre aufgeben musste. Patrick und seine Glaubensbrüder waren mit Sicherheit Meister der frühchristlichen Public Relations: Sie gaben den alten Mächten einfach neue Namen, etikettierten Gottheiten neu, widmeten heilige keltische Orte in neue christliche Stätten um und hantierten mit viel Symbolik: Wenn Patrick öffentlichkeitswirksam 40 Tage betend und fastend auf einem Berg saß, um für seinen Herrn und seine Religion zu werben und nebenbei die Schlangen aus Irland zu vertreiben, dann ließ er seine Mitmenschen damit wissen, was die Zeit geschlagen hatte.

Mit den Symbolen der keltischen Gottheiten vertrieb der Gottesmann auch den keltischen Paganismus. Man muss sich das Wirken der christlichen Missionare, die bald nach Mitteleuropa ausströmten, um auch die Menschen in Germanien für ihren Glauben zu gewinnen, als Feldzug der Symbole und der Worte vorstellen. Anders als später in den Kreuzzügen verlief der kulturelle Gezeitenwandel zugunsten des Christentums in Irland offenbar weitgehend gewaltfrei. Die Menschen nahmen die christliche Religion an, ohne die alten Überzeugungen völlig über Bord zu werfen.

In der isolierten Randlage schufen die keltischen Frühchristen bald eine beeindruckende Infrastruktur: Überwiegend in abgelegenen ländlichen Gegenden entstanden Klöster, in denen Mönche sich ganz der Lehre, der Askese und der Spiritualität widmeten. Ein Ort wie die Felseninsel Skellig Michael, weit abseits der Verkehrswege zwölf Kilometer vor der Westküste im Atlantik gelegen, lässt bis heute erahnen, was spartanisch lebende Mönche in der selbst gewählten Isolation einer menschenfeindlichen Umgebung gesucht haben. Das einsame Kloster, das heute ein Unesco-Weltkulturerbe ist, wurde im Jahr 588 gegründet. Irland sollte sich schon damals den Ruf als die Insel der Heiligen und der Gelehrten erwerben, schon die Klöster des 7. Jahrhunderts zogen Heils- und Wissbegierige aus ganz Europa an – und auch neue Eroberer.

Um das Jahr 800 traten die Wikinger auf den Plan. Die als große Seefahrer bekannten Nordmänner starteten ihre Raubzüge im Jahr

795 an Irlands Küsten, plünderten mit Vorliebe Klöster und wiesen sich durch ausgesuchte Grausamkeit gegenüber ihren Gegnern aus. Aus dieser Zeit stammt eine genuin irische Erfindung: der *Round Tower,* der klassische irische Rundturm. In ihn zogen sich die Mönche zurück, wenn die Wikingerhorden die Klöster stürmten. Die Türme, deren Eingang mehrere Meter über dem Boden lag und nur über eine Leiter erreichbar war, trotzten den Angreifern erfolgreich. Bald sollten aber auch die Krieger aus dem Norden Gefallen an den wärmeren Gefilden finden, und sie begannen, Stützpunkte und Siedlungen zu bauen. Die Wikinger siedelten anders als die Kelten, sie gründeten Dörfer mit einem Ortskern, aus denen die irischen Städte Dublin, Cork, Waterford, Wexford und Limerick entstanden. Die Vorherrschaft der Wikinger endete mit der verlorenen Schlacht von Clontarf im Jahr 1014. Sie wurden vom Heer des ersten irischen Königs über das gesamte Irland, dem Hochkönig Brian Boru, geschlagen. Der König der Könige selbst überlebte die Schlacht zwar nicht, die in ihre Grenzen verwiesenen Wikinger aber wurden sesshaft und friedlich. Sie haben sich im Gencode der Iren übrigens nur peripher eingetragen. Die Wissenschaftler fanden zwar den starken Einfluss von weiblichem irischen Erbgut in den skandinavischen Ländern, nicht aber umgekehrt. Sie zogen daraus den Schluss, dass die Nordmänner an den irischen Frauen Gefallen gefunden haben müssen und viele von ihnen mit nach Hause nahmen – ob die Irinnen freiwillig reisten oder entführt wurden, ist jedoch nicht bekannt. Doch wir wissen bereits, wer nach den Wikingern auf die Insel drängte: Die Invasionen der Normannen und der Engländer sollten nun anbrechen.

Die Sprache:
Merkwürdiges Englisch und ein wenig Irisch

Amerikanische Konzerne wählen die Steueroase Irland bekanntlich auch deshalb gerne als Sitz ihrer Europazentrale, weil die Mitarbeiter ihren eigenen Sprachraum nicht verlassen und keine neue Sprache lernen müssen. Wenn Manager aus New York oder Cuppertino das erste Mal nach Dublin oder Cork kommen, trauen sie trotzdem ihren Ohren nicht. Was sprechen die denn hier? Das soll

Englisch sein? Nicht anders geht es polyglotten Europäern, die des Englischen durchaus mächtig sind; sie scheitern oft zunächst einmal am Englisch der Iren. Egal ob der nordische Akzent aus Letterkenny, der südlich gedehnte aus Waterford, der holprige West-Cork- und der noch holprigere Kerry-Akzent oder das City-Hiberno in Dublin: Ohren spitzen reicht nicht, dieses Englisch klingt nicht englisch: Das Hiberno-Englisch ist tatsächlich eine Sache für sich. »Wie bitte«, seufzen selbst Neuankömmlinge, die fließend fünf oder sechs Sprachen sprechen.

Es gibt deshalb Menschen, die die tatsächlich existierenden Englisch-Sprachschulen in Cork oder Dublin für einen schlechten Witz halten. Es gibt allerdings auch andere, die meinen, die irische Version des Englischen sei das einzige Englisch mit Charakter (außer dem Südafrikanischen vielleicht). Benny Lewis, ein polyglotter und viel gereister Ire aus Cavan, gehört dazu – er bietet englischsprachigen Zeitgenossen an, sie in drei Monaten auf fließendes Hiberno-Englisch umzuschulen.[20] Benny erklärt, warum das irische Englisch so anders ist als das englische Englisch. Bis zum 12. Jahrhundert nämlich sprachen die Iren nur Irisch, die keltische Sprache, die auch *Irish Gaelic* genannt wird und mit dem schottischen Gälisch und dem Manx von der Isle of Man eng verwandt ist. Die Nachfahren der Kelten hatten mit dem Englischen nichts am Hut, bis die Normannen von der großen Nachbarinsel Ende des 12. Jahrhunderts in Hibernien einmarschierten. Denen gefiel es bekanntlich im Süden und Südosten Irlands so sehr, dass sie auf Dauer blieben – und mit ihnen das Englisch in seiner mittelenglischen Variante. Sehr viel stärker allerdings war der Einfluss des Englischen, das die zahlreichen Siedler im 17. Jahrhundert, der Zeit der systematischen Kolonisierung Irlands, aus ihrer Heimat mitbrachten. Dieses Frühneuenglisch verbreitete sich schnell und wurde noch im 19. Jahrhundert zur Hauptsprache auf der Insel – allerdings in einer deutlich veränderten Form. Denn die Iren versetzten das Englisch der Engländer nicht nur mit Wörtern aus dem Irischen, sondern passten es auch in Satzbau, Grammatik und Aussprache an die eigene Muttersprache an. So entstand ein englischer Dialekt, Sprachwissenschaftler mögen dieses tumbe Bild verzeihen, den man als altmodisches Englisch aus der Zeit von William Shakespeare mit integriertem niederprozentigen Gälisch bezeichnen kann. In der Diaspora Irland hält sich das alte Englisch, das in England verschwunden ist, bis heute. Für Engländer wird eine Irlandreise deshalb linguistisch und phonetisch immer auch zur Reise in die eigene Vergangenheit.

Doch nun zur Sprache: Da wäre zunächst einmal die Sache mit dem »Tie-äitsch«. Das stimmhafte »th« des Englischen wird im Hiberno-Englisch zum stimmlosen »t«. Der Ire ist nicht *thirsty,* sondern *tirsty.* War er zu durstig, muss er sich auf der Straße nicht vor der *police* in Acht nehmen, sondern vor den *guards.* Denn im Irischen heißt die Polizei *garda.* Das irische Mädchen wird *colleen* genannt, weil die junge Frau auf Irisch *cailin* heißt. Der Ire spricht übrigens kein Englisch, sondern er »hat Englisch« (has English). Das kann sich dann so anhören: »I do be writing a letter when yer one comes in and your man was after joining her.«

Yer one ist eine Dame und *your man* ist ein Herr, dessen Namen man vielleicht gerade nicht aussprechen will. »Your man will sort it out.« – Dein Mann wird das in Ordnung bringen: Die unerfahrene Irlandbesucherin fragt sich betroffen, woher der Gesprächspartner »ihren Mann« kennt, dabei meint der gute Ire wahrscheinlich einen Mann, den die unerfahrene Irlandbesucherin überhaupt nicht kennt, den nur er kennt, dessen Namen er aber gerade nicht präsent hat: Jener da halt, der wird's schon richten. So entstehen Missverständnisse. Und wenn man nicht mehr weiter weiß, dann wird es schon mal grob: »She gave out to him.« – Nein, sie hat ihm keinen ausgegeben, sie hat ihm vielmehr »heimgeleuchtet,« »gezeigt, wo der Hammer hängt« oder ihm mal richtig die Meinung gesagt.

Mehr Missverständnisse: »How's the craic?«, erkundigt sich nicht nach der Qualität irgendwelcher Drogen, sondern nach dem momentanen Spaßgehalt. Das Wort startete seine Karriere als englisches *crack,* wurde ins Irische als *craic* übernommen und dann ins Englische zurückexportiert. *Craic* gilt jedenfalls heute als das ultimative irische Wort für Spaß und Vergnügen; und wenn jemand als *gas man* bezeichnet wird, dann ist das nicht etwa ein Berufskollege des Milchmanns oder des Stromablesers, es ist ein lustiger Kerl mit Hang zum Feiern und zum *craic.*

Zum Dialekt und zu den vielen lokalen Akzenten gesellt sich erschwerend ein schier unüberschaubares Arsenal an irischem Slang und schrägen Redensarten, die erst einmal verstanden sein wollen. Wer auf dem Land gefragt wird »How's she cuttin?« – »Wie schneidet sie?«, muss sich weiter nichts denken. Es ist genauso eine Begrüßungsformel wie »How are you?« oder »Hows agoan« oder einfach wie »Good?«. Und meint: Wie geht's? Wie läuft's? Wenn die Antwort mit »Not too bad« ausfällt, was sie oft tut, dann entspringt sie dem irischen Aberglauben, dass man sich nicht zu freudig zeigen sollte, weil sonst das Schicksal wieder gnadenlos zuschlägt und prompt dafür sorgt, dass die Antwort eigentlich »awful, schrecklich« lauten müsste. Also: Ball immer schön flach halten: »Wie geht's?« – »Gar nicht so schlecht.« Beim Bedanken kann man dagegen schon mal etwas dicker auftragen: Statt eines schnöden »vielen Dank« geht auch »thanks a million« – eine Million mal danke. Das ist Wertschätzung pur – oder einfach nur eine bei jeder Nichtigkeit ausgesprochene südirische Floskel.

Noch mal zurück zum schneidenden Gruß des Landmanns, den man in Irlands Städten als *Culchie* verhöhnt, als »Landei« oder »Hinterwäldler«: Die Formel »How's she cuttin?« deutet darauf hin, dass es ursprünglich darum ging, wie gut ein Werkzeug das Gras geschnitten hat. Warum aber wird »sie« benutzt, die weibliche Form? Nun, die tiefe emotionale Beziehung irischer Männer zu Werkzeugen und Objekten aller Art, sofern sie nur einen Motor haben, drückt sich in der Wahl des weiblichen Personalpronomens aus: »She's doin' a great job.« – »Das Auto, das Boot, der Traktor, sie läuft prima.« Na immerhin.

Wörter sind das eine, deren Aussprache eine ganz andere Sache: Die Vokale werden im Hiberno-Englischen meist unerwartet anders ausgesprochen: Der *bus* wird im Süden der Insel zum *boss,* das *car* zum *kärr,* der *star* zum *stär,* der junge Hund vom *puppy* zum *poppy* und die *mall* zur *mäll.* Baltimore, Irland, wird, anders als »Boltimore«, USA, wie »Bältimore« ausgesprochen. Schräcklich schön.

Weitere interessante Besonderheiten: Die irische Sprache kennt kein »Ja« und kein »Nein«, was die Gewohnheit erklärt, dass Iren gerne um den heißen Brei herumreden und direkte Antworten scheuen. Das Prinzip haben sie auch ins Englische übertragen. Auf Fragen antworten sie nicht einsilbig wie die Deutschen, sie wiederholen in der Antwort mit Vorliebe das Verb der Frage: »Do you still love me?« – »Of course I love you« oder kürzer: »Of course I do.« Na klar liebe ich dich noch. »Gehst du mit ins Kino?« »Certainly I do.« »Sicher, ich gehe mit ins Kino.« Aber nur, wenn's *craic* gibt. So weit, so gut. »How's the craic? Hope it's gas, man.« Dann machen wir weiter im Kontext, mit Irisch, der alten Muttersprache der Gälen.

Der Artikel 8 der irischen Verfassung besteht darauf: Irisch ist die nationale Sprache und die erste Amtssprache der Republik Irland. Irisch wird auf der Insel seit etwa 2500 Jahren gesprochen und kam mit Einwanderern ins Land. Sprachwissenschaftler sortieren das irische *Gaelic* als Unterabteilung der keltischen Sprachen ein – zusammen mit dem schottischen Gälisch und dem auf der Isle of Man gesprochenen Gälisch gehört es in die Kategorie der inselkeltischen Sprachen. Der Begriff »Gälisch« kommt unüberhörbar vom Wort »Gallisch« und weist auf die keltischen und indo-europäischen Ursprünge der irischen Sprache hin. Bis Ende des 12. Jahrhunderts blieb Irisch die unangefochtene Sprache auf der Insel, doch mit der Ankunft der Normannen und der Engländer ging es langsam und stetig bergab. Die Neuankömmlinge brachten ihre eigene Sprache mit und schafften es in wenigen Jahrhunderten, sie bei den oberen Schichten Irlands durchzusetzen.

Im frühen 19. Jahrhundert, als die Bevölkerung Irlands stark wuchs und mehr Menschen denn je – nämlich über vier Millionen – Irisch sprachen, erlebte die Sprache ihre größte Verbreitung und hatte dennoch bereits verloren: Sie war zur Sprache der unteren Schichten geworden, Englisch hatte sie vom Sockel gestoßen. Die irischen Eliten und die, die es werden wollten, hatten die englische Sprache angenommen. Auswanderung, Massensterben, ein anti-irisches Schulsystem und eine Kirche, die mit Irisch nicht viel im Sinn hatte, ließen die Zahlen der *Gaelic Speakers* bis zum Ende des 19. Jahrhunderts rapide sinken. Die Sprache schien verloren.[21] Doch dann wurde sie noch einmal richtig wichtig.

Im Jahr 1893 gründete sich in Dublin die Gälische Liga *(Conradh na Gaeilge)* mit dem Ziel, die irische Sprache auf der Insel zu pflegen, zu stärken und zu revitalisieren. Das *Gaelic Revival* war angebrochen, die Nation erwachte und besann sich auf ihre Eigenarten, auf ihre kulturelle und politische Identität, auf das, was Iren zu Iren machte und von den Engländern unterschied. Im Zentrum der Bewegung feierte die Gaelic League die irische Sprache. Im Kern war die Liga unpolitisch, und doch fand sich bei den Treffen der Sprachpfleger alles ein, was im aufziehenden Befreiungskampf Rang und Namen haben sollte. Irisch zu sprechen galt nun als Kern der *Irishness*, und die Sprache wurde zum Integrations- und Motivationsinstrument für das Projekt Unabhängigkeit, das in den Jahren 1916 bis 1922 die Insel erschütterte und halbwegs erfolgreich mit der Gründung des *Irish Free State* endete. Der junge, befreite Staat besaß wenig innere Struktur und wenig Halt, die eigene Sprache wurde deshalb eilends in den Rang einer verfassungsrechtlich erstrangigen Institution erhoben und zur Pflichtübung erklärt.

Generationen von Schülern wurden seitdem in den Sommerferien in die sogenannte *Gaeltacht* geschickt, um dort besser Irisch zu lernen und in die Geheimnisse der irischen Kultur vom Tanz bis zum *Tin-Whistle*-Spiel eingeweiht zu werden. Diese kulturellen Schutzzonen wurden in den 1920er Jahren von der Regierung identifiziert und zu Regionen erklärt, in denen Gälisch die ausschließliche Sprache sein sollte. Die Politik griff dabei auf Gebiete zurück, in denen Irisch noch weitgehend Alltagssprache war. Die Sprachreservate lagen und liegen überwiegend in den ärmeren ländlichen Gebieten im Westen der Insel: in Cork, Kerry, Galway, Mayo und Donegal, daneben gibt es kleinere Gebiete in Waterford im Süden und in Meath im Osten.

Für seine Sprachreservate gab der Staat seit seiner Gründung viel Geld aus; Die *Gaeltacht*-Sprachförderung war gleichzeitig Überlebenshilfe für die strukturschwachen ländlichen Regionen, in denen es an Arbeit, Auswahl und jungen Menschen mangelte. Dafür stellte die Zentralregierung in Dublin harte Regeln auf. Noch heute ist es in den *Gaeltacht*-Gebieten verpönt, öffentlich englisch zu sprechen. Verboten war es, englische Laden-, Werbe- oder Verkehrsschilder aufzustellen. Das Primat der irischen Sprache wurde auch von den Schülern eingefordert, die von ihren Eltern im Sommer für mehrere Wochen in die *Gaeltacht* geschickt wurden und werden.

Als ich in den späten 1970er Jahren auf den Aran-Inseln zu Gast war, traf ich frustrierte und gelangweilte Sommerschüler, die mir fernab der bäuerlichen Unterkunft ihr Leid klagten. Ich musste erst schwören, dass ich alles für mich behalten würde, doch dann redeten sich die Jungen aus Dublin ihr Leid von der Seele: Stell dir vor, wir dürfen kein Wort Englisch reden, sonst werden wir nach Hause geschickt. Das Essen ist schlecht, der Tag langweilig, und komische Tänze müssen wir auch noch lernen. So klangen die Klagen der jungen Leute, die für vier Wochen auf die einsame Insel Inis Oir in der Bucht von Galway geschickt worden waren, um ihre Berufschancen zu verbessern und eine längst sterbende Sprache zu perfektionieren. Denn Irisch spielt bis heute im Schul- und Ausbildungssystem der Republik eine zentrale Rolle: Jedes Kind muss von der ersten Vorschulklasse an bis in die weiterführenden Schulen Irisch lernen, und wer studieren will, muss an manchen Universitäten noch immer eine bestandene Irischprüfung vorweisen, um einen Studienplatz zu bekommen. Wenn man Schüler jeglichen Alters aber danach fragt, wie ihnen Irisch gefällt, dann fallen die Antworten meist negativ aus. Sie reichen vom zurückhaltenden Augenrollen bis zum offensiven »Ich hasse es«.

Der Förderdruck des Staates hat jedenfalls nicht ausgereicht, um die Sprache der Gälen im eigenen Land nachhaltig attraktiver zu machen und ihr Überleben zu sichern. Trotz leichter Zugewinne in den vergangenen fünf Jahren, die von Irischfans frenetisch bejubelt werden, weist der Census 2011 gerade einmal 94 000 Menschen in der Republik Irland aus, die außerhalb der Schule täglich Irisch sprechen.[22] Immerhin 1,3 Millionen Iren sprechen überhaupt noch Irisch, die meisten davon gelegentlich, und über 500 000 nur in der Schule. 1,77 Millionen von 4,4 Millionen erfassten Einwohnern gaben an, sie könnten Irisch sprechen – wobei 435 000 nur können, aber nie wollen. 2,5 Millionen Insulaner haben mit der alten Landessprache gar nichts mehr am Hut.

Irisch ist damit zu einer Sprache geworden, die viele noch verstehen, die manche sprechen, weil sie müssen (nämlich in der Schule und in der *Gaeltacht*), aber nur sehr wenige, weil sie sie mögen oder weil sie einfach ihre Hauptsprache im Alltag ist. Die Befürchtung, dass Irisch das Schicksal vieler kleiner Sprachen teilt und langsam ausstirbt, ist deshalb begründet.

Die Debatte um Wert und Status der irischen Sprache zumindest wird noch immer wie ein Ritual geführt, und die Diskussion taugt auch zu fortgeschrittener Stunde im Pub als Thema, das Emotionen hochkochen lässt. Dabei wird auch diskutiert, wie zuverlässig die Volkszählungsdaten sind. Es wird unterstellt, dass gerade die *Gaeltacht*-Iren ihre Angaben gegenüber dem Volkszähler mehr pflichtschuldig als ehrlich machen und dass selbst die Zahl von 94 000 Iren, die im Alltag noch täglich Irisch sprechen, strategisch übertrieben sein könnte.

Der kontroverse Radiomoderator Niall Boylan, Gastgeber einer abendlichen Talkrunde im Radio, ließ Anfang 2013 auf *4FM* über die staatlich verordnete Landessprache diskutieren. Boylan behauptete, dass Irisch nur noch für 12 000 Menschen Mutter-, Haupt- und Alltagssprache sei, und stellte provokativ die Frage, ob diese Zahl eine jährliche staatliche Förderung in Höhe von einer Milliarde Euro rechtfertige. Die Gegenposition zu den Irischkritikern hat sich seit Generationen nicht verändert: Irisch ist die Seele des irischen Wesens und der irischen Identität. Punkt. So dürfte über das alte keltische Kulturgut auch noch gestritten werden, wenn der letzte Gäle desertiert ist und ausschließlich in der Weltsprache Englisch kommuniziert. So gut wie sicher kann aber gesagt werden, dass es keine Iren mehr gibt, die des Englischen nicht mächtig wären – solange es ums Sprechen und nicht ums Schreiben geht. Das ist allerdings ein anderes Thema.

Und doch, es gibt noch ein Fünkchen Hoffnung für die irische Sprache. In gut situierten und gut gebildeten Kreisen gibt es Menschen, die Irisch wieder für ein Statussymbol halten und die ihre Kinder in die *Gael Scoil* schicken. Das sind alternative Schulen, in denen prinzipiell Irisch gesprochen wird. Die *Gael Scoils* entstanden in den 1970er Jahren und liegen seitdem im Trend. Heute gibt es immerhin 172 Grundschulen und 40 Sekundarschulen im Land, die komplett in Irisch unterrichten.[23] Die *Gael Scoils* entlassen – im Gegensatz zu den staatlich-katholischen Schulen – immerhin Schulabgänger, die fließend Irisch sprechen, und sie haben eine wesentlich höhere Quote an Abgängern, die anschließend studieren. Deshalb gelten sie als die geheimen Eliteschulen im Land. An ihnen, ihren Kindern und Enkeln wird es liegen, ob Irisch überleben kann. Denn immerhin werden die Gälisch-Schulen unabhängig von staatlichen Doktrinen und vom Willen und Engagement der Menschen getragen, die Irisch für unverzichtbar halten und die sich selber aus freien Stücken dafür engagieren. Dass Irlands Regierung im Jahr 2007 bei der EU endlich durchsetzte, dass sämtliche Dokumente der Europäischen Union nun auch noch ins Gälische übersetzt werden müssen, wird zwar viel ungelesenes Papier produzieren, die Sprache allerdings nicht retten.[24]

Die Politik: Ein Parlament von Lokalpolitikern

Auch im irischen Parlament werden die Vorlagen, Gesetzesinitiativen und Berichte in Englisch und Irisch ausgestellt. Der Regierungschef, ein Premierminister, heißt hier wie die alten gälischen Stammeschefs *Taoiseach,* sein Stellvertreter ist der *Tanaiste.* Zusammen mit ihrer Regierung müssen die beiden ihre Politik im Parlament, dem *Dáil,* absegnen lassen – was in der Regel eher mühelos gelingt, denn Irlands Parlament gilt als strukturell schwache Volksvertretung, die sich überwiegend mit Lokalpolitik und allzu wenig mit Gesetzgebung beschäftigt.

Wer einmal die Debatten im *Dáil* verfolgt, kommt sich schnell vor wie in einem deutschen Landkreisrat. Da wird eifrig über die Einführung von Parkgebühren im Hafen von Howth, über die schlimmsten Schlaglöcher in den Straßen von Navan, über die Notwendigkeit eines neuen Vertrags für die Fähre zu den Aran-Inseln, das Fehlen von Grundschulplätzen in den Gemeinden Kilcoole und Greystones oder über die Zahl der Krankenwagen in Maynooth und Swords debattiert.[25] Dies alles sind zweifellos wichtige Themen, sie gehören allerdings nach einhelliger Ansicht von Fachleuten in die Lokalräte und haben im nationalen Parlament in Dublin nichts zu suchen. Das wissen auch die meisten der 166 Abgeordneten, und doch sehen diese ihre wichtigste Aufgabe darin, in Dublin ihren Wahlkreis und ihre Wahlbürger zu vertreten.[26] Das Problem liegt in der Architektur des politischen Systems, im Wahlrecht und in der Verfassung des Landes begründet. Die Abgeordneten werden in ihren Wahlkreisen direkt gewählt, sie pflegen engen Kontakt zu den Wahlbürgern, kennen die meisten persönlich und sehen sich in der Pflicht, die Leute daheim zufriedenzustellen und deren Interessen zu bedienen. Ein Großteil der Abgeordnetenarbeit besteht darin, Klientelpolitik zu betreiben und singuläre Interessen bei den Fachbehörden der Staatsverwaltung durchzusetzen. Auch das

Repräsentieren, der Auftritt auf Beerdigungen, Festen und Veranstaltungen ist ein zeitraubender Teil der Abgeordnetenarbeit – und schließlich müssen die Volksvertreter auch noch schauen, dass sie in Dublin genügend Mittel für ihren Wahlkreis abzweigen.

Die irische Politik ist beziehungs- und personenorientiert, die Kandidaten haben gegenüber der Partei eine vergleichsweise starke Stellung, und es kommt einigermaßen oft vor, dass Politiker schnell mal die Partei wechseln, um sich bessere Chancen für die Wiederwahl zu verschaffen oder sich mit vorteilhafteren politischen Versprechen für den Wahlkreis und für sich selbst ausstatten zu lassen. Loyalität kostet die Parteien und die Regierungen viel Geld. Berühmt geworden ist ein politischer Kuhhandel des ehemaligen Regierungschefs Bertie Ahern mit den beiden unabhängigen Parlamentariern Michael Lowry und Jackie Healy-Rae im Jahr 2007. Die beiden Volksvertreter ließen sich die Unterstützung der mit knapper Mehrheit schlingernden Regierung mit der Zusage für lokale Straßenbauprojekte in ihren Wahlkreisen in Höhe von 71 Million Euro abhandeln. Dazu kamen noch einige andere Privilegien in Form von Euros und Vergünstigungen. In manchen Ländern wird dieses Verhalten Bestechung genannt, in Irland nennt man es einen »Deal«.

Dass Politiker leicht die Partei wechseln können, liegt auch daran, dass die irische Politik das ideologische Links-rechts-Spektrum traditionell nicht kennt. Eine extreme rechte Partei fehlt völlig, ein paar deutlich linke Kleinstparteien haben erst neuerdings Einfluss. Die Grünen haben es nie über den Status eine Kleinpartei hinaus geschafft, sind nach der desaströsen Beteiligung als kleiner Koalitionspartner in der Regierung von Bertie Ahern nach dem Regierungswechsel 2011 sogar völlig in der Bedeutungslosigkeit verschwunden. Offiziell ist auch die Labour Party eine Partei links der Mitte. Labour beteiligt sich immer wieder einmal als Juniorpartner an Regierungen und schwankt in der Praxis zwischen der eigenen Gewerkschaftsorientierung und den Zugeständnissen an die konservative Politik des großen Partners. Auch die *Sinn Féin* steht für linke und durchaus radikale Themen, vor allem aber propagiert die lange der Terror-Organisation IRA nahestehende Partei als einzige gesamtirische Partei mit Präsenz auch in Nordirland die Wiedervereinigung Irlands und die nationale Frage. Labour und *Sinn Féin* kämpften lange um den Rang der drittstärksten Partei. Doch die Unzufriedenheit mit der Fine Gael-Labour-Regierung nach sechs Jahren Wirtschaftskrise rüttelte am alten Gleichgewicht der Kräfte: Sinn Féin setzte 2014 zum Höhenflug an, und auch unabhängige und linke Politiker wärmten sich in der Sonne der Proteste gegen die Regierungsparteien.

Im Zentrum der irischen Politik stehen seit den 1930er Jahren und den Anfängen des unabhängigen Staates zwei Parteien, die sich in ihrer politischen Agenda und ihrem Grundverständnis so gut wie gar nicht unterscheiden: *Fianna Fáil,* die ewige Regierungspartei, und *Fine Gael,* die Manchmal-Regierungspartei. Bei deutlichem Übergewicht für *Fianna Fáil* wechselten sich die beiden Regierungen jahrzehntelang in der Regierungsverantwortung ab, ohne jemals gemeinsam in einer Regierung zu sitzen. Beides sind gemäßigt rechte, konservative Parteien, deren Unterschied auf eine einzige Frage zurückgeht: das Verhältnis zum anglo-irischen Vertrag von 1921: *Fine Gael,* traditionell die Partei der Farmer und der Geschäftsleute, befürwortete den Vertrag, der Irland eine eingeschränkte Unabhängigkeit als *Free State* im British Empire gab und die Teilung des Landes zur direkten Konsequenz hatte. *Fianna Fáil* lehnte den Vertrag als nicht weitgehend genug ab, und an dieser Kontroverse entzündete sich der blutige irische Bürgerkrieg in den Jahren 1922 und 1923. Die beiden großen Parteien vereinigten zusammen traditionell zwei Drittel bis 80 Prozent aller Wählerstimmen auf sich und bildeten die breite Mitte des politischen Spektrums. Erst die große Wirtschaftskrise, die 2008 einsetzte, öffnete durch die spektakuläre Abwahl von *Fianna Fáil* das Parteiengefüge vielleicht nicht nur vorübergehend.

Während in Dublin im nationalen Parlament also gerne Lokalpolitik betrieben wird, fehlen funktionierende Lokalparlamente und eine flächendeckende effektive Lokalverwaltung in Städten und Gemeinden, die mit eigenem Budget und lokaler Entscheidungshoheit ausgestattet sind. Die sogenannten Lokalverwaltungen sitzen weit weg von Bürgern und Gemeinden in den Zentralstädten der Grafschaften und betreuen ortsfern jeweils zahlreiche Kommunen. Zudem sind die County-Verwaltungen mangels eines obligatorischen Meldewesens nicht in der Lage, Infrastrukturdienste wie die Müllabfuhr zuverlässig zu planen und zu gewährleisten. Wer mit seinen lokalen Anliegen zum County Council und zum

Regionalparlament durchdringen und etwas erreichen will, benötigt deshalb abermals – siehe oben – gute persönliche Beziehungen. Nicht umsonst fragt in Irland ein alter Witz, warum die Harfe das Wappensymbol des irischen Staates ist. Die Antwort lautet: Weil in Irland derjenige erfolgreich ist, der am besten an den Strippen ziehen kann, sprich die besten Drähte zu den Einflussreichen und den Entscheidern hat. Gute Beziehungen zum Abgeordneten sind deshalb erste Bürgerpflicht und die Grundlagen des Erfolgs, egal ob man ein Haus im Landschaftsschutzgebiet bauen oder eine Veranstaltung organisieren will.

Man mag einwenden, dass Beziehungen in jedem Land der Erde förderlich sind, in dem von Familien und Clans geprägten Irland sind sie es allerdings in ganz besonderem Maße. Wohl in keinem anderen Land Europas werden von Politikern persönliche Services so selbstverständlich als Teil der politischen Arbeit erwartet wie in Irland. Die Zahl unangemessener Einflussnahmen von Abgeordneten bei Gerichten und Behörden füllt deshalb ganze Bände. Parlamentarier scheuten nicht einmal davor zurück, sich für Straftäter und verurteilte Pädophile aus ihren Wahlkreisen bei der Justiz im Sinne einer Strafmilderung starkzumachen.[27]

Wo Politiker volksnah sind, ist der Populismus meist nicht weit: In Erfüllung der Wählererwartungen hat die populistische Rede in Irlands nationalem Parlament und in den Regionalräten immer Konjunktur. Was sich der Bezirkspolitiker Danny Healy-Rae in dieser Hinsicht im Jahr 2013 leistete, war besonders bemerkenswert und gleichsam bezeichnend und machte den Sohn des bereits erwähnten politischen Schlitzohrs Jackie Healy-Rae über die Insel hinaus bekannt. Der Abgeordnete im Bezirksrat von Kerry beantragte, dass Autofahrer auf dem Land künftig eine Ausnahmegenehmigung für Alkohol am Steuer erhalten sollen. Bis zu drei Pints Bier soll der einsame Landmann im Pub trinken dürfen, wenn er anschließend in seinem fahrbaren Untersatz auf kleinen Nebenstraßen langsam heimwärts schleicht. Damit wollte der Gastwirt, Politiker und Faustkämpfer Healy-Rae Einsamkeit, Depression und sogar Suizide bekämpfen und nebenbei das ländliche Pub retten. Er warf sich für seine Klientel zu Hause mächtig ins Zeug, forderte einen neuen Pragmatismus zur Rettung der guten alten bierseligen Zeiten, als es noch keine Alkoholkontrollen gab und der Dorfpolizist am Tresen eifrig mitmischte. Healy-Raes Antrag wurde im Parlament mit fünf zu drei Stimmen angenommen. Vier Gastwirte und der Sohn des notorischen Populisten stimmten dafür. Nur drei County-Räte hatten den Mut, gegen den Unsinn zu votieren. Gleich 19 Mitglieder des County Council von Kerry aber erschienen erst gar nicht zur Abstimmung oder enthielten sich der Stimme. Was jeder Ire sofort verstand, denn auch die 19 »Abstinenzler« wollten schließlich wieder gewählt werden und konnten sich deshalb dem volksnahen Ansinnen von Ratskollege Danny nicht öffentlich widersetzen. Nur wenige Kommentatoren kamen auf die Idee, das Abtauchen der breiten Mehrheit in die Nähe von Feigheit und fehlender Courage zu rücken. Deutlich wurde aber, dass wahre Populisten nicht immer Reden halten müssen. Oft reichen auch Fernbleiben und Schweigen. Healy-Raes Coup im Bezirksrat von Kerry blieb übrigens folgenlos, weil übergeordnete Stellen in Dublin Kerrys Lizenz zur Suff-Fahrt am Ende die Genehmigung verweigerten.

Die Lösung irischer Politikdefizite, angefangen von einer Professionalisierung der nationalen Parlamentsarbeit über die Stärkung der Lokalverwaltungen bis hin zu einer Entpersonalisierung und Versachlichung des Verhältnisses zwischen Bürgern und Politik, liegt in einer Reform der Verfassung und des politischen Systems. Die politischen Parteien sind sich eigentlich darüber einig, dass die Verfassung dringend erneuert werden muss, um Irlands Politik zu verbessern. Das politische System der parlamentarischen Republik Irland basiert auf der Verfassung von 1937. Staatsoberhaupt ist der Staatspräsident, den das Volk alle sieben Jahre direkt wählt. Er ernennt den vom Parlament vorgeschlagenen Premierminister *(Taoiseach)* und das Regierungskabinett, das zunächst vom Regierungschef vorgeschlagen und vom Parlament bestätigt wird. Das für die Gesetzgebung zuständige Parlament *(Oireachtas)* besteht aus zwei Kammern, dem Unterhaus *(Dáil)* mit 166 Abgeordneten und dem Oberhaus *(Seanad)* mit 60 Mitgliedern. Das höchste Organ der Rechtsprechung in Irland ist der *Supreme Court*. Verfassungsänderungen müssen durch eine Volksabstimmung bestätigt werden. Ein Verfassungsrat arbeitet seit geraumer Zeit am Entwurf für entscheidende Änderungen der in Teilen als überholt geltenden Verfassung. So sollte die wenig effiziente zweite Kammer des irischen

Parlaments, der Senat *(Seanad),* nach dem Rat der Verfassungreformer abgeschafft werden. Die zweite Kammer des irischen Parlaments hatten sich die Gründerväter im jungen irischen Staat von der ehemaligen Besatzungsmacht Großbritannien abgeschaut. Dort tagt traditionell das Oberhaus, in dem die alten adeligen Eliten des Landes Sitz und Stimme haben. Weil derlei Herrschaften in Irland fehlten, geriet der institutionell überflüssige Senat bald zum Tummelplatz für verdiente Parteisoldaten, gestürzte Politikgrößen und Freunde der Regierung, denn die 60 Senatsangehörigen werden ernannt, nominiert oder von Interessengruppen gewählt. Politisch zu sagen hat der Debattierclub wenig: Er kann allenfalls Gesetze verzögern. Dennoch folgte die Bevölkerung im Jahr 2013 der Empfehlung der Regierung nicht und stimmt bei einer Volkabstimmung im Jahr 2013 mehrheitlich für den Erhalt der Kammer.

Bleibt am Ende die oft gestellte Frage zu beantworten, wie korrupt die Politik in Irland ist. Die überall zu beobachtende Beziehungshuberei und die regelmäßige Lektüre der Zeitungen lassen vermuten, dass Nepotismus, Patronage und Bargeldzahlungen zur gezielten Durchsetzung von Interessen zum gängigen Instrumentarium im politischen Leben gehören. Zahlreiche Tribunale haben sich in den vergangenen Jahrzehnten mit genau dieser Frage beschäftigt. Getreu der Devise »Wenn man nicht mehr weiterweiß, gründet man einen Arbeitskreis« beschäftigte das irische Parlament Tribunale ohne juristisches Mandat, die explizit und mit gewaltigem Geldappetit die Bestechlichkeit von Politikern untersuchten. Einmal ging es um die verschlungenen Entscheidungswege bei der Vergabe von Mobilfunklizenzen, einmal um die Art der politischen Einflussnahme durch einen bekannten Unternehmer, ein andermal um die Methoden des ehemaligen irischen Premierministers Charles Haughey, der zwischen 1979 und 1992 dreimal an der Spitze der irischen Regierung stand, schließlich um die zahlreichen Manipulationen bei der Ausweisung von neuen Baugebieten. Dabei wurde auch die politische Praxis des lange populären *Taoiseach* Bertie Ahern beleuchtet, der Irland von 1997 bis 2008 regierte. Der Mann, der als »Teflon Bertie« bekannt war und seine politischen Geschäfte zeitweise in einem Pub in Dublin führte, musste ein vernichtendes Urteil über sich ergehen lassen. Das Mahon-Tribunal[28] beschuldigte Ahern der Lüge, da er unter Eid falsch ausgesagt hatte, und der Verschleierung seiner finanziellen Verhältnisse. Bertie konnte nicht plausibel erklären, woher bestimmte Einnahmen kamen. So berief er sich darauf, dass Freunde für ihn im Pub gesammelt hätten, als seine Scheidung ihn finanziell plagte. 50 000 Pfund will er unter der Matratze angespart haben. Zudem will er beim Pferderennen gewonnen haben. Lange Zeit hatte der Ex-Premier nur Umgang mit Bargeld und unterhielt offensichtlich kein Bankkonto. Immerhin: Juristisch dingfest machen konnten die Behörden den Mann, der im Jahr 2008 als Regierungschef zurücktrat, weil der Druck zu groß geworden war, bislang nicht. Das mag daran liegen, dass die Mühlen der Justiz in solchen Fällen besonders langsam mahlen. Auch Aherns Lehrmeister, der Langzeitpremier Charles Haughey, wurde erst der systematischen Korruption und Patronage überführt, als er fast schon im Sterben lag. »Charley«, wie die Iren den tatkräftigen und anerkannt fähigen Politiker nannten, hatte sich durch Gefälligkeiten und nützliche Zuwendungen ein Millionenvermögen ergaunert.

Auch anderen Spitzenpolitikern der beiden großen Parteien *Fianna Fáil* und *Fine Gael* wurden Deals mit den berühmten »braunen Umschlägen« nachgewiesen, und dies alles waren keine Einzelfälle. Das Mahon-Tribunal kam nach 15 Jahren Arbeit und bei einem Kostenaufwand von über 250 Millionen Euro zu dem drastischen Ergebnis:[29] Korruption war in Irlands Politik endemisch und systematisch verbreitet. Auf allen Ebenen des politischen Lebens, vom Minister bis zum Lokalpolitiker, wechselten die braunen Umschläge ihre Besitzer, wurde bestochen und ließ man sich bestechen. Korruption, so der Bericht, war allgegenwärtig und geduldet. Der Keltische Tiger war im Herzen korrupt; der gigantische Bauboom, der der irischen Wirtschaft zehn Jahre Höhenflug bescherte, war zur großen Bereicherungsparty für eng miteinander verflochtene Politiker, Bauunternehmer, Bauspekulanten, Banker und Grundbesitzer verkommen.

Die Erkenntnisse des Tribunals wurden im Frühjahr 2012 veröffentlicht und führten dazu, dass Irland im Korruptionsindex von Transparency International um elf Plätze auf Rang 25 abrutschte. 2010 war die Inselrepublik noch einen Platz vor Deutschland auf Rang 14 gelistet worden. Andererseits beweist das Ranking, dass es immer noch schlimmer kommen kann: Europäische Länder

wie Spanien, Portugal oder Polen rangieren im »Corruption Perception Index«[30] der internationalen Korruptionswächter genauso
hinter Irland wie 145 weitere Länder, in denen die politische Kultur offensichtlich deutlich verkommener ist.

Die unsauberen Machenschaften der *Celtic-Tiger*-Jahre führten
unter anderem dazu, dass die *Fianna-Fáil*-Regierung im Frühjahr
2011mit Schimpf und Schande aus dem Amt gewählt wurde. Sie
verlor 24,2 Prozent, stürzte auf 17,4 Prozent der Stimmen, büßte 58
von 78 Parlamentssitzen ein – und die neue Regierung, eine Koali-
tion aus *Fine Gael* und Labour Party, versprach, alles besser zu machen. Es dauerte freilich nur zwei, drei Jahre, bis auch die neue
Regierung den meisten Kredit beim Volk verspielt hatte, das die
politischen Elitengenerell ihr eigenes Süppchen kochen sieht.

Die Kultur: Kleines Volk mit großer Prägekraft

Bevor die Iren damit begannen, Mauerstein und Baumaterial zum
Maß aller Dinge zu machen, waren sie durchaus den einst von
Eamon de Valera postulierten romantischen Idealen gefolgt und
hatten sich vorrangig um die geistigen Dimensionen des Daseins
gekümmert. Sie entwickelten bekanntlich frühes kulturelles Sen-
dungsbewusstsein und schickten ihre Mönche nach Mitteleuropa,
um den Heiden das Christentum zu bringen. Eher notgedrungen
brachten sie den Amerikanern im 19. Jahrhundert Feste wie Halloween und Irish Music & Dance mit; und schließlich bescherten sie
der Welt das keltische Folk Revival und ihre Version von Rockmusik. Das kleine Volk von nur viereinhalb Millionen Menschen hat
eine reichhaltige und vielfältige Kultur entwickelt und verstand es,
sie gewinnbringend über die eigenen Grenzen hinaus bekannt zu
machen. Welche kulturelle Wirkung haben etwa gleich große Länder entfaltet? Was etwa hat die Schweiz der Welt geschenkt außer
Heidi, Max Frisch und der Kultur der Steuerhinterziehung? Zumindest wenn es um Musik und Literatur geht, wirkt der Beitrag Irlands zur Kultur dieser Welt überproportional groß. Gleich vier
Nobelpreisträger der Literatur waren Iren – auch wenn einige von
ihnen die Herkunft eher als Bürde verstanden und sich bevorzugt
fern der Heimat aufhielten: William Butler Yeats (»The Wild Swans

at Coole«), George Bernard Shaw (»Pygmalion«), Samuel Beckett (»Warten auf Godot«) und zuletzt Seamus Heany (»Death of a Naturalist«) nahmen die ruhmvolle Auszeichnung entgegen. Andere Schriftsteller von der Insel bekamen den Preis nicht, ihre Bücher werden dennoch weltweit gelesen. Belassen wir es bei ein wenig »name dropping« und fragen: Kennen Sie Jonathan Swift (»Gullivers Reisen«), Bram Stoker (»Dracula«), Oscar Wilde (»Das Bildnis des Dorian Gray«), James Joyce (»Ulysses«), Brendan Behan (»Borstal Boy«), Flann O'Brien (»At Swim-two-Birds«) oder etwa Patrick Kavanagh, Frank O'Connor, William Trevor, Sean O'Faolain, und – Hilfe, wo bleiben die Frauen – Elisabeth Bowen oder Edna O'Brien? Ganz sicher aber kennen Sie Roddy Doyle, Joseph O'Connor, Eoin Colfer, Cecilia Ahern und Maeve Binchy, zeitgenössische Bestsellerautoren der etwas leichteren Muse, deren Bücher auch in Deutschland gerne gelesen werden.

Die andere Domäne irischer Kulturhoheit ist die Musik. Die Iren sind ein Volk von Musikern, schon in der Schule lernt fast jedes Kind ein Musikinstrument; ohne Begleitung und ohne Scheu, Lieder vor Publikum zu singen, wird früh geübt. Auch wenn es ein Trugschluss ist: Die Iren vermitteln der Welt seit jeher das Gefühl, dass Singen so natürlich ist wie Sprechen und dass deswegen jeder singen kann, der eine besser, der andere nicht gar so gut. Die Musik, auf die sich das »Revival« später berief, wurde auf der Insel schon im 17. Jahrhundert gemacht, zuerst nur gesungen, ab dem 18. Jahrhundert auch mit Instrumenten. Es kamen Geige *(fiddle)*, Metallflöte *(tin whistle)*, Querflöte *(flute)*, Rahmentrommel *(bodhran)*, irischer Dudelsack *(uileann pipes)*, Knopfakkordeon *(box)* und Harfe *(harp)* zum Einsatz.

Es muss Teil eines Masterplans gewesen sein, die Gebrüder Clancy aus dem County Tipperary nach dem Zweiten Weltkrieg in die USA zu schicken und sie in dicken, rohweißen Aran-Pullovern mit traditioneller Musik das Irish Folk Revival lostreten zu lassen. Die Clancy Brothers kamen mit ihren Songs vom »Irish Rover«, von »Mountain Dew« und »Roddy McCorley« ganz groß raus, sangen selbst dem irisch-amerikanischen Präsidenten John F. Kennedy vor, inspirierten die großen Barden des American Folk bis hin zu Bob Dylan und spielten sich in die Herzen von Millionen Menschen. Von Amerika strahlte die neue Bewegung zurück auf die Insel aus und schob dort die Wiedergeburt des Irish Folk an. Die Clancys waren gewissermaßen die Wegbereiter der großen vermeintlich keltischen Folkwelle, die ab den 1960er Jahren auch über Deutschland hinwegrollte und bis heute rollt und die Väter der Dubliners, der Chieftains, der Wolf Tones, von Planxty, den Fury Brothers und von Clannad. Selbst viertklassige Irish Folkbands ziehen in jeder beliebigen Kleinstadt in Deutschland bis heute genügend Zuhörer an, um die örtliche Zeitung zwei Tage später die typischen Klischees von irischer Gemütlichkeit, von so authentischer wie mystischer Musik, von Rebel Songs, Whiskey, Freiheit und braunem Bier verbreiten zu lassen. Der internationale Erfolg des Irish Folk, der zu Hause *Traditional Music* oder kurz *Trad* genannt wird, beruht auf der Einbettung der Musik in einen größeren Zusammenhang. Die irische Musikindustrie hat es hervorragend verstanden, den Irish Folk über Jahrzehnte im attraktiven Gesamtpaket mit der *Irishness* zu vermarkten. Wir hören nicht einfach Musik, wir hören irische Musik und bekommen ein komplettes Lebensgefühl mitgeliefert.

Marketingexperten würden von Line Extensions sprechen, neuen Produkten in Ergänzung der bestehenden: Auf der Grundlage der populären Musik trat der Irish Dance seinen Siegeszug um die Welt an; der steife Synchron-Stepptanz feierte als »Riverdance« und »Lord of The Dance« Welterfolge. Die Brücke von der *Trad Music* zur Rockmusik irischer Prägung bauten Gruppen wie die Horslips mit dem Celtic Rock. Der Ort aber, an dem der *Trad* zum Rock wurde, war die Dance Hall, eine irische Institution. Sie löste in den 1930er Jahren den Tanzboden an der Straßenkreuzung (»Dancing at the Crossroads«) als Treffpunkt der musikalischen Geselligkeit ab. In der Tanzhalle spielten die traditionellen *Céili Bands* auf und pflegten die traditionelle Musik. In den 1960er Jahren übernahmen die Showbands die Dance Halls. Sie spielten zum Tanz die großen Hits aus den USA und Großbritannien, und in den Showbands wuchs Irlands Rock- und Popmusikgeneration heran: Rocklegenden wie Rory Gallagher, Van Morrison oder Henry McCullough verdienten sich die ersten Pfund in Showbands.

Das Rockzeitalter gestalteten irische Bands bis heute maßgeblich mit, und aus Irland kommt immerhin die »größte Rockband der Welt«: U2. Bono, The Edge, Adam Clayton und Larry Mullen stehen seit Anfang der 1980er Jahre auf den großen Bühnen und füllen die Stadien aller Kontinente. Aber auch diese Bands und Einzelkünstler trugen und tragen das Label *Irish:* Thin Lizzy, die Boomtown Rats mit »Saint« Bob Geldof, The Undertones, The Cranberries, The Pogues, Christy Moore, Luka Bloom, Gilbert O'Sullivan, Chris de Burgh, Sinead O'Connor, The Corrs, The Hothouse Flowers, Enya, Snow Patrol, The Commitments, Glen Hansard – und die neue Generation mit Declan O'Rourke, Damien Rice, Lisa Hannigan, Imelda May oder – mein Geheimtipp – Mick Flannery, der »Tom Waits Irlands«.

Wenn wir gerade bei Namenslisten sind, hier noch ein paar berühmte Iren, die die Bedeutung dieses »großartigen kleinen Landes«, wie die Iren ihre Heimat gerne nennen, unterstreichen: Ernest Shackleton (Polarforscher), Kenneth Brannagh, Pierce Brosnan, Colin Farrell, Michael Fassbender, Brenda Fricker, Liam Neeson, Fiona Shaw und Daniel Day-Lewis (Schauspieler), Arthur Guinness (Brauer), James Gamble (Procter & Gamble), Tony Ryan (Ryanair), Shay Given, Robbie Keane und Roy Keane (Fußballer), Sonia O'Sullivan (Langstreckenläuferin), Seán Kelly (Radfahrer), Rosanna Davison (Miss World) und, und, und … ja, da gäbe es noch die eher berüchtigten Berühmtheiten, die Bosse, Banker und Bau-Tycoons, die für Aufstieg und Fall des Keltischen Tigers stehen: vom gestürzten Skandalbanker Seán Fitzpatrick und dem gefallenen, einst reichsten Mann der Insel, Seán Quinn, bis zum … aber lassen wir das, mit Kultur hatte das große Geldscheffeln durch schier endloses Aufschichten von Mauersteinen eigentlich wenig zu tun.

Das Wesen der Iren: Viertelfinalsmentalität und Vierfünftelperfektionismus

Erinnern Sie sich an die Fußball-Europameisterschaft in Polen und der Ukraine im Jahr 2012? Den Titel holten mal wieder die Spanier, aber die besten Fans kamen aus Irland. Kurze Rückblende auf den kuriosen *Leprechaun*-Gesang im Fußballstadion in Danzig: Es ist der 14. Juni. Etwa 20 000 irische Fußballfans singen ab der 89. Minute minutenlang im Chor die Hungerhymne »Fields of Athenry«. Das Stadion hallt und wogt. Die Fans in Grün feiern Irlands Nationalteam, das gerade mit 0 : 4 gegen Spanien untergeht. Viel ist seitdem geschrieben und gesagt worden über das tolle, das wunderbare, das außergewöhnliche, das so menschliche, das herausragend friedliche und fröhliche irische Publikum. Man konnte sogar lesen, dass die »Fans in Green« ihrer Insel kostenlos eine wirkungsmächtige Multimillionen-Euro-Sympathie-Kampagne spendiert hätten. Spätestens seit jenem 14. Juni 2012 fragte sich die halbe Welt: Sind sie nicht süß, diese Inselmenschen? Sind sie nicht viel sympathischer als der große Rest der Welt?

Schon vor der Offenbarung von Danzig standen die Iren im Ruf, etwas ganz Besonderes zu sein: Das Volk der »Gelehrten und Heiligen«, der Dichter und der Musiker galt als anders, als individualistisch, exzentrisch, ja anarchisch; Iren hielt man für Improvisationskünstler, für besonders spontan und kreativ, für redegewandt und gewitzt, für durchaus schlitzohrige, entspannte Lebenskünstler, denen die Muße vor der Arbeit kommt.[31]

Das war allerdings nicht immer so: Noch Mitte des 19. Jahrhunderts beschrieb der Bremer Reiseschriftsteller Johann Georg Kohl die Iren als »arbeitsscheue, streitsüchtige Querköpfe, phantasievolle Lügner, wild, zerlumpt, verkommen, charakterlos, grausam, rachsüchtig, ungesetzlich, leichtsinnig, abergläubisch, unordentlich und geschwätzig«.[32] Auch die irischen Einwanderer im Amerika des 19. Jahrhunderts hatten sich ein einschlägiges Paddy-Image erarbeitet, das sie als ewig betrunkene Verlierer, als Wirtshausschläger, unzuverlässige Gesellen, aber auch als großartige Entertainer, Musiker und Redenschwinger zeichnete.[33] Im Lauf der Zeit wandelte sich das Image von dem der Barbaren und Wilden von der Insel zum Bild von den immer freundlichen, sanftmütigen, ja unschuldigen und tief spirituellen Iren,[34] von Menscher., die einen direkten Zugang zu anderen Wirklichkeiten haben und die am Ende sogar selig im Chor Lieder absingen, wenn ihre Mannschaft ein wichtiges Spiel verliert (während Fans anderer Nationen lieber Randale machen und ganze Fußgängerzonen verwüsten).

Der Historiker Roy Foster führt das großen Ansehen, das die *Irishness* (das Irischsein ist so etwas wie das bayrische »so samma«) bei Zeitgenossen in Europa und Nordamerika genießt, auf die Macht der großen popkulturellen Erzählungen der letzten Jahrzehnte zurück: Die Rückbesinnung auf die keltischen Wurzeln, ja deren systematische Ausbeutung, die Musik des Celtic Revival mit Bands und Künstlern wie den Horslips, Enya, Clannad oder Van Morrison und weltweit populäre Rockmusiker wie Bono von U2, Bob Geldof oder Shane MacGowan haben die gesellschaftlichen Veränderungen in Irland gleichzeitig gespiegelt und vorangetrieben. Vor allem aber hat die musikalische Revolution die Menschen außerhalb Irlands in den Bann gezogen und laut Foster das neue Bild eines sympathischen, offenen, engagierten und gleichzeitig irgendwie auch spirituellen Landes maßgeblich befördert.[35] Tatsächlich kann die Musik in den letzten drei Jahrzehnten als der größte und wirkungsmächtigste Kulturexport Irlands in die Welt betrachtet werden.

Jenseits der Images, im täglichen Leben, sind die Iren meist weniger heroisch als die großen Idole der populären Kultur, vor allem aber vielfältiger und heterogener, als es ihr Ruf eigentlich zulässt. Auch der irische Alltag wird regiert von allzu menschlichen Eigenschaften. Und dennoch finden sich in der Kultur des Alltags immer wieder deutliche Hinweise darauf, dass Klischees meist einen wahren Kern haben oder einen Mindestgehalt an Wahrheit aufweisen. Nehmen wir die Sache mit der Zeit, der Zeittoleranz und der Behauptung, dass Iren es mit der Pünktlichkeit nicht genau nehmen, dass sie immer Zeit für ein Schwätzchen haben, dass ihnen Gemütlichkeit vor Pünktlichkeit geht. Zwar hat der Zeitforscher Robert Levine schon in den 1990er Jahren mit ausgeklügelten Experimenten Hinweise darauf gegeben, dass manches Vorurteil über Irland falsch ist: Levine untersuchte in 31 Ländern die Schrittgeschwindigkeit der Menschen, die Bedienungsgeschwindigkeit auf Postämtern und die Genauigkeit der Uhren im öffentlichen Raum und zog daraus Schlüsse über das Zeitverständnis und das jeweilige Lebenstempo. Er folgerte aus seinen Beobachtungen, dass Pünktlichkeit auch in Irland eine große Rolle spielt und dass das Lebenstempo in Irland in den 1990er Jahren eines der höchsten weltweit war.[36] Und doch scheitert man auf der Insel mit der pünktlichen Art genauso wie mit der schnittig-schnellen Methode. Die Uhren gehen hier tatsächlich anders. Im westlich vom europäischen Kontinent gelegenen Irland ist es immer eine Stunde früher als in Frankreich oder Deutschland. Zum Ausgleich kommt man hier gerne eine viertel oder halbe Stunde später als vereinbart. Irland liegt in der Zeitzone der Western European Time (UTC + 0), wie Greenwich in England. Dass dies allerdings die Ursache für die behauptete Unpünktlichkeit der Iren ist, darf bezweifelt werden.

Wie es sich anfühlt, wenn deutsche Pünktlichkeit auf irisches Zeitverständnis trifft, erleben wir trotz jahrelanger Erfahrungen auch heute noch: Zwar haben wir längst gelernt, dass wir die Einzigen sein werden, wenn wir pünktlich zum Konzertbeginn um 21 Uhr im Pub eintreffen, und ja, wir wissen, dass die Busabfahrtszeiten gut gemeinte Absichten sind, und doch schützt alles Wissen nicht vor einer eindrücklichen Erfahrung wie dieser: Der Kurs begann am Samstagmorgen um 9.30 Uhr im St. Gobans College. Eigentlich. Wir sind fast pünktlich, 9.40 Uhr – und alleine. Im Foyer der verlassenen Schule kein Schild, kein Mensch, kein Hinweis. Wir arbeiten uns also durch die vielen Flure zu den vielen Zimmern. Nach zehn Minuten der Fahndungserfolg: Im einzigen beheizten Zimmer des Gebäudes sitzen vier Tee trinkende Menschen. Toll, der Ausbilder und drei Teilnehmer. Es ist 9.50 Uhr, und sie freuen sich erkennbar, dass noch jemand vorbeischaut. Wir sind jetzt zu fünft. Eigentlich sollen zehn Leute am Kurs teilnehmen.

Nach weiteren zehn gemütlichen Minuten räuspert sich Jerry, der Ausbilder. Eigentlich müssten noch fünf Teilnehmer kommen. »Die sind wahrscheinlich versehentlich ins Maritime Hotel gegangen«, mutmaßt er (warum auch immer) und ruft im Hotel an. Wir plaudern gemütlich weiter. Draußen ein frostiger Morgen, wir sitzen – umringt von Radiatoren und Heizlüftern – behaglich in der alten Schule. Kurz nach 10 Uhr steckt eine Frau ihren Kopf durch den Türspalt. Sie ist richtig – und ihrer Ansicht nach überpünktlich: »Man hat mir gesagt, wir fangen um 10 Uhr an.« »You are fine, Michelle, have a seat.« Jerry freut sich, dass die Teilnehmerzahl gerade auf sechs gestiegen ist.

Wir plaudern weiter. Um 10.15 Uhr macht Jerry erste Versuche, eine Brücke zum Stoff zu bauen und mit dem Kurs zu beginnen. Er streut ein paar Stichworte. Man weiß nicht so recht, ob er wirklich schon begonnen hat, es ist ein Warming up der irischen Art. Um 10.25 Uhr dann zwei weitere Ankünfte. Die beiden setzen sich selbstbewusst, als würde der Kurs um 10.30 Uhr beginnen, freuen sich, dass sie das Zimmer im Irrgarten der Schule aus eigener Kraft gefunden haben. Jerry freut sich auch, über die acht Teilnehmer, und legt los. Vielleicht nicht pünktlich, aber durchaus rechtzeitig. Es ist 10.30 Uhr, es ist nun eine Stunde später, ein gehaltvoller, ausgezeichnet vorbereiteter und gut strukturierter Kurs mit 1000 Anekdoten und einem unterhaltsamen und kompetenten Ausbilder beginnt. Endlich.

Wie aber schützt man sich als deutscher Pünktlichkeitsfanatiker vor der irischen Zeitfalle? Man ergibt sich. Man desertiert von der eigenen Erziehung. Man kommt irgendwann einfach selber zu spät, nie mehr pünktlich und doch meistens rechtzeitig. In Irland gehen die Uhren anders. Alle Menschen, die in irgendwelchen Callcentern und Büros für Apple, Vodafone oder einen großen Versicherungskonzern minutengenaue Schicht schieben, mögen anderer Meinung sein. Natürlich gibt es auch das andere, das pünktliche, das zeitfanatische Irland. Doch unser Jerry ist eher die Regel als der Einzelfall.

Als Grund für die zeitliche Toleranz (und die Spontaneität des Erscheinens) wird übrigens neben dem launischen Wetter, das eine stringente Zeitplanung in der Landwirtschaft traditionell nicht zuließ, der historische Sonderweg Irlands verantwortlich gemacht. Die irische Gesellschaft hat das Zeitalter der Industrialisierung ausgelassen, sie ist direkt aus dem Agrarzeitalter in die moderne Hightech- und Dienstleistungsgesellschaft gesprungen und hat die disziplinierenden Erfahrungen des Frühkapitalismus und der sekundengenauen Fertigung in der Massenproduktion nie in ausreichendem und prägendem Maße erlebt. So jedenfalls begründen Iren ihr saloppes und im Zweifelsfall durchaus gesundes Verhältnis zur Uhr.

Dass auch die Iren und nicht nur deren Uhren anders ticken, dass sie anders sind, als man es erwartet, zeigt auch dieser ganz normale Tag in Cork, der sich tatsächlich so ereignet hat.

1. Station – beim Finanzamt: Wer als Freiberufler im Ausland lebt, hat mit Doppelbesteuerungsabkommen und einschlägigen Formularen zu tun, um nicht im Herkunftsland und im Aufenthaltsland gleichzeitig besteuert zu werden. Während deutsche Finanzbehörden und Unternehmen die Verfahren dieser Abkommen ernst nehmen und seriös bearbeiten, fragt mich die Finanzbeam-

tin im Finanzamt Cork nach dem Sinn. Warum soll sie das Formular abstempeln? Na, wenn sie es nicht weiß. Wo soll sie es abstempeln? Die Dame blättert ratlos in dem Stapel Papier, dann seufzt sie: »I don't even try to understand it.« – Sinngemäß: »Ich werde erst gar nicht versuchen, das zu verstehen.« Sagt's, stempelt flink gemäß meinem unmaßgeblichen Vorschlag über die Papiere und bedankt sich für mein Kommen. Sie will mich und den Papierkram ganz schnell loswerden. Gern geschehen.

2. Station – im Parkverbot am Flughafen: Man sagt, Iren seien Weltmeister im Schlupflochspringen – und sie geben in der Alltagsroutine regelmäßig Trainingseinheiten für den Nachwuchs und für Zurückgebliebene. Offizielle Durchsage am Flughafen Cork: »This is an important information for all car owners leaving their vehicle unattended. Car clamping is in operation. Please return to your cars as quick as possible.« (Sinngemäß: »Dies ist eine wichtige Mitteilung für alle Autofahrer, die ihr Fahrzeug unbeaufsichtigt vor dem Terminal im Parkverbot geparkt haben. Kehren Sie sofort zu Ihrem Auto zurück.«) Ist es nicht köstlich? Während die Polizei draußen gerade die Wegfahrsperren auspackt und schon saftige Beute wittert, warnt die Flughafenbehörde bußgeldgefährdete Autofahrer vor den Uniformierten mit den Parkkrallen. Hechel, Laufschritt, sekundengenaue Präzisionsarbeit. Gerade noch mal Glück gehabt.

3. Station – auf der Straße: Heimfahrt im Dunkel einer Regennacht. Vor uns am Straßenrand blitzen grelle Lichter auf. Eine Baustelle wahrscheinlich. Ein Unfall vielleicht. Wir kommen näher. In die Straße ragt eine große elektronische Warntafel, die üblicherweise über Baustellen, Umleitungen, Staus und Behinderungen informiert: Die Warnung blitzt in unseren Augen: »Vote No 1. O'Sullivan«. Wählt Nummer 1, O'Sullivan. Irland wählt ein neues Parlament. O'Sullivan gibt uns blendende Erleuchtung und will wieder Abgeordneter werden. Kreativ muss sein, wer vorne landen will.

Es stimmt auch, dass Iren anarchische Züge haben und diese kultivieren; sie schätzen ihre Freiheit und bevorzugen ein eher lockeres Verhältnis zum Staat. Das irische »Leben und Lebenlassen« drückt sich im Verhältnis der Menschen zu ihrem Staat aus – in Form einer gewissen Staatsferne des Lebens: Der irische Staat ist groß, der Apparat der öffentlich Bediensteten unanständig aufgebläht, doch er ist gleichzeitig schwach. Der Staat, der das Zusammenleben regeln und für sozialen Ausgleich sorgen soll, wird gerne mit Raffinesse ausgenommen und auch dort in die Pflicht genommen, wo eigentlich Eigenverantwortung angebracht wäre. Ansonsten aber, auf der Seite der Rechte, soll sich der Staat aus dem Leben gefälligst heraushalten. Was er auch zumeist tut.

Kein Zweifel, die Gesetzesmaschinerie produziert im Irland eines vereinigten Europas einen gewaltigen Ausstoß. Doch im Zweifelsfall sind die Gesetze und das Papier, auf denen sie geschrieben stehen, auf der Insel um Klassen geduldiger als anderswo. Wer glaubt, dass die Verabschiedung eines Gesetzes in Irland automatisch auch dessen strikte Einhaltung verlangt, ist dem grundlegenden Missverständnis bereits erlegen: Irische Gesetze wirken oft wie Absichtserklärungen, um deren Einhaltung sich im Zweifelsfall niemand groß kümmert. Gesetze, Richtlinien, Staatsbudgets in Irland wirken eher wie tendenziell unerfüllbare Pläne, weil es an der Kontrolle, an der Durchsetzung, an der Realisierungskraft und am Durchsetzungswillen fehlt. Sechs Beispiele aus dem täglichen Leben illustrieren vielleicht, was den schwachen Staat genauso liebenswie verachtenswert macht:

Der Bau von Ferienhäusern am Rand eines Naturdenkmals wird nach öffentlichem Protest von der Baubehörde nur unter Bedingungen genehmigt. Der Bauherr erhält einen ganzen Katalog strengster Auflagen, der ihm nicht nur auferlegt, das Naturdenkmal zu schonen, sondern es auch für die Zukunft aktiv zu bewahren. Die Bilanz nach fünf Jahren: Die Häuser sind gebaut, das Naturdenkmal verfällt, der Bauherr baute und blieb ansonsten völlig untätig. Die Bedingungen interessieren weder ihn noch sonst jemanden. Es gibt keinen Beamten, keine Behörde, welche die Einhaltung der Auflagen jemals nachgeprüft hätte.

Der Boden und das Wasser auf dem irischen Land sind vielerorts von menschlichen Fäkalien verunreinigt. Der Grund: Öffentliche Kläranlagen fehlen, die privaten Hauskläranlagen sind alt, funktionieren schlecht oder gar nicht mehr. Die Gesetze sind eindeutig und prangern diese Missstände an – doch wen kümmert's? Die zuständigen Umweltbehörden meist nicht. Sie wissen um die Lage, werden jedoch allenfalls im Einzelfall aktiv, wenn Beschwerden oder Anzeigen von Nachbarn eingehen. Wer will es sich schon freiwillig mit so vielen Cousins und Cousinen vom eigenen Clan verderben?

Der Polizist, der den Raser gestoppt hat, erweist sich als netter Mann. Nach einem ausgiebigen Schwätzchen und gegenseitigen Sympathiebekundungen spielt es doch keine Rolle mehr, dass der Verkehrsrowdy gerade mal 40 Stundenkilometer zu schnell gefahren war, im Überholverbot überholt und dabei eine markierte Sperrfläche überfahren hatte. Der freundliche Polizist entlässt den Straßen-Rambo mit dem dezenten Tadel: »Junge, ich geb dir noch mal eine Chance.« Der Rambo hat nun eine Geschichte fürs Leben zu erzählen. Was die irische Polizei so menschlich macht, lässt den Staat gleichzeitig willkürlich aussehen.

Der Mann, der die 150 drastisch unterfrankierten Werbebriefe seiner zahlenlegasthenischen Frau zur Post bringt, verlässt das Postamt freudestrahlend. Der freundliche Postbeamte wies den Mann darauf hin, dass auf den Briefen zu wenig Porto klebt, der Mann erwiderte: »Das wird meine Frau ganz schön ärgern, sie war so froh, dass die Briefe leicht genug für das preiswerte Porto sind.« Worauf der freundliche Postbeamte seine ganze geballte Nettigkeit ausspielt: »Na, dann wollen wir Ihre Frau mal nicht enttäuschen.« Nimmt die 150 Briefe und wirft sie neben sich in den Postausgangskorb.

Der erkältungsgeschwächte Mensch, der im irischen Supermarkt zwei Packungen Paracetamol-Schmerzmittel kaufen will, wird von der Kassiererin gleich doppelt gerüffelt: Einmal dafür, dass er nicht weiß, dass man nicht gleichzeitig zwei Packungen der gerne für Suizidversuche benutzten Chemikalie kaufen kann – und dann für seinen naiven Gehorsam, weil er eine Packung widerstandslos ins Regal zurücklegen will. »Pass auf«, sagt Sheila an der Kasse, »du zahlst erst die eine Packung, und danach kaufst du die andere. Das macht dann zwei Einkäufe, und das ist nicht verboten.« Na also, geht doch.

Erst neuerdings taucht übrigens ein energischer Feind der irischen Wurstigkeit auf und versucht den Menschen das Leben schwer zu machen: Er hört in Fachkreisen auf den merkwürdigen Namen »Troika« und ist eigentlich drei Feinde in einem Paket. Das aufgrund der Bankenkrise völlig überschuldete Land hat sich bekanntlich finanziell von der Europäische Union (EU), der Euro-

päischen Zentralbank (EZB) und dem Internationalen Währungsfonds (IWF) retten lassen und verlor im Gegenzug einen Teil seiner
finanziellen Unabhängigkeit. In Dublin regieren seit dem Jahr 2010
die Abgesandten der drei geldgebenden Institutionen EU, EZB und
IWF kräftig mit und drängen die irische Regierung auf einen harten europäischen Standardkurs. Nach der Devise »Finanziere und
herrsche« verlangt die Troika von Irland die Einführung von Regeln und Verfahren, von denen man im Land bislang noch nicht
einmal wusste, dass sie existieren: Plötzlich sollen die Einwohner
für staatliche Infrastruktur- und Serviceleistungen Steuern und Abgaben bezahlen, plötzlich sollen Wasser und Abwasser etwas kosten, plötzlich sollen die vielen Hauskläranlagen im Land tatsächlich
darauf geprüft werden, ob sie auch funktionieren oder ob sie nur
das sind, was sie tatsächlich oft sind: falsch gebaute Abwasserdurch-
laufbecken ohne jegliche Reinigungskraft.

Der sprichwörtlichen Freundlichkeit wird allerdings auch die
Troika kaum etwas anhaben können, denn die lässt sich nicht be-
steuern und ist im Wesen der Menschen tief verwurzelt. Irland-
Novizen, die ihre ersten Eindrücke vom Leben auf der Insel schil-
dern, erwähnen immer die außergewöhnliche Freundlichkeit von
Mary und Paddy. »Außergewöhnlich« heißt natürlich, dass diese
Menschen freundlicher erscheinen als die vom eigenen Stamm daheim. Erst der Vergleich mit dem, was man kennt und was einem
vertraut ist, ermöglicht das Urteil: Iren sind freundliche Menschen.
Im Umkehrschluss wirft dies kein gutes Licht auf muffelige, barsche
und schroffe Deutsche, die oft erst gar nicht den Versuch unternehmen, sympathisch zu wirken.

Andererseits haben Mary und Paddy es vergleichsweise leicht,
freundlich miteinander und mit ihren Gästen umzugehen. Sie müssen sich nicht ständig »siezen«, sind vom ersten Augenblick an
»per du« miteinander und sprechen sich immer mit dem Vornamen
an. Das schafft automatisch Nähe und Vertraulichkeit. Auch der
verinnerlichte formale Leitfaden der Alltagskommunikation zur
Begrüßung und zum Gesprächsauftakt hilft. Er verpflichtet per se
schon zum Austausch von Höflichkeitsfloskeln. »Wie geht es dir
heute?« – Oh, danke, mir geht es ausgezeichnet.« Dabei interessiert es Mary meist herzlich wenig, ob es Paddy nun wirklich gut
geht, wenn sie ihn zur Begrüßung fragt, wie es ihm geht. Sie könnte

genauso gut »Tach auch« sagen, allerdings müsste sie eben den freundlichen Ton beibehalten, der bei einem »Tach auch« nicht so leicht über die Lippen geht wie mit »How are you today, my dear?« Allerdings hat irische Freundlichkeit oft keine dritte Dimension. Die nette Art bleibt gerne an der Oberfläche, das höflich-fröhliche Gespräch erschöpft sich in den Floskeln und erlaubt keine Vertiefung durch Verlängerung.

Als geradezu unfreundlich empfunden wird, wenn man die Gesprächspartner nicht in spätestens jedem dritten Satz erneut mit dem Vornamen anspricht. »Verstehst du, Mary, darum geht es mir gar nicht.« – »Ist schon klar, Paddy, das weiß ich doch.« Zum Freundlichkeitsspiel gehört deshalb kategorisch, sich den Vornamen jedes Menschen, mit dem man in Kontakt tritt, bei erster Gelegenheit für den Rest des Lebens zuverlässig einzuprägen. Iren erinnern Namen mit Leichtigkeit und lassen sie in besagtem Drei-Sätze-Rhythmus in die Konversation einfließen. Wer daran scheitert, weil er sich Namen grundsätzlich nicht merken kann oder weil er bei der Vorstellung von Ciarans behaarten Ohrläppchen abgelenkt war und sich den Namen deshalb nicht auf Anhieb merken konnte, der wird schon zwei Minuten später und nach wenigen verpassten Chancen, den Vornamen des Gegenübers einzuflechten, mit sanftem Nachdruck zu mehr Aufmerksamkeit erzogen: »Übrigens, mein Name ist Ciaran.«

Zugereiste Insulaner deuten die formalisierte Freundlichkeit der Einheimischen bisweilen zur Konfliktvermeidungsstrategie um. Wer immer schön förmlich und höflich bleibt, der eckt wenig an und vermeidet jegliche Eskalation. Denn Irland ist ein kleines und übersichtliches Land, in dem viele der nur viereinhalb Millionen Menschen sich direkt kennen – oder zumindest jemanden, der fast alle anderen kennt. In einer derart intimen Gesellschaft gelten besondere, von Vorsicht getragene Prinzipien im Umgang mit zwischenmenschlichen Problemen. Ein Prinzip heißt: »Vorsicht, hier spricht sich alles rum.« Alles, außer dem, worüber man schweigt. Ein anderes lautet: »Man trifft sich immer zweimal.« Prinzip zwei kennt man auch in Deutschland, doch die Wahrscheinlichkeit, dass Prinzip zwei stimmt, ist im kleinen Irland fast 20-mal höher. Prinzip Nummer drei fordert deshalb: »Brenne nie ohne Not eine Brücke hinter dir ab. Es könnte sein, dass du später wieder über sie gehen musst«; und auch Prinzip vier für das kultivierte Überleben mit einem freundlichen Wort auf den Lippen gibt klare Handlungsanweisungen: »Bleibe in der Not möglichst ungefähr und vage, sorge dich nicht wegen deiner selektiven Vergesslichkeit. Erinnern kannst du dich noch früh genug.«

Während der mitteleuropäische Konflikt zwischen Menschen, der südeuropäische zumal, zur Zuspitzung und situativen Entlastung durch Entladung und einen handfesten Krach neigt, pflegen Mary und Paddy eher die kühle Langstreckenvariante der Auseinandersetzung: Iren haben Zeit, sie sind vom Leben geschult dafür, abzuwarten und Geduld aufzubringen; sie nutzen die Zeit geradezu virtuos als Waffe. Konflikte à la Grüne Insel dehnen sich deshalb aus, dauern manchmal Jahre, bevor sie richtig eskalieren – und nicht selten sind ein, zwei Jahrhunderte gepflegte Feindseligkeit daraus geworden. Zwei Familien, die seit Menschengedenken miteinander im Clinch liegen, wissen noch genau, dass sie sich nicht mögen dürfen. Allerdings kennt keiner mehr den Grund dafür, warum die Ururgroßväter damals aufhörten, miteinander zu sprechen.

Wie abgrundtief unterschiedlich der Faktor Zeit dabei wahrgenommen werden kann, wurde mir klar, als ein ehrbarer Mitbürger der lokal mächtigen Familie O'Ypsilon (Name zur Konfliktvermeidung geändert) zu vorgerückter Stunde im trauten Zwiegespräch ein Bekenntnis ablegte: »Also, die Probleme im Dorf entstanden erst, als die O'Zetts hierher zogen.« Der Gedanke, dass die O'Zetts problembeladene Neubürger sein müssen, war genauso naheliegend wie falsch: Die O'Zetts waren vor ungefähr 220 Jahren zugezogen.

So wie ein echter Konflikt Zeit zur Entfaltung braucht, so will auch ein zwischenmenschliches Zerwürfnis in Ruhe heranreifen. Die Distanzierung zwischen künftigen Feinden verläuft in mehreren Eskalationsstufen. Wenn sich ein Ire über zwei Menschen erkundigt, ob die sich noch grüßen oder sogar noch einige Worte miteinander sprechen, dann bemisst er vor dem geistigen Auge den Gehalt an Resthoffnung für ein gutes Verhältnis. Solange noch zumindest eine Hand zum wortlosen Gruß gehoben wird oder ein leichtes Augenzwinkern erkennbar bleibt, ist nicht alle Hoffnung verloren. Wer jetzt allerdings den Eindruck gewonnen hat, auf Europas westlichster Insel gebe es keine Hitzköpfe, keine Heißsporne und Spontanbeleidiger, dem muss zum Umdenken geraten werden. Die gibt es natürlich auch, doch sie fallen angesichts der allseits grassierenden Freundlichkeit weniger ins Gewicht.

Von der Freundlichkeit und Freundschaftlichkeit zu einer anderen ausgeprägten Tugend des Inselvolks: zur Kunst des Improvisierens. Wo der Mangel regiert, prägt sich bevorzugt die Fähigkeit aus, aus dem wenigen vorhandenen Material möglichst viel Ergebnis und Nutzen herauszuholen. Die ältere Generation der Iren ist noch durch die harte Schule des Mangels gegangen. Bis Ende der 1980er Jahre war es vor allem auf dem Land schwierig bis unbezahlbar oder gar unmöglich, gutes Bau- und Konstruktionsmaterial, Ersatzteile und Werkzeuge zu bekommen – und eine gute handwerkliche Ausbildung war in Krisenzeiten meist unerreichbar. Die Menschen mussten mit dem zurechtkommen, was vorhanden war, und sie perfektionierten die Kunst des Improvisierens. Ziel der Improvisation ist nicht die Perfektion, immer aber die Gebrauchs- und Funktionsfähigkeit des gebauten oder reparierten Objekts. Gewöhnungsbedürftige Konstruktionen beim Hausbau, beim Reparieren von Autos, Rasenmähern oder Möbeln, genauso aber an öffentlichen Telefon- und Stromleitungen mögen millimetergenau arbeitenden Perfektionisten ein Dorn im Auge sein. Sie sind Produkte des Kompromisses und der Improvisation. Hauptsache, sie funktionieren. Kleinere ästhetische Beeinträchtigungen wie die fehlenden drei Grad zum rechten Winkel werden gerne mit Wort und Tat kaschiert: Für die Tat gibt es die Leiste über der klaffenden Fuge und für die verbale Verteidigung der Handwerkerehre Sätze wie »Won't be seen.« – »Das sieht doch keiner.« Dass der irische Sanitärexperte auch heute noch zur Reparatur eines tropfenden Wasserhahns ohne die notwendige Standarddichtung anrückt, ist eine andere Geschichte …

Die Grenzen zwischen Improvisationskunst und eindeutigem Pfusch sind übrigens fließend. Der Pfusch machte in Irland in den Jahren, als der Keltische Tiger röhrte, ganz groß Karriere, er materialisierte sich vor allem in Form von schlecht gebauten und schlecht eingerichteten Häusern und verbreitete sich mit der Geschwindigkeit eines Grippevirus. In den Boom-Jahren konnte es nicht schnell genug gehen, bis das Haus stand, die Spekulationsobjekte wurden quasi über Nacht hochgezogen. Zudem hatten die

Handwerker im neuen Wohlstandsland nun alle modernen Baumaterialien zur Verfügung, nicht immer allerdings auch das erforderliche Wissen, wie diese Materialien zu verwenden sind. In den Jahren 2003 bis 2007 boomte die Bauwirtschaft, und der Pfusch boomte mit. Pfusch hatte Hochkonjunktur und schuf sich in einem Wohnkomplex namens Priory Hall ein elendes Flaggschiff, über das sogar die *New York Times* berichtete.[37] Der im Jahr 2006 eröffnete Wohnkomplex in Dublin erlangte im Herbst 2011 traurige Berühmtheit, als die 256 Bewohner aus den 187 Appartements ausziehen mussten. Auf Anordnung der Behörden wurde der Gebäudekomplex geräumt und versiegelt, weil Gefahr für Leib und Leben bestand. Die Versicherungen hatten sich aufgrund zahlreicher Baumängel und nicht eingehaltener Auflagen geweigert, die dereinst 250 000 Euro teuren und nun so gut wie wertlosen Appartements zu versichern. Priory Hall wurde als gefährliche Feuerfalle gebrandmarkt und stand auch ein Jahr nach der Evakuierung noch leer. Die in Hotels und Ersatzwohnungen untergebrachten Eigentümer feierten den Jahrestag mit einer wütenden Demonstration. Dabei ist Priory Hall nur ein besonders drastisches Beispiel für vieltausendfach in Beton gegossenen Murks: Die theoretisch geltenden Baubestimmungen wurden während des irischen Goldrausches weder eingehalten noch kontrolliert, Ingenieure und Bauentwickler stellten sich der Einfachheit halber ihre Zertifikate und Bauabnahmen selber aus. Die Jahre des Keltischen Tigers werden deshalb auch als die Jahre in die Geschichte Irlands eingehen, als der liebenswerte Hang zum Quasiperfektionismus unter dem Einfluss von Gier in einem Exzess der Pfuscherei eskalierte.

Dabei hat das traditionelle Bekenntnis zur 80-Prozent-Perfektion viele gute Seiten: Der Bruder der Vier-Fünftel-Perfektion heißt nämlich Freiheit, deren Schwester ist die Toleranz. Nicht ständig 100-Prozent-Ergebnisse zu verlangen, auch mit etwas weniger zufrieden zu sein, wirkt ungemein befreiend auf die Seele. Es muss nicht alles perfekt sein, auch krumm gebaute Wände schützen vor Regen, und Menschen, die äußerlich nicht dem medial diktierten Ideal entsprechen, haben es in einer fehlertoleranten Gesellschaft leichter. Das mag gemeint sein, wenn Besucher von der irischen Gesellschaft immer wieder sagen, sie sei »irgendwie menschlicher«.

So – und auch ganz anders – sind sie also, die Iren. Doch kommen wir noch einmal zurück auf die eingangs erwähnte Sternstunde des Fangesangs in einem polnischen Fußballstadion: Die Fußballfans in Grün haben ihr Team nicht hängen lassen, obwohl es mit 0:4 verlor und am Boden lag. Sie haben sich ihrer sanften Melancholie hingegeben und wirkten dabei völlig authentisch. Iren, so sagen manche über die Ihren, sind beim Feiern von Niederlagen ganz bei sich, es sei ihre zweite Natur, sich mit dem Misserfolg zu verbrüdern und ihn feierlich zu besingen. 800 Jahre Unterdrückung, Schmerz und Niederlage rufen sanft nach einer Zukunft. Schon bei der WM-Qualifikation 2010 konnte Irland eigentlich nichts Besseres passieren, als durch eine grobe Unsportlichkeit des Gegners, das doppelte Handspiel des Franzosen Thierry Henry, ungerechtfertigt auszuscheiden. Siegen kann jeder. Gepflegt scheitern nicht. So hat auch die historische Niederlage von Danzig *(The Great Defeat at Gdansk)* das Zeug dazu, auch in 20 Jahren noch gefeiert zu werden. Diese friedfertige Genügsamkeit, diese sanft präsentierte Massenresignation machen einfach sympathisch. So wird man »everybody's darling« – allerdings auch »everybody's Depp«. Als Punktelieferant, als sympathischer Verlierer, als Meister des unteren Mittelmaßes. Eine »Viertelfinalsmentalität« hat der Kolumnist John Waters seinen Landsleuten einmal bescheinigt: Warum denn nach dem Finale trachten, Viertelfinale ist doch auch super.[38]

Bei der EM 2012 reichte es Irland gerade einmal für die Vorrunde, doch man war zufrieden. Nur Irlands ewiger Fußballrebell Roy Keane wollte nicht in den großen Chor einstimmen und argumentierte ein wenig wie John Waters. Er mahnte seine Landsleute via englisches Fernsehen, nicht immer mit dem Zweitbesten zufrieden zu sein. Der ehrgeizige Keane polterte, dass Spieler und Fans endlich ihre Mentalität ändern müssten. Es reiche einfach nicht, zum Punkteabliefern und zum Singen ins Stadion zu gehen, moserte Roy. Das allerdings brachte dem einstmals besten irischen Fußballer schwere mediale Prügel ein: Keane verstehe die irische Psyche nicht mehr, keilte der Kommentator Michael Clifford im *Irish Examiner* zurück: Keane habe nicht kapiert, dass der Fangesang »zwei Teile Feiern und ein Teil Beerdigung« war, und er habe völlig vergessen, dass Iren bei jeder Gelegenheit gerne singen: sei es bei Geburten oder bei Beerdigungen, sei es im Bad, bei Fußballspielen und bei Siegen. Oder eben bei Niederlagen.

Die Iren und die Welt:
Sind wir nicht alle ein bisschen irisch?

Trotz oder gerade wegen ihrer Viertelfinalsmentalität und ihres Vierfünftelperfektionismus sind die Iren in der Welt gerade äußerst beliebt. Sie genießen so etwas wie einen grünen Bonus. Zwar fürchten die Sympathieträger von der Insel angesichts von Wirtschaftskrise, Überschuldung und übermäßigem Kreditbedarf aus Deutschland, Frankreich und Großbritannien gelegentlich um ihren guten Ruf. Sie fragen sich selbstquälerisch, ob sie im Ausland nach dem wirtschaftlichen Niedergang noch immer so geliebt werden wie zu Zeiten der großen Erfolgsstorys. Pat, der Internetexperte im Dorf, stellt mir die Frage: »Hat Irlands Image durch Boom and Bust im Ausland gelitten?« – und gibt sich die Antwort gleich selbst: »Wir sind doch artig, wir nehmen unsere Medizin wie verschrieben, wir sind mustergültige Patienten, oder nicht.« Will heißen: Liebt uns bitte weiter.

Tatsächlich besteht wenig Grund zur Sorge. Welcher anderen Nation überließe die Weltgemeinschaft freiwillig und kampflos eine ganze Farbe als nationales Eigentum? Welcher anderen Nation würde man erlauben, die eigenen nationalen Symbole in fremde Farben zu tauchen? Jedes Jahr, immer am 17. März, dem irischen Nationalfeiertag St. Patricks Day, wogt eine grüne Welle über den Planeten. Gebäude, Straßenzüge, selbst Bergspitzen und Flüsse werden dann in den Farben des Kleeblatts beleuchtet oder gefärbt. Das Sydney Opera House, die Niagarafälle, der Schiefe Turm von Pisa, der Burj al Arab in Dubai, der Tafelberg in Südafrika, das Empire State Building in New York oder Berlins Fernsehturm erstrahlten bereits in Grün, ein Ende des »Greenings« und der Sympathiebekundungen für das großartige kleine Land am westlichen Rand Europas ist nicht in Sicht.

So wundert es kaum, dass viele Menschen weltweit es nicht dabei belassen, Irland zu feiern, sie wollen ein Teil davon sein und dazugehören. Millionen Amerikaner, die ihre eigenen Wurzeln suchen, wünschen sich bevorzugt dieses Ergebnis: »Ich bin ein Ire.« War es zu Zeiten der großen Auswanderungswellen im 19. Jahrhundert ein Makel, aus dem Armenhaus Irland zu kommen, so hat sich dies längst ins Gegenteil verwandelt: US-Amerikaner tragen ihre irischen Familienbande gerne und stolz wie eine Monstranz vor sich her. John F. regierte als erster irisch-katholischer Präsident die USA. Auch der Schauspielerpräsident Ronald Reagan hatte Vorfahren aus Irland, so wie 18 weitere amerikanische Präsidenten, unter ihnen Richard Nixon, Jimmy Carter, Bill Clinton sowie George Bush senior und junior. Dabei muss man nicht »weiß« sein, um irische Wurzeln zu haben: Auch Barack Obama verweist stolz auf seine irisch-europäischen Wurzeln. Der Besuch Obamas in Irland im Jahr 2011, nur zwei Wochen nach der Queen, gab den Insulanern endgültig das Gefühl, ganz oben angekommen zu sein. Unvergesslich der ikonische Augenblick, als Obama am 23. Mai auf Stippvisite im Dorf-Pub von Moneygall, dem Herkunftsort seiner irischen Vorfahren, zur Feier der *Irishness* ein Pint Guinness leerte.

Der größte Autobauer aller Zeiten, Henry Ford, kam aus Irland, und natürlich der Größte schlechthin, der größte Boxer aller Zeiten, Muhammad Ali, war einer der Ihren. Dem von Krankheit gezeichneten Ali wurde im September 2009 die Ehrenbürgerschaft der Stadt Ennis im County Clare verliehen. Der Champion nahm die Auszeichnung in der Heimatstadt seines Urgroßvaters Abe Grady gerührt entgegen – im Beisein seiner drei Cousinen vierten Grades, Imelda O'Grady, Mary Grady Gormley und Mary O'Donovan – und Ennis rief »Welcome home, Ali«.

Die Liste der Namen mit grünblütigen Prominenten könnte ein eigenes Buch füllen. Deshalb hier nur ein paar besonders leuchtende Beispiele, um die Bedeutung des kleinen Inselvolks eindrucksvoll zu untermauern. Zum grünen Club gehören Billy the Kid (Revolverheld), Ché Guevara (Revolutionär), Mariah Carey (Popstar), Grace Kelly (Prinzessin), Harrison Ford (Indiana-Jones-Darsteller), Richard Daley (Bürgermeister von Chicago), Eddie Murphy (Schauspieler), Kurt Cobain (Musiker), F. Scott Fitzgerald (Schriftsteller), Walt Disney (Unternehmer und Maus-Erfinder), John Ford und Alfred Hitchcock (Filmregisseure), und, jawohl, Kate Middleton (Herzogin von Cambridge).[39]

Die irische Diaspora zählt nach Schätzungen des irischen Außenministeriums mindestens 70 Millionen Menschen weltweit. Sie alle dürfen sich seit dem Jahr 2011 ein Zertifikat des irischen Staates rahmen lassen, das ihnen die irische Abstammung amtlich bescheinigt. Gegen eine Gebühr von knapp 50 Euro dokumentiert das *Certificate of Irish Heritage* die Abstammung von irischen Vorfahren. Das *Irishness*-Zertifikat, das ein vom Staat beauftragtes Privatunternehmen ausgibt, berechtigt zu nichts und macht all die Amerikaner, Kanadier und Australier mit irischen Wurzeln oder irischem Lebensgefühl lediglich zu Urkundenbesitzern – nicht aber zu Iren mit Bürgerrechten. Die windelweiche Abstammungsurkunde schmeichelt allenfalls dem Ego ihrer Besitzer. Wie vom damaligen Außenminister Micheál Martin angekündigt, wird der Begriff der irischen Community großzügig ausgelegt. Die Irland-Diaspora beschränkt sich nicht auf die im Ausland lebenden irischen Staatsbürger. Martin: »Sie umfasst auch all jene, die glauben, irischer Abstammung zu sein, und die ein Gefühl der Zugehörigkeit zu Irland haben.« So können sich auch eingefleischte Irland-Fans mit ein bisschen Phantasie ihre Abstammungsurkunde ins Wohnzimmer hängen.

Die Liebeserklärung der Regierung an die 70 Millionen Köpfe starke irische Diaspora ist im Übrigen leicht zu durchschauen: Alleine über 40 Millionen US-Amerikaner berufen sich auf ihre irische Herkunft. Nur drei Millionen US-Iren haben auch die irische Staatsbürgerschaft. Bei vielen der über 40 Millionen anderen Irisch-Amerikaner sollte ein *Certificate of Irish Heritage* wohl Heimweh und den Wunsch nach Heimaturlaub wecken. Allerdings wurde die Urkundenaktion der Regierung nicht automatisch zum Selbstläufer. Die *Irish Times* fragte nach 13 Monaten einmal nach und erfuhr, dass im Oktober 2012 erst 1042 Zertifikate verkauft waren. Zu jenem Zeitpunkt liefen bereits die Vorbereitungen für die nächste Stufe der großen Heimwehaktion. Die Regierung blies zum *Irish Gathering*. Diaspora-Iren gleich welcher Blutverdünnungsstufe waren aufgerufen, im Jahr 2013 unbedingt nach Irland zu reisen, um dort Irland und alles Irische zu feiern – und die Insel mit ihren Dollars zu fluten. Das große Treffen der Iren, unter dessen Motto ein Heer von Veranstaltungen, Familientreffen, Konzerten und Sport-Events gestellt wurde, wirkte wie ein listiger Plan zur nationalen Rettung in schweren Zeiten und knüpfte an alte Traditionen an. Denn schon mehrfach war die wohlhabende Diaspora jenseits des Atlantiks aufgefordert, die arme oder gerade verarmende Heimatinsel zu retten. Michael O'Leary, Chef der irischen Fluggesellschaft Ryanair und im Nebenberuf Provokateur, taufte

The Gathering deshalb um in *The Grabbing*. Für O'Leary, bekannt für seine drastischen Formulierungen, war »das große Grapschen« reine »Abzockerei«. Der irische Hollywood-Schauspieler Gabriel Byrne sprach sogar von Betrug und warf der Regierung den Missbrauch der Diaspora aus niederen Geldmotiven vor.[40] Das von Premier Enda Kenny als »größte Tourismusinitiative in der Geschichte des Staates« gelobte Projekt nannte der ehemalige Kulturbotschafter Irlands »widerwärtig«. Die irischstämmigen Amerikaner hätten es satt, ausgenutzt zu werden. Gabriel Byrne thematisierte mit seiner Kritik die Schattenseiten des Verhältnisses zwischen Insel- und Diaspora-Iren. Denn allzu gerne machen sich die Daheimgebliebenen über die *Yanks,* die meist ein wenig schrilleren Verwandten aus Amerika, lustig, wenn die auf der Suche nach ihrer Herkunft die Heimat besuchen. Sie werden dafür belächelt, wenn sie ein Irland suchen, das es gar nicht mehr gibt oder so nie gegeben hat, und sie werden, wenn möglich, gegenüber den Heimischen benachteiligt, wenn sie bleiben wollen und einen Job suchen. Wie taktlos und gar feindselig Iren und Irischstämmige miteinander bisweilen umgehen, zeigte ein skurriler Streit, den die amerikanischirische Website Irish Central im Frühjahr 2015 lostrat. Sie ließ darüber diskutieren, dass die Iren ihre grünblütigen Verwandten in Amerika gerne als »Plastic Paddies« (Plastik-Iren) verächtlich machen. Da flogen die Fetzen auf beiden Seiten und es offenbarten sich tiefe Gräben der Vorbehalte, der Ablehnung und des Unverständnisses.

Die *Yanks* oder *Plastic Paddies* werden andererseits immer schnell genannt, wenn irgendwo Geld fehlt oder ein neues Projekt finanziert sein will. Als die Maureen-O'Hara-Stiftung der alternden irischen Hollywood-Ikone Maureen O'Hara ein Denkmal setzen wollte, suchte sie sich dafür ein elf Millionen Dollar teures Maureen O'Hara Legacy Center in Glengarriff in der Provinz von West Cork aus. Bald war ausgemachte Sache, wer die elf Millionen Dollar teure Huldigung des Stars finanzieren sollte: wieder einmal die reichen Onkels in Amerika. Also machte sich der Stiftungsvorstand auf die Suche nach mindestens 200 sehr wohlhabenden Amerikanern mit irischen Wurzeln und einer starken emotionalen Beziehung sowohl zum Altstar O'Hara als auch zur alten Heimat Irland. Die kapitalkräftige Klientel, so das Kalkül, würde gar nicht anders können, als Schecks mit vielen, vielen Nullen vor dem Komma zu schreiben. Es kam anders: Die Schecks blieben aus, O'Hara, die Leinwand-Legende der 1950er Jahre, verließ aus sehr persönlichen Gründen fluchtartig die Wahlheimat in Glengarriff und lebt nun in Idaho, USA, und das O'Hara-Zentrum in Glengarriff wird ein Luftschloss bleiben. Der Finanzierungsplan aber hatte einmal mehr offenbart, welche Rolle die Heimat-Iren den Auslands-Iren bevorzugt zuschreiben.

Irland in den Jahren 1990 bis 2015: Ein Leben im Zeitraffer

Vom Armenhaus zum Wohlstandsland

Irland stand im Nachkriegseuropa für Armut und Unterentwicklung. Die Insel an der Peripherie konnte am Aufbau des Wohlstandprojekts Nachkriegseuropa nicht teilhaben. Die politische Führung in Gestalt von Eamon de Valera verordnete dem jungen Land, das seit 1922 politisch halbwegs unabhängig war, doch wirtschaftlich von Großbritannien vollkommen abhängig blieb, einen Autarkie- und Isolationskurs, der jahrzehntelangen Stillstand verursachte. Erst Anfang der 1990er Jahre kam die entscheidende Wende. Allmählich, unmerklich erst, dann immer schneller, stiegen die Grundstücks- und Hauspreise, die Löhne und Gehälter, die Menschen kamen zu Geld und Wohlstand. Die irische Wirtschaft arbeitete nun erstmals in der Geschichte des jungen Landes auf vollen Touren, die Welt wurde auf die irische Wirtschaft aufmerksam: Im Jahr 1994 benutzte die New Yorker Investmentbank Morgan Stanley erstmals einen Begriff, der für die Ära des irischen Wirtschaftswunders stehen sollte: *the Celtic Tiger*. In Anlehnung an die boomenden Ökonomien der asiatischen Tigerstaaten Südkorea, Singapur und Taiwan beschrieb die Metapher vom Keltischen Tiger das phänomenale Wirtschaftswachstum der Jahre 1995 bis 2007. Gemessen am Bruttoinlandsprodukt wuchs die Wirtschaft zwischen 1995 und 2000 um jährlich 9,5 Prozent, in einzelnen Jahren war das Wachstum sogar zweistellig. Das neue Jahrtausend bescherte den Iren jährliche Wachstumsraten von sechs Prozent.[41] Damit konnte kein anderes europäisches Land mithalten, und so war bald vom irischen Wirtschaftswunder die Rede. Alle Welt fragte sich: Was passiert da im traditionellen Armenhaus, im zurückgebliebenen Agrarstaat am westlichen Rand Europas?

Tatsächlich hatte die Aufholjagd der irischen Wirtschaft bereits in den frühen 1960er Jahren begonnen. Die Regierung von Premier Seán Lemass hatte der isolationistischen Autarkiepolitik des jahrzehntelang amtierenden Regierungschefs Eamon de Valera ein Ende gesetzt, öffnete Irland wirtschaftlich für andere Länder und begann, die Republik aus der ökonomischen Abhängigkeit von Großbritannien zu befreien. Noch im Jahr 1960 waren über drei Viertel aller irischen Exporte nach Großbritannien und Nordirland gegangen, im Jahr 1973 war es die Hälfte. Den entscheidenden Schritt der Öffnung brachte der Beitritt zur Europäischen Gemeinschaft im Jahr 1973. Irlands Ökonomie begann Fuß zu fassen und erschloss sich neue Absatzmärkte, auch wenn die 1980er Jahre im Gefolge der Ölkrisen noch einmal schwere Rückschläge mit Rezession, Arbeitslosigkeit und Stillstand brachten.

Für die Geburt des Keltischen Tigers spielten vier Faktoren eine entscheidende Rolle: Die Transferleistungen der Europäischen Gemeinschaft in die Infrastruktur begannen zu greifen, eine geschickte Industrieansiedlungspolitik mit erheblichen Steueranreizen führte zu maßgeblichen Direktinvestitionen vor allem von großen amerikanischen Konzernen. Dadurch entstand ein florierender Arbeitsmarkt in wichtigen Zukunftsbranchen, die meisten großen Pharma-, IT- und Softwareunternehmen der Welt bauten Niederlassungen in Irland. Parallel dazu entwickelte sich eine funktionierende Kreditwirtschaft, die den irischen Unternehmen und dem privaten Konsum gleichermaßen zugute kam. Das billige Geld, das Irland nun in scheinbar grenzenlosem Umfang zur Verfügung stand, kam zu einem großen Teil aus den Bankguthaben der deutschen Sparer und den Rücklagen der deutschen Wirtschaft. Billige Kredite und ein beachtliches Bevölkerungswachstum, das vom Rückzug vieler emigrierter Iren in die Heimat und vom Zuzug ausländischer Arbeitskräfte gespeist wurde, lösten auf der Insel schließlich den größten Bauboom aus, den Westeuropa jemals gesehen hatte.

Die Jahre von 2003 bis 2007 waren die Jahre der Rekorde, das Rad drehte sich rasend schnell: noch mehr Geld, noch höhere Gehälter, noch mehr teure Autos, Boote, Ferientrips und Ferienwohnungen im Ausland. Und natürlich Häuser, Häuser, Häuser. Wohnhäuser, Wohnanlagen, Bürogebäude, Bürokomplexe, Wohnviertel und Gewerbegebiete: Ein Viertel der Wirtschaftsleistung wurde nun in der Bauwirtschaft geschaffen. In den traditionell in die Fläche gebauten Städten Cork und Dublin entwarfen Architekten die ersten Hochhäuser. Es gab nur eine Richtung: aufwärts. Eine ganze Gesellschaft schien auf Droge, und die Droge hieß G.G wie Gier. Wer ein Haus hatte, wollte nun ein zweites. Wer zwei Autos hatte, wollte zwei neuere und ein größeres. Wer etwas auf sich hielt und zum Kreis der Angekommenen zählte, flog nun im eigenen Hubschrauber, hielt sich Rennpferde und kaufte sich ein Ferienhaus im schönen Westen der Insel – gerne mit eigenem Hubschrauberlandeplatz; und wer sich zur Geldelite zählte, finanzierte Appartementhäuser in London oder baute Irland als Sandinsel im Arabischen Golf von Dubai nach. Die durchschnittlich Wohlhabenden gaben sich derweil als stolze Besitzer eines neuen Einfamilienhauses zu erkennen; die Sonnenterrasse aus den immer gleichen Holzdielen mit großem Holzkohlegrill und das Supersize-Trampolin für die Kinder im Garten galten als obligatorische Status-Indikatoren. Vor dem Haus stand der nagelneue stadttaugliche Geländewagen, eingekauft wurde ohne nachzurechnen und zu Preisen, die niemand hinterfragte. Ein durchschnittliches Einfamilienhaus für eine halbe Million Euro: kein Problem. Schon in einem Jahr würde die Wertsteigerung den Kauf zum guten Geschäft machen.

Das Zeitalter der großen Shoppingmalls und Einkaufszentren war gekommen: Riesige Einkaufstempel wie das Dundrum Town Center in Dublin oder das Mahon Point vor den Toren von Cork lockten die Millionen. Geschäfte des Luxus und der Moden schossen überall aus dem Boden, um die neuen Bedürfnisse der Menschen zu befriedigen. Die Autohäuser konkurrierender Händler reihten sich zu meilenweiten Show-Parks aneinander. Die Möbel-, Einrichtungs- und Accessoires-Industrie rüstete auf, die nun vielfältig aufgestellte Gastronomie feierte Rekordjahr nach Rekordjahr, Tankstellen-, Fast Food- und Coffee-to-go-Shops entstanden zu Tausenden und versprachen die sofortige Befriedigung des Kalorienbedarfs. Bald gehörten Legionen von leeren Pappbechern genauso zum Straßenbild wie aus dem Autofenster geworfene Lucozade-Flaschen und die Verpackungen mit dem gelben M einer Fast-Food-Kette. Das Leben auf der Insel glich einem Dauereinkauf mit integrierter Dauerparty.

Die internationalen Statistiken feierten Irland nun als eines der wohlhabendsten Länder weltweit und als das zweitreichste Europas, einmal hinter Luxemburg, ein andermal nach Norwegen.[42]

Die einen werden diese Jahre als die Goldenen Jahre in Erinnerung behalten, andere sprechen von den Jahren der Hybris. Die Konsequenzen für das Leben der Menschen waren jedenfalls gravierend, die großen Entwicklungen spielten sich wie im Zeitraffer ab: Rasend schnell ging es von bettelarm nach superreich. Was das aufstrebende Nachkriegsdeutschland in 40 oder 50 Jahren durchlebt hatte, dauerte in Irland schwindelerregende zehn Jahre. Vom Cottage zur Villa, vom Feldweg zur Autobahn, von der Rostlaube mit löchrigem Unterboden zum Luxusauto, vom Holzkahn zum Schnellboot, von der erzkonservativen zur libertinären Gesellschaft und vom katholischen Kirchenstaat zur Insel der Ungläubigen – es dauerte nur ein Jahrzehnt. Auf der Strecke blieben die alten Lebensentwürfe, die traditionellen Einstellungen von Gemeinschaftsgeist und Geselligkeit, von Sparsamkeit und Bescheidenheit sowie die christlich-katholischen Werte.

Und dann war plötzlich alles vorbei: Der große Crash

Kritische Stimmen drangen in den Boom-Jahren angesichts des großen Röhrens des Keltentigers nur ganz selten an die Öffentlichkeit. Wirtschaftsexperten beim Internationalen Währungsfonds äußerten Bedenken, dass die Wirtschaft Irlands überhitzen könnte, Ökonomen wie David McWilliams und Morgan Kelly wurden als Nestbeschmutzer angefeindet, wenn sie die Tragfähigkeit des Baubooms in Frage stellten oder einen Absturz der Wirtschaft prognostizierten. Als Morgan Kelly, Ökonomieprofessor am University College Dublin, im Schicksalsjahr 2007 einen Einbruch der Hauspreise um 60 Prozent vorhersagte, beschimpfte ihn ein zorniger Regierungschef Bertie Ahern: »Warum bringen sich diese Leute, die jammernd abseits stehen und den Zug verpassen, nicht einfach um?[43] Ahern musste sich entschuldigen und Kelly behielt Recht: Noch im Jahr 2007 überschritt der Immobilienmarkt den Zenit, nur Monate später platzte die Spekulationsblase und Irland rutschte in eine tiefe Rezession. Im Februar 2013 hatten die Hauspreise in Dublin gegenüber dem Höchststand um 56 Prozent und die Preise für Appartements um 62 Prozent nachgegeben.[44] Die Bauwirtschaft hörte innerhalb weniger Monate komplett auf zu existieren und zog die Wirtschaft in den Abgrund. Die Auflösungserscheinungen waren mit Händen zu greifen: In Hunderten Estates, auf Zehntausenden Baustellen wurden über Nacht die Arbeiten eingestellt. Die Baustellenfahrzeuge blieben genauso stehen und liegen wie die halbfertigen Häuser, die nicht verbauten Werkstoffe und die Werkzeuge der Bauarbeiter. Es war, als hätte jemand über Nacht den Stecker herausgezogen. Auch Jahre später prägen die sogenannten Geister-Estates und leeren Häuser die Landschaft, verrotten langsam hinter rostenden Bauzäunen, ohne jemals bewohnt zu werden: Im Jahr 2010 schätzte die Regierung die Zahl der großen, unbewohnten Geistersiedlungen im Land auf 621, die Zahl der leeren Häuser auf 300 000. Fast jede Gemeinde in der Republik hatte sich eine ansehnliche Bauruine eingefangen. Besonders schwierig wurde die Lage für Menschen, die sich kurz vor dem Crash ein Reihenhäuschen in einer Wohnsiedlung gekauft hatten und sich nun als einzige Bewohner in einem halbfertigen Häuserkomplex ohne fertige Straße und ohne Beleuchtung wiederfanden.

In Irland gingen die Lichter der Bauwirtschaft und der beteiligten Banken zeitgleich mit dem Aufziehen der internationalen Finanz- und Bankenkrise im Jahr 2008 aus. Die Regierung, die die Baumanie bis zuletzt prozyklisch befeuert hatte, konnte die Verantwortung für die sichtbar werdende Katastrophe deshalb noch einige Monate lang auf höhere Mächte schieben – auf die Interbankenkrise, die Lehman-Brothers-Pleite und das Zusammenbrechen der globalen Finanzmärkte. In der Sache half dies wenig: Irlands Banken, allen voran die Anglo Irish Bank, das Institut der Bauunternehmer und Geldjongleure, trieben auf die Pleite zu. Die irische Regierung wurde von der EU, von deutschen und französischen Interessen gedrängt, für sämtliche Bankeinlagen in Irland – angefangen vom kleinen Sparkonto bis hin zur hochspekulativen Finanzanlage – komplett zu garantieren. Im September 2008 verschuldete sich der Staat mit einer umstrittenen Bankengarantie über Nacht bis zum Hals und darüber hinaus: Er steckte 85 Milliarden Euro in die Rettung der Banken, musste sich von der EU daraufhin retten lassen und verlor einen Teil der Finanzhoheit an die Europäische Zentralbank, die EU und den Internationalen

Währungsfonds. Die sogenannte Troika regierte nun in Dublin mit und zog sich den Zorn vieler Iren zu, den der Gewerkschaftssekretär David Begg im März 2013 auf die griffige Formel brachte: »Die Briten mit ihrem Empire haben uns wenigstens eine schöne Architektur hinterlassen. Die Troika hinterlässt nur Ruinen.« Genau genommen floss das Geld, das der irische Staat in die Rettung seiner Banken Anglo Irish, AIB und BOI steckte, zum größten Teil sofort wieder aus dem Land, in die Taschen von Investoren in Deutschland und Frankreich – und die Bevölkerung zahlt die Zeche. So gesehen rettete Irland die europäischen Banken – und nicht umgekehrt.[45] Die Konsequenzen für die Menschen: Die Arbeitslosigkeit stieg auf fast 15 Prozent, die aus den Fugen geratenen Löhne und Gehälter sanken, die staatlichen Leistungen wurden rigoros zusammengestrichen, Steuern und Abgaben gleichzeitig spürbar erhöht.

Irland war eineinhalb oder zwei Jahrzehnte lang wohlhabend gewesen. Jetzt war plötzlich alles vorbei, quasi über Nacht. Die schnell sinkenden Hauspreise ließen Zehntausende Familien verzweifeln: Sie hatten sich von der Bank ein Haus finanzieren lassen, das nun nur noch die Hälfte wert war. Die Verbindlichkeiten aber hatten sich nicht halbiert, überall saßen junge Iren auf sechsstelligen Schulden, für die es keinen materiellen Gegenwert gab. Gut ausgebildete Universitätsabgänger hatten keinerlei Chancen, einen Berufseinstieg zu finden, das Phänomen der Emigration kehrte zurück:[46] Auf der Suche nach Arbeit und einer Zukunft verließen pro Jahr bis zu 45 000 überwiegend junge und gut ausgebildete Iren ihre Heimat. Ziel: Australien, Neuseeland, Kanada, die USA und Großbritannien. zeitweise verlor. Das Comeback der »Generation Emigration«, der Rückgang des Wohlstands und die Schlangen vor den Sozialämtern weckten schlimme Erinnerungen: War Irland nach einer kurzen Zeit der ausgelassenen Wohlstandsparty dazu verdammt, in die Zeiten der Armut und der Not zurückzufallen? Noch immer geisterte in vielen Köpfen das alte Trauma schlechthin herum: die große Hungersnot von 1845.

Die Stimmung der Menschen schwankte nun zwischen Wut, Selbstmitleid, Selbsterkenntnis, Trauer und Erleichterung: Wut auf verantwortungslose Eliten in den Banken, in der Regierung und in der Wirtschaft; Selbstmitleid und Selbsterkenntnis für die eigene Rolle in den Boom-Zeiten; gesagt wurden nun gerne Sätze wie »Wir haben es selber vermasselt« oder »Wir waren alle zu gierig und haben alle mitgemacht«. Trauer über die verpassten Chancen einer maßvollen und stabilen Entwicklung sowie Erleichterung über das Ende des Wahnsinns: Viele Iren hatten sich während der *Celtic-Tiger*-Jahre im eigenen Land nicht mehr wohl und nicht mehr zu Hause gefühlt. Sie sagten nun Sätze wie die Lehrerin Norah: »Wir haben es übertrieben, es war zu viel, und es ist gut, dass sich die Dinge nun beruhigen. Wir waren auf dem Weg, uns zu verlieren.«

Budget Days: Tage des Schreckens

Seit dem Dezember 2008 wurde die Schlinge um die Hälse der Iren Jahr für Jahr enger gezogen. Immer Anfang Dezember war es so weit: *Budget Day,* Tag der Verabschiedung des Staatshaushalts. Die Regierung stellte im Parlament das Budget vor, es wurde verabschiedet und trat am nächsten Tag in Kraft. In den ersten Jahren des großen Sparens war der öffentliche Aufschrei noch hörbar, später nahmen die gebeutelten Bürger eher passiv und resigniert zur Kenntnis, wie die Regierung die neuen fehlenden Milliarden kompensieren wollte. Im Budget für das Jahr 2013 musste sie weitere 3,5 Milliarden Euro einsparen. Von 2008 bis 2012 waren die Staatsausgaben bereits von 62 auf 56 Milliarden Euro gesenkt worden. Das bedeutete abermals neue und höhere Steuern, Abgaben und Gebühren auf der einen Seite und weniger Unterstützung vom Staat auf der anderen: Das sechste Sparbudget in Folge nahm einer irischen Durchschnittsfamilie mit drei Kindern, einem kleinen Haus und einem kleinen Auto, so rechnete die *Irish Times* vor, im Jahr 2013 noch einmal 1800 Euro aus dem Familienbudget.

Immerhin: Teil sechs der Rosskur erschien sozial ausgewogener als die Sparpakete der Vorjahre. Alle gesellschaftlichen Gruppen mussten nun zusätzlich leiden. Selbst die Beamten, die bislang großzügig geschont worden waren, mussten im Jahr 2013 nach Vereinbarungen mit den Gewerkschaften erstmals schmerzhafte Gehaltskürzungen verkraften, und auch die Teilzeit-Bewohner Irlands, sprich Ferienhausbesitzer, und Gäste, sprich Touristen und Geschäftsreisende, bekamen das Spardiktat zu spüren. Hier ein paar Auszüge aus der Liste der Grausamkeiten: Die Grundsteuer für Haus- und Wohnungseigentümer wurde zum 1. Juli 2013 eingeführt – Hauseigentümer zahlen künftig pro Jahr eine Grundsteuer in Höhe von 0,18 Prozent des Vermögenswerts. Den Wert der Immobilie müssen die Eigentümer selbst festlegen, das Finanzamt wird allerdings mit den entsprechenden Freiheiten ausgestattet, Schummler zu sanktionieren. Immobilien mit einem Wert über eine Million Euro werden mit 0,25 Prozent veranlagt. Die breite Masse der Haus- und Wohnungseigentümer zahlte nun 250 bis 400 Euro Immobiliensteuer pro Jahr. Alkohol und Tabak wurden teurer: Das Pint Bier und Cider um 10 Cents, eine Flasche Wein um einen Euro, eine Packung Zigaretten um 10 Cents. Eine Packung mit 20 Zigaretten kostete nun 9,40 Euro. Angehoben wurden die Rezeptgebühr, die Kfz-Steuer, die Studiengebühren, die Sozialabgaben, die Zinsabschlags- und die Kapitalertragssteuer, gekürzt dagegen das Kindergeld. Die Sozialleistungen für Arbeitslose, Kranke, Rentner und Familien wurden an vielen Stellen ausgedünnt.

Wie lange würde die irische Krise noch dauern? Es kam entscheidend darauf an, dass die immensen Staatsschulden Irlands verlagert wurden, dass ein versteckter Schuldenschnitt gemacht wurde, dass die Schulden im internationalen Finanzsystem und zu Lasten künftiger Generationen geparkt wurden, dass die Zurückzahlung der für viereinhalb Millionen Menschen viel zu hohen Milliardensumme auf einen fernen Tag gestreckt werden würde. Um dieses Ziel zu erreichen, spielte die Regierung in Dublin jahrelang den Musterschüler und Musterpatienten, ließ sich von der Troika ihre Politik vorschreiben und exekutierte Sparbudget um Sparbudget auf dem Rücken ihrer Bevölkerung. Die EU konnte das Problem Irland auf die lange Bank schieben, konnte sich um die wirklichen Problemländer in Südeuropa und Frankreich kümmern, hatte zudem eine dringend benötigte Erfolgsgeschichte vorzuweisen. Bei den Wirtschaftsexperten wird immer noch diskutiert, wie lange das Land an den Spätfolgen des Zusammenbruchs leiden würde. Die pessimistischste Einschätzung geht davon aus, dass eine ganze Generation die Folgen des Keltischen Tigers, der großen Immobilienblase und die Auswirkungen der internationalen Finanzkrise spüren wird.

Immerhin gibt es seit dem Jahr 2014 wieder Lichtblicke und Zeichen der Erholung: Die Troika hat das Land offiziell verlassen,

Irland hat seine volle Souveränität zumindest auf dem Papier zurück und muss nun nur noch zweimal im Jahr zur Nachkontrolle durch EU-Beamte. Die Arbeitslosigkeit sinkt, die Wirtschaft nimmt Schwung auf und die Hauspreise stiegen wieder – in Dublin sogar gleich derart rasant, dass viele Stimmen bereits vor einer nächsten Blase warnen.

Der Fine-Gael-Labour-Regierung allerdings ist der jahrelange gehorsame Vollzug des von Europa verordneten Spardiktats nicht bekommen: Bei den Kommunal- und Europawahlen im Mai 2014 wurden die beiden Regierungsparteien von den Wählern gnadenlos abgestraft – zugunsten der linken Sinn Féin und vieler unabhängiger Kandidaten. Die Niederlage stürzte die Regierungs-Koalition in eine tiefe Krise , und ausgerechnet die Einführung von Wassergebühren sorgte bei den bis dahin bis zur Selbstaufgabe duldsamen Iren für eine Eruption des augestauten Frusts. Im Winter 2014 probten Hunderttausende Demonstranten die offene Revolte. All der Druck von sieben Jahren Austeritätspolitik entlud sich an der Frage der im restlichen Europa seit langem selbstverständlichen Wassergebühren. Der Konflikt drohte die Regierung aus dem Amt zu spülen. Nur mit letzter Not rettete sie sich in das Frühjahr. Vor den Parlamentswahlen im Jahr 2016 scheint derweil Vieles möglich: Die politischen Kräfteverhältnisse wirken labil bis dynamisch. Die etablierten Parteien verloren stark an Zustimmung, es wurde hier und dort an der Gründung einer neuen Partei gearbeitet, während sich die Regierung unter dem Eindruck anhaltenden Wirtschaftswachstums im Jahr 2015 einigermaßen über Wasser hielt. Noch immer allerdings hat Irland mit die höchste Staats- und Privatverschuldung in Europa, und noch immer konzentriert sich die wirtschaftliche Erholung vor allem auf die Hauptstadt Dublin, während sie im ländlichen Irland nur sehr sacht spürbar wird.

Achterbahnfahrt in die Moderne

Die Achterbahnfahrt, der sich die irische Gesellschaft in den vergangenen Jahrzehnten ausgesetzt sah, zeigte bei allen extremen Ausschlägen nach oben und unten immer auch nach vorne. Nach langem bleiernen Stillstand ging es mit rasantem Tempo an die Öffnung und Liberalisierung der Gesellschaft, an die Stärkung der Persönlichkeits- und der Freiheitsrechte. Noch Ende der 1980er Jahre war die katholische Kirche die bestimmende Kraft, die alle Bereiche des Lebens, der Politik und der Kultur durchdrungen hatte. Noch Anfang der 1980er Jahre war der Verkauf von Verhütungsmitteln verboten, am Ende desselben Jahrzehnts durften »anstößige« Publikationen wie der *Playboy* in Irland nicht erscheinen, noch Anfang der 1990er Jahre war eine Ehescheidung in Irland nicht möglich, Frauen sahen sich strukturell benachteiligt. Der Suizid war bis zum Jahr 1993 vor dem Gesetz genauso ein Verbrechen wie die Homosexualität. Den langen Weg in die offene, libertäre Gesellschaft legte Irland in kürzester Zeit zurück.

Der Öffnung voraus ging der Bruch mit der Allmacht des staatlich-kirchlichen Systems und der Vormachtstellung der Bischöfe und Priester. Die römisch-katholische Kirche genoss eine von der Verfassung von 1937 festgeschriebene Vorrangstellung vor allen anderen Religionen. Die Sonderstellung wurde zwar im Jahr 1973 mit einer Verfassungsänderung gestrichen, der Verfassungstext ist dennoch bis heute mit Referenzen an den katholischen Glauben durchzogen, und im Alltag änderte sich zunächst wenig. Will man einen Zeitpunkt bestimmen, an dem der Zerfall der katholischen Kirche im katholischsten Land Europas begann, so war das der Sommer 1992. In jenem fabelhaften irischen Sommer erschütterte ein Riesenskandal die Insel: Es wurde bekannt, dass der beliebte Bischof von Galway, Eamon Casey, seit den frühen 1970er Jahren ein Verhältnis und einen Sohn mit einer geschiedenen Amerikanerin hatte. Bis in die 1990er Jahre hinein hatte der vergleichsweise liberale Geistliche Wasser gepredigt und heimlich süßen Wein getrunken: Sein Sohn Peter war im Jahr 1974 geboren worden.

Irland wurde in jenem Sommer in seinen Grundfesten erschüttert. Die einfachen Leute, denen die katholische Kirche so lange und kompromisslos bedeutet hatte, wie sie zu leben hatten, was richtig und was falsch war, verstanden die Welt nicht mehr, viele fielen buchstäblich vom Glauben ab. Bischof Casey, der sich im Jahr 1984 aus politischen Gründen mutig geweigert hatte, den amerikanischen Präsidenten Ronald Reagan zu empfangen, steht unfreiwillig am Beginn eines Erosionsprozesses, der seitdem die Machtbastion der katholischen Kirche in Irland erst gefährdete und dann schleifte. Die folgenden Jahre wurden zum Desaster für die Kirche, nach und nach wurden zahlreiche Vergehen und Verfehlungen von Priestern ans Licht der Öffentlichkeit gebracht. Die »Untaten« des Bischofs Casey wirkten daran gemessen als Akte der Tugend. Sein Fall hatte allerdings Signalwirkung, er machte klar, dass die Gesellschaft nun bereit war, sich mit der Rolle der herrschenden Kaste in den Talaren offen auseinanderzusetzen.

Das Thema Kindesmissbrauch durch Priester sollte die irische Öffentlichkeit die nächsten zwei Jahrzehnte beschäftigen. Erst wurden Einzelfälle von Priestern öffentlich, die sich an Kindern und Jugendlichen vergangen hatten, aus Einzelfällen wurde viele, und schließlich kamen von der Regierung eingesetzte Untersuchungskommissionen in den Jahren 2009 und 2010 zum Ergebnis, dass die Gewalt an Kindern durch katholische Geistliche im 20. Jahrhundert allgegenwärtig war. Der Murphy- und der Ryan-Report wiesen nach, dass Tausende junge Menschen in den Kirchen, Heimen und Schulen der Kirche systematisch seelisch, körperlich und sexuell missbraucht wurden.[47] Die Beteiligung an den kriminellen Taten ging bis in die höchsten Stellen der Kirchenhierarchie. Die Taten vieler pädophiler Geistlicher waren bei den Vorgesetzten bekannt, endeten aber im schlimmsten Fall mit der Versetzung der Täter in eine andere Pfarrei. Auch Polizei, Justiz und Politik deckten die Machenschaften in der Kirche. Eine ganze Gesellschaft schwieg und sah weg. Jahrzehntelang hatten die Opfer keinerlei Chance auf Hilfe, Verständnis, geschweige denn auf Recht und Gerechtigkeit. Selbsthilfeorganisationen wie One in Four, die davon ausgehen, dass jeder vierte Mensch in Irland Opfer von Missbrauch wurde, kämpfen erst seit einigen Jahren für die Rechte der Geschädigten und für eine Wiedergutmachung.

Das Missbrauchsregime der katholischen Kirche beschränkte sich nicht auf Irland; in vielen anderen Ländern, in Deutschland und Frankreich wie in den USA, gab es ähnliche Enthüllungen. In Irland allerdings wird die Aufklärung konsequenter und sorgfältiger betrieben als anderswo, auch wenn bis heute nicht viele Täter von Gerichten verurteilt wurden. Hier ging es nicht nur um die Verarbeitung von Fehlern der Vergangenheit, hier ging es gleichzeitig um die Öffnung und die Gestaltung der Zukunft. Die Enthüllungen hatten weitreichende Konsequenzen, sie beendeten das enge Verhältnis zwischen Kirche und Staat, und sie führten zum tiefen Sturz der Kirche innerhalb weniger Jahre. Mit den Messebesuchern blieben die Einnahmen aus, die Kirche geriet auch durch Schadensersatzzahlungen unter Druck. Die vergleichsweise wenigen schwarzen Schafe und die fehlende Selbstreinigungskraft der Institution hatten die große Mehrheit der Geistlichen in Misskredit gebracht, die sich nichts hatten zuschulden kommen lassen. Nun wollte niemand mehr Priester werden, das Studium der Theologie, im traditionellen Irland ein bevorzugter Karriereweg, wurde zum Ladenhüter, der Mangel an jungen Priestern führte zur Zusammenlegung von Gottesdiensten und Pfarreien.

Im Jahr 2010 gingen nur noch fünf Prozent der Gläubigen in Dublin regelmäßig in die Kirche, ein Volk von aktiven Kirchgängern hatte sich von der wichtigsten Institution im Land abgewendet. Die Zahl stammt von Diarmuid Martin, dem Erzbischof von Dublin. Irlands zweithöchster katholischer Kleriker sorgte mit seiner Offenheit immer wieder für Aufsehen: In einem Interview mit der *New York Times* erzählte Oberkatholik Martin sogar, wie er als Junge selber Opfer von sexueller Gewalt wurde: Ein »schmutziger alter Mann« drückte den zwölf Jahre alten Diarmuid demnach auf offener Straße gegen eine Hauswand und sagte ihm »absolut schreckliche Dinge«. Martin erläuterte, dass er zur Gegenwehr unfähig war und Glück hatte, dass zufällig ein Polizist vorbeikam.

Der für ein klares Wort bekannte Bischof Martin ließ keinen Zweifel daran, dass die Menschen schon vor 50 Jahren wussten, dass katholische Pfarrer Kinder sexuell missbrauchten: »Meine Mutter sagte mir als Kind immer: Erledige deine Pflichten als Messdiener, aber lungere ja nicht mit dem Priester rum.« Im Interview mit der *New York Times* erwähnte der Erzbischof auch den Fall eines irischen Priesters, der sich im Garten einen Swimmingpool baute und dorthin nur Jungs eines ganz bestimmten Alters und Aussehens einlud. Die acht anderen Pfarrer im Pfarrbezirk wollen das Treiben ihres Kollegen nicht mitbekommen haben.[48] Diarmuid Martin gilt als einer der wenigen katholischen Würdenträger, die sich ungefragt und offen zur Verantwortung der Kirche bekennen. Auf dem Höhepunkt der Diskussion veranstaltete Martin einen Bußgottesdienst und legte sich zum Zeichen der Demut der Länge nach vor dem Altar auf den Boden. Dafür wird er von Gegnern innerhalb der Kirche geradezu verachtet, genießt aber gleichzeitig bei vielen Gläubigen Ansehen und Respekt und steht für den Neubeginn der katholischen Kirche im Land. Der neue Papst in Rom könnte die Linie Martins stärken und – wenn es für die Kirche gut läuft – dabei mithelfen, dass sich das Verhältnis Irlands zum Vatikan, der nun auf viele Enttäuschte wie eine diktatorische Besatzungsmacht im eigenen Land wirkte, wieder verbessert.

Die Kirchenskandale öffneten auch den Weg zu einer Trennung des Schulsystems von der Kirchenverwaltung. Die katholische Kirche stand als Schulträger in der Kritik und wird zunehmend von überkonfessionellen Initiativen abgelöst. Die Kirche betrieb im 20. Jahrhundert fast alle Primarschulen, noch im Jahr 2010 waren es 91 Prozent, und zahlreiche Sekundarschulen. Ihr Monopol im Klassenzimmer der Primarschulen signalisierte das Kreuz an der Wand, der Priester war Dauergast in den Schulen, die Schulmesse eine feste Einrichtung bei Festen und zum Schuljahresende. Im Winter 2012 unterzeichneten Tausende Menschen in Dublin eine Petition für die Einrichtung von überkonfessionellen Sekundarschulen in der Stadt. Die Eltern überkonfessioneller Grundschulen ergriffen die Initiative, um ihren Kindern auch konfessionsungebundenen Unterricht in der zweiten Ausbildungsstufe zu ermöglichen. In ganz Irland gab es 2012 65 religions- und kulturübergreifende Grundschulen. Eltern, welche die Dominanz der Kirche in den Schulen beenden wollen, sowie die wachsenden Geldnöte der Kirche beschleunigen den Prozess, kirchenunabhängige Grundschulen zu etablieren. Die seit 30 Jahren aktive Organisation Educate Together arbeitet an der Eröffnung von Sekundarschulen: Im Jahr 2014 sollen konfessionsungebundene weiterführende Schulen in Drogheda, Dublin und Lucan öffnen.

Der Machtverlust der Kirche forcierte den Weg in die Zivilgesellschaft. Einstmals eherne Tabus sind nun Gegenstand öffentlicher Diskurse und gesetzlicher Regelungen. Die Gleichstellung von Männern und Frauen macht Fortschritte. Die Diskussion um die Homo-Ehe wurde lebhaft und verbissen geführt. Die Legalisierung der Ehe von Lesben und Schwulen wurde dem Volk schließlich im Frühjahr 2015 zur Abstimmung vorgelegt, zivile Lebenspartnerschaften von Schwulen und Lesben mit staatlich garantierten Rechten werden seit dem Jahr 2011 anerkannt. Eine Debatte über den Suizid und Möglichkeiten der Prävention hat zumindest eingesetzt. Selbsttötungen konnten bis vor wenigen Jahren nicht thematisiert werden, die Kirche hatte den »Selbstmord« zur Sünde erklärt und weigerte sich, »Selbstmördern« ein kirchliches Begräbnis zu geben. Selbst das Grab auf dem Friedhof wurde ihnen verweigert, stattdessen wurden sie im ungeweihten Gräberfeld eines *Cillin*[49] oder an der Straße beerdigt. Der Staat übernahm das Kirchenrecht und erklärte den Suizid zum Verbrechen. Noch Ende des 19. Jahrhunderts wurde das Eigentum von »Selbstmördern« als Teil der Bestrafung vom Staat eingezogen. Weil sich keine Familie dieser Schande freiwillig aussetzen wollte, wurden Suizide traditionell vertuscht und verheimlicht. Erst mit der Entkriminalisierung im Jahr 1993 setzte eine allmähliche Enttabuisierung des Suizids ein. Die Zahl der Selbsttötungen war in den letzten Jahren der Wirtschaftskrise kontinuierlich angestiegen, die Zahl der amtlich bestätigten Fälle lag im Jahr 2011 bei 525.[50] Trotz einer vermutlich hohen Dunkelziffer liegt die irische Suizidquote im europäischen Vergleich im Durchschnitt, allerdings mit einer wichtigen Ausnahme: Auf der Insel bringen sich unverhältnismäßig viele junge Männer im Alter zwischen 15 und 24 Jahren um. Ihre Quote führt die europäischen Rankings an; von zehn Suiziden junger Menschen werden nur zwei von Frauen, acht aber von Männern begangen. Die Schicksale der lebensmüden Männer, die aufgrund von Depressionen oder einer scheinbar ausweglosen Lebenssituation keine Perspektiven sahen, beschäftigen die Politik und lassen auch die Menschen in den betroffenen Familien und Freundeskreisen langsam nach einer Sprache jenseits der alten Denkverbote suchen.

Selbst das strenge Abtreibungsverbot wurde in der wichtigsten Hochburg der europäischen Abtreibungsgegner im Sommer 2013 gelockert: Seit Langem klaffte eine breite Lücke zwischen Gesetzeslage und Lebenswirklichkeit. Jedes Jahr reisen Tausende Irinnen nach Großbritannien, um dort vornehmen zu lassen, was ihnen in Irland verwehrt wird: eine Abtreibung. Zwischen 1980 und 2012 traten 150 000 Frauen nach Zahlen der britischen Regierung die Abtreibungsreise auf die Nachbarinsel an. Der Tod einer schwangeren Frau in einem Krankenhaus in Galway, der eine Abtreibung trotz Risikoschwangerschaft verweigert worden war, setzte im

Herbst 2012 schließlich eine heftige Debatte über das in der Verfassung verankerte Abtreibungsverbot in Gang, das nur ganz wenige Ausnahmen zuließ. Bereits fünf Mal hatten die Iren innerhalb von 30 Jahren bei Volksabstimmungen über das politisch heikle Thema sehr konservativ entschieden, nun bereitete die Regierung eine Gesetzesinitiative zur vorsichtigen Lockerung des Verbots vor. In der Bevölkerung fand eine begrenzte Liberalisierung in repräsentativen Umfragen längst breite Zustimmung:[51] Drei von vier Befragten fanden, dass eine Abtreibung erlaubt sein müsse, wenn das Leben der Frau in Gefahr ist, wenn das Ungeborene nach der Geburt nicht lebensfähig ist oder wenn die Schwangerschaft die Folge einer Vergewaltigung oder von Inzest ist. Noch über 70 Prozent befürworteten eine Abtreibung, wenn die Gesundheit der Frau bedroht ist oder wenn die Schwangere aufgrund der Schwangerschaft suizidgefährdet ist. Im Juli 2013 verabschiedete das Parlament in Dublin nach erbitterten Debatten eine Gesetzesreform, Seitdem erlaubt das Gesetz zum »Schutz des Lebens während der Schwangerschaft« schwangeren Frauen den Abbruch, wenn ihr Leben in Gefahr ist – und auch dann, wenn ein Geburtshelfer und zwei Psychologen einstimmig Suizidgefahr bei der Mutter attestieren. Die Opfer von Vergewaltigungen und von Inzest sind dagegen weiterhin nicht automatisch zu einem Abbruch berechtigt.

Die traditionelle Familie: Das Fundament bröckelt

In einem Land, das Landkarten veröffentlicht, auf denen statt Ortsnamen Familiennamen gedruckt sind, muss die Familie eine besondere Bedeutung haben. Tatsächlich sortieren sich viele Iren noch immer hauptsächlich nach der Familienzugehörigkeit ein, und tatsächlich hat die traditionelle Familie von Vater und Mutter mit Trauschein und Kindern im streng katholischen Inselmilieu länger überlebt als andernorts in Europa und erweist sich als bemerkenswert stabil gegenüber dem gesamteuropäischen Trend. Die Volkszählung von 2011 identifizierte 1,17 Millionen Familien, in 870 000 Familien hatten die Paare einen Trauschein, 560 000 Familien hatten den klassischen Zuschnitt des verheirateten Paares mit Kindern. In 143 000 Familien lebten die Paare unverheiratet zusammen. Auch 2011 hatte Irland die höchste Geburtenrate in Europa, eine irische Frau bringt in ihrem Leben durchschnittlich 2,03 Kinder zur Welt. Die großen Veränderungen sind jedoch auch in der irischen Gesellschaft am Werk: Die Zahl der unverheiratet Zusammenlebenden, die Zahl der nichtehelichen Kinder, die Zahl der Geschiedenen und der Wiederverheirateten sowie die Zahl der gleichgeschlechtlichen Paare und der Alleinlebenden hat in den vergangenen 30 Jahren langsam, aber stetig zugenommen und wird weiter steigen. Die Geburtenrate sinkt, wenn auch langsam.

Noch vor 35 Jahren waren Verhütungsmittel und Abtreibung verboten. Ein uneheliches Kind galt als Schande, alleinerziehende Mütter wurden stigmatisiert. Viele unverheiratete Frauen brachten ihre Kinder heimlich zur Welt und adoptierten sie dann als vermeintlich fremde Babys, um den Schein zu wahren. Anfang 2012 wurde jedes dritte Kind nichtehelich geboren und wuchs jedes vierte Kind mit einem alleinerziehenden Elternteil auf. Irland hat im Europa der 27 den größten Anteil alleinerziehender Eltern. Es ist normal geworden, anders zu leben, als es die Kirche vorsieht, auch wenn Alleinerziehende und deren Kinder heute statt moralische oft finanzielle Außenseiter sind und von Chancengleichheit nur träumen können.

Die Scheidung, die erst 1995 legalisiert wurde, ist auf dem Vormarsch. Im Jahr 1996 waren 0,4 Prozent (9800) der Iren geschieden, im Jahr 2011 waren es bereits 2,4 Prozent der Bevölkerung im Alter ab 15 Jahren (87 800 Menschen). Dennoch liegt in Irland auch die Heirat wieder im Trend, die Zahl der Eheschließungen stieg von 2006 bis 2011 um zehn Prozent. 1,7 Millionen Menschen waren verheiratet. Dagegen gab es 1,5 Millionen Alleinstehende über 15 Jahre. Von ihnen lebten 392 000 allein, zehn Prozent mehr als im Jahr 2001. Die Zahl der Einpersonen-Haushalte stieg auf 23,7 Prozent und blieb deutlich unter dem europäischen Durchschnitt. Dabei wurde der klassische irische Alleinlebende, der Junggeselle, abgelöst von selbstbewussten jungen Frauen und Männern, die sich freiwillig für ein Leben mit sich selbst entschieden haben.

Es steht also nicht ganz schlecht um die traditionelle Familie, auch wenn die Fundamente langsam bröckeln. Es werden genügend Kinder geboren, die Familienwerte werden weiter hochgehalten. Familientreffen, auch die intensive Kontaktpflege von Cousins und Cousinen ersten bis dritten Grades, haben einen festen Platz im Leben. Jahresfeste wie Weihnachten oder Ostern werden ausgiebig und im großen Kreis der erweiterten Familie gefeiert. Man besucht sich, man trifft sich, man feiert miteinander. Kinder wachsen zumeist mit anderen Kindern auf, das Einzelkind-Dasein ist weniger verbreitet als auf dem europäischen Kontinent.

Opulent, teuer und eindrucksvoll werden Familienfeste gefeiert, vorneweg die Hochzeit. Doch auch Taufen, Kommunion, Konfirmation und runde Geburtstage werden mit großem Aufwand zelebriert. Die Hochzeit ist für viele Insulaner der wichtigste Tag im Leben. Auch weniger begüterte Paare lassen sich den Hochzeitstag fünfstellige Beträge kosten und laden neben der erweiterten Familie oft das ganze Dorf zur Partynacht ein – wobei die sich zu Familie und Freunden gesellenden Mitfeiernden die Getränkerechnung traditionell selber bezahlen. Geselligkeit, so merkwürdig das klingen mag, zeichnet auch die irische Beerdigung aus, wie sie auf dem Land noch immer zelebriert wird. Die traditionell dreiteilige Feier aus Totenwache *(Wake),* Totenmesse *(Requiem Mass)* und Begräbnis *(Burial)* zieht sich über zwei, drei Tage und ist ein Familientreffen, das die Dorfgemeinschaft immer mit einschließt. Die irische Beerdigung ist auch heute vor allem auf dem Land ein bedeutendes soziales Ereignis, für das sich die Familie so breit wie möglich aufstellt.

Trotz Emanzipation, trotz moderner Ehen, trotz einer vergleichsweise starken Stellung von Frauen im Berufsleben und durchaus existierender Ausnahmen: Für die Kinder bleibt überwiegend die Frau zuständig. Das tradierte Rollenbild der *Mammy,* der Mutter, die alles zusammenhält, die die Familie organisiert, die Kinder großzieht und das Monopol auf Gefühle verwaltet, hat an Strahlkraft wenig verloren. Die irische *Mammy* ist keine Person, sie ist eine Institution, und sie scheint auch in erfolgreichen und bekannten Frauen auf, die mit beiden Beinen in Beruf und Öffentlichkeit stehen.

Hartnäckig hält sich die fundierte Mutmaßung, dass im patriarchalischen Irland seit jeher ganz klar die Frauen die Hosen anhaben – vor allem die etwas reiferen mehrfachen Mütter mit ausgeprägtem Multitasking und organisatorischen Fähigkeiten, die auch einen kleinen Konzern steuern könnten, lassen die Männer oft blass aussehen. Das Matriarchat regiert auf seine Weise, und es erzieht kleine Jungs zu großen Jungs, die ihre *Mammys* abgöttisch lieben und über alles verehren. Ihre Mutterliebe stellen sie Tag für Tag, ganz besonders aber am Muttertag unter Beweis, der in Irland am vierten Fastensonntag gefeiert wird – zur Freude der Kartenshop-Besitzer, der Floristen, der Spirituosen- und der Devotionalienhändler.

Der Schriftsteller Joseph O'Connor hat das Verhältnis des irischen Mannes zu seiner Mutter ironisch, überspitzt und dennoch treffend beschrieben, um allen heiratswilligen Damen zur Vorsicht zu raten: »Ladies, bitte prüfen Sie sich genau, ob Sie wirklich keine Alternativen haben; es gibt Emigration, eine lesbische Zukunft oder den Eintritt ins Kloster. Wenn Sie aber immer noch glauben, unbedingt mit einem irischen Mann zusammenleben zu müssen, dann sollten Sie sich zumindest dies ganz genau merken: 1. Der irische Mann hat immer recht. 2. Der irische Mann liebt es zu fluchen, und 3. Sie werden gegen seine *Mammy* niemals eine Chance haben.«[52]

Bliebe die Frage zu klären, ob Irland ein kinderfreundliches Land ist, wie es oft heißt. Dass die Rechte der Kinder und deren Schutzbedürftigkeit Ende 2012 per Volksabstimmung in die Verfassung aufgenommen wurden, war eine politische Reaktion auf die lange Tradition des institutionellen Missbrauchs. Kinder in Irland werden möglicherweise mehr in das alltägliche Leben der Erwachsenen integriert als anderswo. Sie nehmen selbstverständlicher am öffentlichen Leben teil und begegnen einer in der Regel toleranten und respektvollen Erwachsenenwelt. Kinderfreundlichkeit offenbart sich in der Zahl der vielen Kinder, dem vergleichsweise milden Leistungsdruck in den Schulen, in der Akzeptanz kindlicher Artikulationsformen und in den späten Schulanfangszeiten. Kinderfreundlich wäre dagegen auch die Bereitstellung vielfältiger individueller Förder- und Entwicklungsangebote für Kinder. Abenteuerspielplätze, Musikschulen, Sporthallen, Bolzplätze oder Erlebnisschwimmbäder und kinderspezifische Freizeitangebote für alle sind insbesondere im ländlichen Irland noch immer dünn gesät. Wer mit *Gaelic Football,* Fußball oder Rugby nichts anfangen kann, wer nicht mobil ist oder die finanziellen Möglichkeiten nicht hat, geht deshalb oft leer aus.

Das neue Irland: Die multikulturelle Gesellschaft

Als Irlands Fußballstar Robbie Keane am 6. Juni 2002 bei der WM in letzter Minute das Ausgleichstor für Irland gegen Deutschland geschossen hatte »und Ray an die fünfzehn Leute im Pub geherzt und geküsst und sich in den Armen eines Riesenkerls aus Polen wiedergefunden hatte, da hatte er sich gefragt: Warum umarmt mich dieser Typ? Küsst mich auf die Stirn? Reckt die Fäuste in die Luft? Wirft den Kopf zurück und singt: You'll never beat the Eyerish. Warum? Weil seine eigene Mannschaft Scheiße war? (…) Weil er schon eine Weile in Irland war und glaubte, dass er dazugehörte? Weil er dazugehören wollte? Warum? Wie misst man Nationalität, hatte sich Ray damals gefragt.«

Roddy Doyle lässt den jungen Iren Ray in seinem tiefgründigkomischen Erzählband »Typisch Irisch«[53] die Frage aller Identitätsfragen stellen: Was ist heutzutage irisch? Was ist *Irishness?* Die Frage war seit der Unabhängigkeit in den 1920er Jahren ziemlich unwichtig geworden und geriet in Vergessenheit. Nun, im neuen Jahrtausend, drängte sie sich schmerzhaft und für viele quälend wieder auf: Die Iren waren nicht mehr unter sich wie noch in den 1990er Jahren, plötzlich lebten auch all die anderen Menschen aus 199 verschiedenen Nationen auf der Insel und verwandelten die grüne Monokultur innerhalb von 15 Jahren in eine Regenbogengesellschaft. Im Jahr 1996 hatte der Anteil der Nichtiren an der Gesamtbevölkerung gerade einmal 1,1 Prozent betragen.[54] Gerade einmal einer aus 100 war nicht einer der Ihren. Der Anteil der Einwanderer stieg bis zum Jahr 2002 auf 5,8 Prozent und betrug 2012 etwa 12 Prozent. 544000 Einwohner kommen nicht aus Irland, leben aber hier. Will heißen: Mindestens jeder achte in Irland lebende Mensch ist kein Ire – und fühlt sich möglicherweise trotzdem »irisch«.[55]

Noch in den 1990er Jahren hielt sich das hartnäckige Vorurteil, im Land der großen Gastfreundschaft gebe es keinen Rassismus. Den wähnte man allenfalls auf der großen Nachbarinsel. Die Iren selber verwiesen stolz auf ihre Tradition der Emigration, die im kollektiven Bewusstsein eingebrannt habe, wie wichtig es sei, in der Fremde freundlich aufgenommen zu werden und willkommen zu sein. Irland kannte keinen Rassismus, weil es keine Gelegenheit dazu hatte. Erst als die Wirtschaft auf die Beine kam, als sich nach der Millenniumswende der Arbeitskräftemangel einstellte, als die Arbeitsmärkte radikal geöffnet wurden, als Einwanderer ins Land strömten und sich die Migrationsbilanz ins Positive kehrte, hatte die Bevölkerung auf der Insel wirklich Gelegenheit, ihre Fremdenfreundlichkeit zu beweisen.

Irland machte sich als letzte Nation Westeuropas auf den Weg in die multikulturelle Gesellschaft, und die schwindelerregende Geschwindigkeit der Veränderungen bestimmte auch diesen Wandel maßgeblich. Binnen weniger Jahre musste sich ein Volk, das nur seinesgleichen kannte, mit den Fremden, den anderen, den Unbekannten arrangieren. Binnen zehn Jahren wurde aus dem großen monokulturellen Dorf namens Dublin eine multikulturelle Metropole mit Menschen aus fast 200 Staaten der Welt, die ihre Kultur, ihre Restaurants, ihre Lebensmittelgeschäfte, ihre Friseure und ihre Freizeitspiele mitbrachten. Die meisten kamen aus Polen, aus Großbritannien (UK), aus Litauen, Lettland, Nigeria, Rumänien, aus Indien, von den Philippinen, aus Deutschland, den USA, aus China und der Slowakei. Drei Viertel aller Ausländer stammen aus diesen zwölf Ländern.

Die grundsätzlich offene und freundliche Umgangsart machte es den Iren vergleichsweise leicht, sich in der neuen Regenbogengesellschaft zurechtzufinden. Anpassungsschmerzen gab und gibt es dennoch. Ich hatte mein negatives Erweckungserlebnis als *Blow in* (Zugereister), als vor zehn Jahren die ersten Schwarzafrikaner ins Dorf zogen. Ein Bauer mit dem weit verbreiteten Namen O'S. nahm mich vertraulich zur Seite und erklärte mir die Welt der Farben: Fremde wie ich seien wirklich willkommen und eigentlich auch ganz in Ordnung, aber diese neuen Gäste, sie sollten doch bleiben, wo sie herkamen. Sie gehörten nicht hierher. Natürlich gibt es auch im Land der »hunderttausend Willkommen«, so der Werbespruch der irischen Tourismuswerber, Rassismus und Rassisten. In jener Zeit häuften sich die Übergriffe auf Menschen anderer Nationalität und Hautfarbe, Politiker fühlten sich zu populistischen Reden auf Kosten von Fremden hingerissen, nichtirische Sportler wurden auf dem Fußballplatz angepöbelt, in einer Volksabstimmung wurde im Jahr 2004 das Staatsbürgerschaftsrecht verschärft, um Ausländerinnen die Möglichkeit zu nehmen, zur Geburt auf die Insel zu reisen und nach dem »Ius Soli« automatisch kleine Iren zu gebären; in der Anonymität diverser Internetforen und hinter vorgehaltener Hand war es besonders leicht, die Andersartigen zu verunglimpfen; und weiße irische Taxifahrer gaben sich zeitweise für Landsleute mit einer irischen Flagge am Wagen zu erkennen. Die Lage hatte sich mit dem Ende des Booms und steigender Arbeitslosigkeit verschärft. Es stellte sich heraus, dass viele Menschen, die wegen der Arbeit nach Irland gekommen waren, nun nach dem Ende des Jobwunders nicht wieder gingen und sich in der neuen Heimat dauerhaft einrichteten. Jetzt wandte sich manche Aggression gegen die nichtirischen Konkurrenten um Arbeitsplätze, Gehälter und Berufschancen. Wer angenommen hatte, Iren seien aufgrund ihrer eigenen Geschichte anders und gegen das Phänomen Rassismus immun, sah sich getäuscht.

Wer die Lage in Irland allerdings mit der in anderen Ländern Europas vergleicht, muss sogleich relativieren. Der Rassismus kommt auf eher leisen Sohlen daher, die großen westlich-muslimisch geprägten Konflikte gibt es gar nicht, und auch wenn 52 Prozent der eingebürgerten Neu-Iren sich über mangelnde Integration beklagen,[56] so gilt die irische Gesellschaft als vergleichsweise integrationsstark, durchlässig und fair. Gut qualifizierte Zuwanderer können sich in der Arbeitswelt behaupten und haben ähnliche Karrieremöglichkeiten wie die Einheimischen.[57] Im Übrigen werden auch die Iren lernen, in einem Vielnationalitäten- und Vielkulturenstaat zu leben. Die Zeit ist ganz auf ihrer Seite.

Wie aber misst man nun Nationalität, und was ist dann noch wirklich typisch irisch? Schriftsteller Roddy Doyle lässt Ray, den jungen Protagonisten seiner Erzählung, im Auftrag der irischen Regierung den definitiven Wissenstest zur Messung der *Irishness* entwickeln. Das Ergebnis: Irische Kandidaten, unter ihnen der Minister für Ethnizität, kommen auf durchschnittlich 57 Prozent, der Kandidat aus Ghana schafft 97 Prozent. Schon von den normannischen Invasoren vor 800 Jahren hieß es: Nach einer Phase der Eingewöhnung wurden sie »irischer als die Iren«. Interessanterweise wird ein schwarzhäutiger Mann, etwa der aus Ghana stammende Wahl-Ire, im Irischen *fear gorm* genannt, blauer Mann. Als man im alten Irland Menschen mit schwarzer Hautfarbe erstmals benennen wollte, musste man erkennen, dass das Wort dafür reserviert war:

Fear dubh, der schwarze Mann, bezeichnet im Gälischen traditionell den Dämonen, den Teufel. So wurde aus dem Schwarzafrikaner ein Blauafrikaner.

Ein Nachtrag: Die Debatte um die irische Variante von Rassismus lässt gewöhnlich einen seit langem ungelösten Konflikt im eigenen Land völlig außer Acht: den Umgang der sesshaften Bevölkerungsmehrheit mit der kulturellen und ethnischen Minderheit der irischen *Traveller* (Reisenden). In Irland leben etwa 30 000 Menschen mit eigenen kulturellen Normen, eigener Sprache und eigenem, nomadischem Lebensstil: Die *Pavee* oder *Itinerants* (Wanderer), die oft abschätzig und abwertend als Zigeuner oder *Tinker* (Kesselflicker) bezeichnet werden, haben mit Sinti und Roma ethnisch nichts zu tun, führen aber ein ähnliches Leben. Obwohl ebenfalls christlich-katholisch, leben sie in ständigem Konflikt mit der sesshaften Bevölkerungsmehrheit; das Verhältnis hat sich keineswegs gebessert, seit die *Traveller* überwiegend sesshaft geworden sind und nun Tür an Tür mit der Mehrheitsbevölkerung leben.[58] Rassismus, Ablehnung und Ausgrenzung sind die alltäglichen Erfahrungen der *Traveller* im eigenen Land. Neueren genetischen Untersuchungen zufolge gilt als sicher, dass die Volksgruppe von der irischen Mehrheitsbevölkerung abstammt, sich von dieser aber vor 1000 bis 2000 Jahren ablöste und eine mobile, vollkommen abgeschottete Parallelkultur entwickelte.[59]

Das neue Irland:
Die Kehrseiten der Wohlstandsgesellschaft

Mit dem Geld und dem Wohlstand kamen auch andere Begleiterscheinungen: Zivilisationskrankheiten, steigender Alkohol-, Medikamenten- und Drogenkonsum sowie explodierende Körperumfänge plagen Insulaner und die Gesundheitspolitiker. Das alte Gespenst des Hungers wurde vom Überfluss vertrieben: 61 Prozent aller Erwachsenen und 22 Prozent der Kinder zwischen fünf und zwölf Jahren gelten nach einem Parlamentsbericht aus dem Jahr 2011 als fettleibig oder übergewichtig. Das inoffizielle Maskottchen der Iren heißt *Mister Tayto* und ist ein fülliges Kartoffelmännchen. *Mister Tayto* läuft Werbung für das gleichnamige Unternehmen, das die Aromatisierung der Kartoffelchips erfunden hat. Er trat im Jahr 2007 sogar als Phantasiekandidat zu den Parlamentswahlen an und erklärt mit seiner Popularität, warum es in Irland eigentlich keine Chips, sondern nur *Taytos* gibt. Die *Crisps* genannten Chips, die sündigste Form der Kartoffel, werden bei jeder Gelegenheit und in jeglicher Kombination konsumiert und stehen symbolisch für den Lebensstil: die neue Vorliebe für schnelles und häufiges Essen, für ein Leben im Bürostuhl, im Auto und im Fernsehsessel.

Auch die Ruhe ist aus dem Leben vieler Menschen gewichen. Beruhigungspillen boomen. Die Zahl der Konsumenten von Sedativa und Tranquilizern hat sich innerhalb von fünf Jahren um 40 Prozent erhöht: von fünf auf sieben Prozent der erwachsenen Gesamtbevölkerung. Laut dem National Drug Prevalence Survey von 2012 geben 14 Prozent der Erwachsenen in Irland an, schon einmal in ihrem Leben Beruhigungsmittel genommen zu haben, weitere zehn Prozent haben schon Antidepressiva wie Prozac geschluckt, um sich den Alltag erträglicher zu machen. Psychologen zufolge ist das Leben für Menschen aller Schichten und Lebensmilieus schwieriger geworden und offensichtlich schwieriger zu ertragen. Die Drogen-Therapeutin Fiona Weldon vom Rutland Center drückt es bildhaft aus: Viele Leute versuchten, »die Show auf der Straße zu halten«, indem sie Beruhigungspillen schluckten. Auch der Zigarettenkonsum bleibt ein erheblicher Risikofaktor. Er konnte seit der Jahrtausendwende trotz Rauchverbote und hoher Tabakpreise nicht gesenkt werden. Der Lungenkrebs löste den Brustkrebs als häufigste Krebserkrankung bei jungen Frauen ab. Der Grund ist ein bekannter, er kostet 9,40 Euro pro Packung und verursacht nicht nur Rauch.

Andererseits: Trotz aller Zivilisationskrankheiten leben die Iren nun länger als jemals zuvor: Die bis vor wenigen Jahren unterdurchschnittliche Lebenserwartung auf der Insel ist mit dem Wohlstand rapide angestiegen und liegt mit 81 Jahren neuerdings über dem gesamteuropäischen Niveau. Männer werden laut dem OECD Better Life Index 79 Jahre alt, Frauen sogar 83. Und es gibt Hoffnung, dass auch die Zivilisationskrankheiten in die Grenzen gewiesen werden: Die Probleme sind erkannt und beim Namen genannt. In den Medien trommeln die Gesundheitsressorts neuerdings verstärkt für einen aktiven Lebensstil und die kalorienverzehrende Gestaltung der Freizeit. Sonderkommissionen der Regierung rufen den nationalen Leibesfüllennotstand aus, tüfteln an Aufklärungskampagnen und Aktionen zur Reduzierung des kollektiven Body-Mass-Index – alles im Namen der kollektiven Gesundheit. In dieser Beziehung geht Irland den ganz normalen Weg der hoch entwickelten Überflussgesellschaft. Nur wieder einmal schneller als anderswo.

Alkohol: Ein fester Bestandteil der irischen Kultur

John, den Wanderer aus dem County Louth, traf ich kürzlich am Dursey Sound. Nach dem Wetterbericht und der Klärung der Frage, wo man herkommt, fabulierte John bald von den »Stärken« seiner Landsleute: »Wir sind große Kämpfer und noch größere Trinker.« Männer wie John, die stolz auf die eigene Trinkfestigkeit und das Bild vom eigenen Stamm in der Welt sind, trifft man oft in Irland. Ich halte John entgegen, dass die Iren einschlägigen Untersuchungen zufolge im europäischen Vergleich der Alkohol-Vernichter nur im Mittelfeld landen. Das irritiert ihn allerdings wenig. Die wirkliche Stärke, präzisiert er, sei die Art, wie die Iren bechern: Nicht immer, aber wenn, dann richtig: *Binge Drinking* heißt das im Jargon: Alkohol in großen Mengen und in kurzer Zeit, eimerweise, komatös, Weltmeister im Kampftrinken gewissermaßen. Das stimmt, John hat seine Statistiken offensichtlich gelesen.

Den Europäern gebührt laut Weltgesundheitsorganisation (WHO) die Weltmeisterkrone der Trinker im Erdteilvergleich: Sie konsumieren durchschnittlich doppelt so viel Alkohol wie die Menschen weltweit; und während die Südeuropäer, vor allem aufgrund kürzerer Siestas, ihren Alkoholkonsum in den vergangenen 20 Jahren drastisch reduziert haben, trinken die Insulaner Großbritanniens und Irlands deutlich mehr als früher. Die WHO ermittelte für das Jahr 2009 aber auch: Erwachsene Österreicher, Luxemburger, Portugiesen, Ungarn, Polen, Rumänen, Slowaken oder Spanier tranken pro Kopf mehr als die Iren, erwachsene Deutsche und erwachsene Iren in etwa gleich viel. Die WHO-Zahlen für den Alkoholkonsum der Gesamtbevölkerung im Jahr 2011 wiesen Irland nur einen Platz im europäischen Mittelfeld zu. Das Bild vom weltmeisterlich trinkenden und gerne betrunkenen Iren ist deshalb nicht richtig – aber eben auch nicht falsch.

Das sind die Fakten: Zwischen 1960 und 2009 hatte sich der irische Alkoholkonsum pro Person und Jahr von 4,9 auf 11,3 Liter mehr als verdoppelt. Irland folgte dem allgemeinen Trend, dass in Gesellschaften mit höherem Einkommen auch mehr Alkohol getrunken wird. Alleine in der kurzen Zeitspanne von 1990 bis 2001 stieg der Alkoholkonsum auf der Insel um 30 Prozent. Erschwerend kommt hinzu, dass jeder vierte Insulaner gar keinen Alkohol trinkt und die Statistik damit relativiert. Vergleichsweise wenige Iren trinken deshalb vergleichsweise viel – und dazu noch bei vergleichsweise wenigen Anlässen. Denn in Irland wird typischerweise nicht täglich gebechert, sondern mehrheitlich ein- bis dreimal die Woche – dann aber kräftig. Mit einer Quote von 26 Prozent Sturz- und Komatrinkern liegt Irland an der Spitze der EU.[60] Das *Binge Drinking*, das Trinken von viel Alkohol in möglichst kurzer Zeit, haben die Iren wie die Briten kollektiv in den Jahrzehnten ab 1915 gelernt, als die Pubs spätestens um 23 Uhr schlossen. Die Glocke für die letzte Runde um 22:30 Uhr wurde zum Signal, mehrere Pints auf einmal zu bestellen, um sie innerhalb von 30 Minuten bis zur Schließung hastig zu leeren. Die frühe Sperrstunde erwies sich als unwirksame Verordnung und wurde vor einigen Jahren verkürzt: Sie war mit Blick auf den Morgen danach eingeführt worden, um die Arbeitsmoral der werktätigen Bevölkerung zu stärken.

Die Regierung in Dublin beschäftigt sich seit Jahren mit der Umsetzung von Konzepten, um den Alkoholkonsum zu senken. Zwischen 2001 und 2009 ging der Konsum dann auch tatsächlich zurück, als Gründe werden steigendes Gesundheitsbewusstsein und fehlendes Geld genannt. Ab dem Jahr 2010 stieg der statistisch erfasste Alkoholkonsum dann erneut an. Die neuesten Zahlen – herausgegeben übrigens von der irischen Getränkeindustrie – sprechen von einem Rückgang von 14,44 Liter reinem Alkohol pro Erwachsenem und Jahr im Spitzenjahr 2001 auf 11,68 Liter im Jahr 2012.[61] Diese aktuellen Daten sowie die offiziellen Kennzahlen, die aus dem Geschäftsaufkommen der Steuerbehörde errechnet werden, gelten jedoch allenfalls als Indikator und insgesamt als unzuverlässig: Große Mengen nicht erfasster Alkoholverkäufe, beispielsweise Schwarzverkäufe, Privateinfuhren aus Nordirland oder der selbst hergestellte Hochprozentige, werden in den offiziellen Statistiken gar nicht erfasst.

Zu den Standardabfragen beim Arztbesuch zählt jedenfalls die nach der Zahl der täglich konsumierten Pints. Die Folgen der Trinkfreude für das Gesundheitssystem im Land sind nämlich beträchtlich: Nach Zahlen des renommierten Rehabilitationszentrums Rutland Center ist jeder zehnte Ire Alkoholiker, alle sieben Stunden stirbt in Irland ein Mensch durch Alkoholmissbrauch, und 2000 Betten in irischen Krankenhäusern werden täglich für die Behandlung von Alkoholopfern benötigt.[62] Darunter sind in den letzten Jahren besonders viele Jugendliche, weil vor allem der Jugendalkoholismus stark zunimmt. Ein wenig Hoffnung zumindest kommt aus der Marktforschung: Das Umfrageinstitut Millward Brown hat ermittelt: 92 Prozent der irischen Erwachsenen sind der Meinung, dass Volltrunkenheit in der Öffentlichkeit unattraktiv auf das andere Geschlecht wirkt. Ein Anfang scheint gemacht, auch wenn bis heute selbst Schulleiter das Trinken als festen Bestandteil der irischen Kultur verteidigen.

Aus Sonntagsreden, staatlich finanzierten Hochglanzbroschüren und einschlägigen Gesetzestexten weiß man: Jugendliche unter 18 Jahren dürfen laut Gesetz keinen Alkohol kaufen und in der Öffentlichkeit, auf Straßen und Plätzen keinen Alkohol trinken. Gemäß einem Gesetz aus dem Jahr 2008 kann die Polizei Jugendlichen unter 18 Jahren die alkoholischen Getränke abnehmen, wenn der Verdacht besteht, dass die Minderjährigen den Alkohol in der Öffentlichkeit trinken. Dass auch das Papier, auf dem Gesetzestexte gedruckt sind, geduldig ist, zeigen die jährlichen Examensfeiern von einigen zehntausend Jugendlichen: Das *Junior Certificate*, der erste Schulabschluss im Leben, gilt für die 15- und 16-jährigen Absolventen als triftiger Grund zum öffentlichen Alkoholgenuss. In vielen Städten Irlands kommt es nach Abschluss der Prüfungen jedes Jahr zu promillelastigen Partys unter freiem Himmel. Beispiel: ein Städtchen im Süden. Das alkoholfreie Jugend-Café, das zur Abschlussparty eingeladen hatte, bleibt menschenleer. Limo und Cola waren nicht gefragt. Der zentrale Platz in der Stadtmitte indessen geriet zur Partymeile. Bier und Wodka flossen in Strömen. Beobachter sprachen von einem Massenbesäufnis. Das Resultat: Prügeleien und Zerstörungen. Eine kaputte Telefonzelle, beschädigte Informationsdisplays, viele zerstörte graue Zellen in jungen Köpfen. Die Polizei drehte ihre Runden mit dem Streifenwagen um den Platz herum, ohne einzugreifen. Der Leiter der städtischen Sekundarschule sagte später, Trinken sei eben ein tragender Bestandteil der irischen Kultur und deshalb nur schwer abzustellen. Dabei haben Humangenetiker festgestellt, dass viele Iren ganz besondere Gründe hätten, vorsichtig mit dem Hochprozentigen umzugehen: Irland hat den weltweit höchsten Prozentsatz an Hämochromatosegefährdeten und -kranken. Ein Prozent der Bevölkerung ist von der Erbkrankheit potenziell betroffen; die als »Fluch der Kelten« bekannte Eisenspeicherkrankheit sorgt für eine Überversorgung des Körpers mit Eisen und führt langfristig zu schweren Schäden an Leber, Milz, Herz und Gelenken. Alkohol potenziert Risiken und Schäden.

Balance gesucht:
Unterwegs zwischen Tradition und Moderne

Und wo bleibt der klassische irische Lebensstil? Trotz aller moderner Entwicklungen ist das traditionelle Leben in Irland nicht einfach verschwunden. Es hat sich in die eher abgelegenen und weniger entwickelten Regionen des Landes zurückgezogen und hat dort noch immer starke Wurzeln. Der traditionelle Lebensstil überlebte dort, wo die Menschen vom Keltischen Tiger am wenigsten profitierten. Dort, wo es bis heute wenig Arbeitsplätze gibt, wo die Kirchen am Sonntag noch immer voll sind, wo Männer bevorzugt Schildmütze und Gummistiefel tragen und Frauen noch öfter hinter dem Herd stehen als anderswo, dort hat sich auch der alte, tradierte Lebensstil gehalten. Die irischen »Herrgottswinkel« finden sich vornehmlich an der atlantischen Westküste, sie häufen sich mit zunehmendem Abstand von der Hauptstadt Dublin und haben Namen wie West Cork, South Kerry, West Clare, sie sind zu finden in den überwiegend ländlichen Grafschaften, in Tipperary, Mayo, in Donegal, den Midlands. Die alten Werte, eine Kombination aus den Tugenden des einfachen, familien- und gemeinschaftsorientierten Lebens und den strengen katholischen Moralnormen, werden von »modernen« Iren mitsamt der traditionellen Kultur, dem Tanz, der Volksmusik und dem Geschichtenerzählen als rückständig und ewig gestrig abgelehnt.

Am anderen Ende des gesellschaftlichen Spektrums rümpft man gerne die Nase über den Irish Folk, den *Diddly-dit,* den Folklore-Kram aus grauer Vorzeit. Die wahre Geschichte Irlands beginnt für den kulturell fortschrittlichen Zeitgenossen im Jahr 1960, noch besser im Jahr 1990. Davor war dunkles Mittelalter, und der Reflex, alles Alte aus der Zeit davor als rückständig, ranzig und reaktionär abzulehnen, war besonders in den Wachstumsjahren ausgeprägt. Der Absturz und die Krise führten allerdings auch zu einer neuen Nachdenklichkeit, die sich in öffentlichen Diskussionen Gehör verschafft: Sie sucht nach der Balance, nach einem neuen Gleichgewicht, das Freiheit ermöglicht, ohne die eigene kulturelle Identität zu opfern; nach einem Gleichgewicht, das die verschütteten Zugänge zu den inneren Quellen wieder öffnet, das das Geröll von Gier, Ichbezogenheit und Rücksichtslosigkeit abräumt, das die Vergangenheit mit der Gegenwart versöhnt und daraus eine lebenswerte Zukunft entstehen lässt. Einer, der so denkt, ist der irische Sänger Damien Rice.[63] Der Meister der Ballade glaubt, dass der neue Anfang im Inneren der Menschen selbst liegt, dass seine Landsleute sich mit der Magie ihres Landes wieder verbinden müssen. Im Wechsel der Perspektive hin zu positiver Kreativität und mütterlicher Fürsorge sieht der Sänger Chancen für die Heilung der gerissenen Wunden, die nur oberflächlich betrachtet materieller Natur sind: »Für die Generation unserer Kinder können wir unsere Flüsse und Strände säubern und den Lachs zurückbringen. Wir können unsere Wälder neu pflanzen, die wir zerstört haben. Wir können die grüne Revolution anführen und unsere Wirtschaft erneuern, wie wir es mit den Computer-Chips getan haben. Wir können unsere Augen öffnen und erkennen, dass Kunstdünger und genetisch manipulierte Lebensmittel unsere Natur beschädigen und die Menschen vergiften.« Die Grüne Insel als grüner Vorreiter. Es ist das Vorrecht des Künstlers, zu träumen.

Leben und Überleben in Irland

Stadt und Land: Von Dubs und Culchies

Es gibt Dublin, und es gibt Irland. Das Zentrum und die Peripherie. Die Metropole und das Land da draußen, genauer: das Land hier und die City dort. Dublin ist nicht Irland, sagt man. In Dublin und seinen Vorstädten lebt heute fast jeder vierte Republik-Ire (1,11 Millionen Einwohner); im Großraum Dublin wohnen zwei von fünf Iren. Die Mehrheit lebt noch immer in der Fläche – ein paar hunderttausend in Städten, die den Namen verdient haben: Cork (199 000 Einwohner), Limerick (91 000), Galway (77 000), Waterford (52 000), ein paar Zehntausend in vier Kleinstädten mit über 30 000 und in elf mit über 20 000 Einwohnern. Alle anderen Insulaner wohnen in Städtchen, Dörfern, Dörfchen und Streusiedlungen. Klangvolle Namen wie Tipperary (5300 Einwohner), Kildare (8100) oder Westport (6000) bestechen vor allem durch ihre Übersichtlichkeit. Gerade einmal 96 irische Städte zählen laut Census 2011 mehr als 4000 Einwohner.

Die *Dubs,* Einwohner der Hauptstadt, besuchen ihre Landsleute an der Peripherie ganz gerne mal am verlängerten Wochenende. Wer das nötige Kleingeld hat, fährt zu *Midterm* oder am *June Bank Holiday* mit der Familie ins eigene Ferienhäuschen an der Atlantikküste, wer nicht, mietet sich ein, geht ins Hotel und genießt das Nichtstun oder das Sporteln fernab der City. Am Ende der Auszeit kehrt der *Dub* gerne und erleichtert in seine Stadt zurück. Da draußen bei den *Culchies* (Landeiern), den *Bog Hoppers* (Torfhüpfern) und *Red Necks* (Rotnacken) ist es ihm auf Dauer zu einsam, zu still und zu langweilig. Zudem unterstellt man den Landsleuten vom Land, dass sie notorisch keine Steuern bezahlen und ständig die Hand aufhalten, um es sich mittels staatlicher Transferleistungen, die natürlich alle die Dubliners bezahlen, gut gehen zu lassen.

Den Land-Iren geht es genauso, nur umgekehrt: Sie pilgern im Spätsommer nach Dublin, um im Croke Park die Endrundenspiele der *Gaelic-Football*-Meisterschaften zu feiern, sie fahren nach Dublin zum Fußball, zum Rugby, ins Konzert und um gegen die Regierung zu demonstrieren – und sie freuen sich, wenn sie wieder heimdürfen. Die *Dubs* verunglimpfen sie gerne mal als *West Brits* (Westbriten). Sie unterstellen ihnen, dass sie sich aus den zentralen Finanztöpfen des Staats immer zuerst bedienen, die meisten Mittel selber verbrauchen und das ländliche Irland dabei regelmäßig übergehen. Sie vermuten sogar, dass die nationale Wetterbehörde *Met Éireann* mit Sitz in Dublin die Wetterprognose nur für Dublin macht und den Regionen deshalb ständig das falsche Wetter ansagt. Wenn für Kerry Überflutungen angesagt werden und sich stattdessen ein lauer Nieselregen einstellt, mutmaßt der Kerryman: »Dublin muss überflutet sein.«

Natürlich gehen die Klischees und Vorurteile auf Zeiten zurück, als es in Irland eine wenig mobile Land- und eine Stadtbevölkerung gab, die sich deutlich unterschieden. Diese klaren Differenzen haben sich längst verwischt, und daran sind vor allem der Hunger und die *Blow-ins* schuld, die aus dem Ausland oder aus der Stadt »hereingewehten« Zuwanderer und die Rückkehrer aus der Emigration. Die in Irland durch die Not ausgelöste Massenmobilität hat dafür gesorgt, dass die Stadt-Land-Unterschiede komplexer sind, als sie scheinen. So leben in Waterville, in Sligo Town oder in Letterkenny hochgebildete Leute, die Jahrzehnte ihres Lebens mit guten Jobs in Weltstädten gelebt haben, gegen die Dublin wie ein Dorf erscheint. Auf der anderen Seite gibt es Dorf-Dubliners, die ihr altes Viertel nie verlassen haben und die außerhalb ihres Milieus verloren wären.

Die Stadt-Land-Animositäten, in die sich bei Pub-Debatten gerne auch die *Nordies* aus Nordirland als eigene Insel-Ethnie einmischen, reduzieren sich im Kern auf die üblichen Ungleichgewichte in einem zentralistisch geführten Land und auf ausgeprägte sportliche Rivalitäten: Wenn die Footballer von Kerry am dritten Septembersonntag in Croke Park wieder einmal die Krone des irischen Sports nach Hause holen, ist das wahrlich kein guter Tag für Dublin-Fans, und wenn ausnahmsweise doch einmal Dublin das *All-Ireland*-Finale gewinnt, dann trauern die Fangemeinden in den ländlichen Football-Hochburgen von Roche's Point über Mizen Head bis Valentia mindestens eine Woche lang und blasen Trübsal, bis sich endlich neuer Optimismus Bahn bricht: Nach dem Spiel ist vor dem Spiel, der nächste September kommt bestimmt.

Dublin: Nabel der Welt mit Piercing

Trotz aller Unterschiede, die eigentlich gar nicht so sind, wie sie scheinen, gilt auch heute aus offensichtlichen Gründen: Dublin ist nicht (wie der Rest von) Irland. Tatsächlich ist Dublin die einzige Stadt auf der Insel, der man die Bezeichnung Großstadt zugestehen mag. In der City leben gerade einmal eine halbe Million Menschen, in den Vorstädten Dun Laoghaire-Rathdown, South und Fingal noch einmal eine halbe Million. Das hindert Dubliners nicht, von ihrer Hauptstadt als dem Nabel der Welt zu sprechen.

Manche nennen Dublin auch *Little London,* vielleicht der Doppeldeckerbusse wegen, was in geschichtsbewussten Kreisen gar nicht gut ankommt, sich aber schon bei einem flüchtigen Rundgang durch die Stadt nachvollziehen lässt. Natürlich haben die Briten in Irlands Hauptstadt reichlich Spuren hinterlassen, natürlich erinnern die feinen Häuser, die wuchtigen Repräsentationsgebäude und die gepflegten Parks aus den Zeiten der Königin Victoria und der Könige Edward und George an die großen Zeiten des Empire. In der kompakten Innenstadt sind die politisch, kulturell, wirtschaftlich und touristisch wichtigen Orte der Stadt schnell zu erreichen – gäbe es ein Radwegenetz, könnte man Dublin glatt für fahrradtauglich halten.

Sicherer bewegt sich der Dubliner mit dem Bus vorwärts. So hat er auch immer eine gute Ausrede parat, wenn er zu spät kommt. Die städtischen Busse sind weltbekannt dafür, dass sie angesichts enger und überlasteter Straßen meist dem Fahrplan hinterherfahren. Vor drei Jahren allerdings hatte das Management von Dublin Bus endgültig genug von der ewigen Schelte und griff zu einem virtuellen Trick: Es stellte an allen Bushaltestellen elektronische Anzeigetafeln auf, die nun präzise anzeigen, wann der nächste Bus der jeweiligen Linie eintrifft. Seitdem kann Dublin Bus behaupten, dass die Busse immer pünktlich wie angezeigt fahren. Das ist listige

Logik: Der Bus fährt genau dann, wenn er fährt – wen kümmert da noch der Fahrplan? Wer dennoch wirklich pünktlich fahren will, benutzt die *Luas,* Dublins Stadt-Tram, die seit dem Jahr 2004 wieder auf eigenen Schienen pünktlich, zuverlässig und effizient zwischen dem Zentrum und dem Süden und Westen Dublins verkehrt. Man wird das Gefühl nicht los, dass die *Dubs* ihre Straßenbahn ganz gerne mögen, denn sie benutzen sie jedes Jahr knapp 30 Millionen Mal und nennen sie fast zärtlich »Jerry Lee«, was davon kommt, dass *Luas* (das irische Wort für Geschwindigkeit) »Lu:is« ausgesprochen wird und wie das englische Lewis klingt. Die musikvernarrten Iren konnten beim Namen Lewis natürlich nur an einen denken: den berühmten Jerry Lee Lewis; und irgendwann, wenn das Geld die Grüne Insel wieder rockt, wird der Dubliner mit Jerry Lee auch nach Norden zum Flughafen rollen. Die Linie 3 ist längst geplant, jetzt muss sie nur noch finanziert werden.

Dublin ist eine Stadt mit zwei Namen und vielen Gesichtern: Im Irischen heißt sie *Baile Àtha Cliath,* was so viel wie »Stadt an der Schilfhürdenfurt« bedeutet und auf die frühe Siedlung an der befestigten Furt durch den Fluss Liffey zurückweist. Im Englischen heißt Dublin einfach Dublin, was Iren je nach Herkunft »Dobblin«, »Doblen« oder »Dublen« aussprechen. Der zweite Name geht auf die irischen Wörter *dubh* und *linn* zurück: den schwarzen Teich.

Wer Dublin beschreibt, wählt traditionell den Fluss als Demarkationslinie: Im Westen Phoenix Park, im Osten der Hafen, und die Liffey teilt die City von West nach Ost in einen Norden und einen Süden, in eher arm und eher wohlhabend. U 2-Sänger Bono, der in Ballymun in Dublins Norden aufwuchs, legte noch zu Multimillionärszeiten Wert auf das authentisch-raue Image des Rockers von der Northside. Die alte Nord-Süd-Betrachtung wurde allerdings in den bauwütigen Jahren des *Celtic Tigers* zunehmend von einer Ost-West-Teilung überlagert: Im Osten im Hafengebiet entstand mit Milliardeninvestitionen der Finanzdistrikt, während im Westen riesige Siedlungskomplexe für preiswerteres Wohnen hochgezogen wurden.

Alternative Wege, die Hauptstadt zu vermessen und zu strukturieren, bieten die Lage der besten Pubs entlang der *Pub Trails,* die Lage der schönsten Parks und Gärten, die Lage der von James Joyce in seinem Monumentalwerk »Ulysses« beschriebenen Originalschauplätze oder die Lage der Wahrzeichen und größten Sehenswürdigkeiten entlang der Touristenmeilen.

Wenn Dublin der Nabel der Welt ist, dann ist *The Spire* das Nabel-Piercing. Die 123 Meter hohe Metallnadel aus 126 Tonnen poliertem Stahl steht in der Mitte der zentralen O'Connell Street in der Nähe des Hauptpostamts, an der Stelle, an der einst der steinerne Admiral Nelson das Britische Empire repräsentierte, bevor ihn die IRA im Jahr 1966 aus dem Stadtbild sprengte. Auch die Straßenbahn rollt in Sichtnähe an ihr vorbei. *The Spire,* über den die Dubliner als »Nadel« oder »Zahnstocher« witzeln, heißt offiziell »Monument des Lichts« und sollte eigentlich zur Feier des neuen Millenniums am 1. Januar 2000 eingeweiht werden. Wahrscheinlich um ihrem Ruf als zeittolerante Menschen gerecht zu werden, verschoben die Iren die Eröffnung jedoch um drei Jahre und stellten die Millennium Needle erst Ende Januar 2003 fertig. Die am Boden nur drei Meter dicke Nadel soll nach vielfach kolportierten Behauptungen das Wahrzeichen Dublins sein. Es ist allerdings nicht ganz sicher, ob man einem Ort ein Wahrzeichen verordnen kann oder ob Einwohner und Besucher im Lauf der Jahre darüber heimlich abstimmen werden, ob das Monument tatsächlich in den Rang eines Wahrzeichens erhoben wird. Da wären ja auch noch das Denkmal von Daniel O'Connell oder die Halfpenny Bridge, das Trinity College, die neue Touristenmeile mit Dublin Castle, die Christchurch-Kathedrale und die Guinness-Brauerei. Oder Temple Bar, Grafton Street, St. Stephen's Green, Dublins *Inner City* mit ihren Sehenswürdigkeiten und Museen. Oder das Parlament und der Sitz der Regierung, die vollkommen ohne Bannmeile auskommen. Das ist das Dublin der Reiseführer.

Sie merken schon, diese Beschreibung Dublins geschieht aus der Außenperspektive. Die zahlreichen Besuche haben den Autor genauso wenig zum Dublin-Insider werden lassen wie den Schaf-Farmer aus Greencastle, County Donegal, der gerne zum Rugby-Schauen an die Lansdowne Road fährt. Ich frage deshalb Dirk Huck nach seiner Sicht von Dublin.[64] Er lebt und arbeitet seit dem Jahr 2007 in der Hauptstadt und hat sich mit ihr so intensiv journalistisch auseinandergesetzt, dass er die Stadt am Fluss Liffey heute besser kennt als die deutsche Stadt, in der er zuletzt wohnte. Dirk sagt über seine neue Heimat: »Denke ich an Dublin, ist da diese seltsame Mischung aus Zuneigung und Verabscheuung. Dublin ist schmutzig, ist laut, ist teuer, ist gewalttätig, ist chaotisch, oft genug frustrierend, manchmal unheimlich. Und dennoch ist mir diese kleine Stadt in den vergangenen Jahren irgendwie ans Herz gewachsen.« Und dies: »Als in Dublin Lebender habe ich Teile der Stadt fernab des touristischen Zentrums kennengelernt. Mit jedem weiteren Stadtteil, in den ich einen Blick werfen durfte, vervollständigte sich das Puzzle, fügte sich zu einem Gesamtbild. Wer genau hinschaut, erkennt heute noch im Stadtbild die einzelnen geschichtlichen Epochen und Phasen. Es gab Einschnitte und Dürreperioden, es gab Wachstum und Stillstand, Stadtteile mit Wohlstand und Stadtteile mit großer Armut, architektonische Kunstwerke und Bausünden – mit dem verschärften Blick und mehr Hintergrundwissen wuchs auch das Verständnis dafür, warum die Stadt heute so ist, wie sie ist.

Über die Jahrhunderte entwickelte sich Dublin gemäß seiner eigenen Dynamik, um nicht zu sagen chaotisch: manchmal zu schnell, manchmal zu langsam, manchmal mit Bedacht und Planung, oft genug ohne jedes Konzept. Die Folge: Dublin, das sind die Geduld strapazierenden Fahrten mit dem Bus (im Zentrum vermeide ich Fahrten mit dem Auto), weil sich der Verkehr in den engen Straßen staut. Dublin, das sind auch die oft genauso frustrierenden Fahrten über die außen um Dublin herum verlaufende dreispurige M 50, die ursprünglich mit nur zwei Spuren in jeder Richtung konzipiert wurde, weil man glaubte, das würde locker reichen – und auf der man für die Verwendung eines bestimmten Streckenabschnitts eine Mautgebühr bezahlen muss. Und doch, man lernt, mit diesen Eigenarten der Stadt zu leben.

Dublin, das sind vornehme Viertel mit prachtvollen Villen und Stadtteile mit kleinen, schäbigen Reihenhäusern aus roten Backsteinen. Es gibt die zu Stadtteilen einverleibten, ehemals vorgelagerten Dörfer mit eigener Vergangenheit. Und es gibt die am Reißbrett entworfenen Neubausiedlungen ohne jede Geschichte, in denen mit der Gier-ist-geil-Mentalität Sperrholzattrappen hochgezogen und als Maxime des modernen Wohnens angepriesen wurden.

Und dann gibt es Stadtteile wie Finglas, Mulhuddart, Blanchardstown oder Ballyfermot, in denen überwiegend die Unterschicht wohnt und die Schauplatz blutiger Kriege der Drogenbanden sind.

Viertel, in denen notorische Kriminelle leben und in denen an zwielichtigen Pubs die Fahne der Republik weht oder an Hauswände Rachebotschaften der Real IRA gesprüht werden. Das sind die Stadtteile, in denen man auf der Durchfahrt betet und hofft, dass der Bus oder das Auto gerade keine Panne hat, und in denen TV-Dramen wie »Love/Hate« gedreht werden. Auch das ist Dublin.«

Danke Dirk für diese Zeilen für Insider. Bliebe nur zu ergänzen, dass Dublin eine der großen Kulturmetropolen Europas ist, die einen Vergleich nicht zu scheuen braucht: Mit ihren Clubs, Pubs und Konzerthallen, ihren Museen und ihren Festivals bietet die Stadt – ob Rezession oder nicht – ein ständiges Weltklasseprogramm. Die alternative kreative Kultur entwickelt sich übrigens genau dort, wo selbst Touristen sie vermuten: in Temple Bar, dem Vergnügungsviertel südlich der Liffey. Dort gedeiht neben den Tempeln des Kulturkonsums eine junge, bunte Szene der Kulturschaffenden.

Und nein: kinderfreundlich ist Dublin nicht. Spielplätze, Kindergärten und Schulen sind Mangelware. Iren, die ihre sprichwörtliche Kinderliebe ausleben wollen, träumen deswegen vom Häuschen vor der Stadt. Wie man sieht, wurde der Traum hunderttausendfach erfolgreich geträumt und ist in den Wohnstädten im Speckgürtel der Hauptstadt Beton geworden. Das heißt nicht, dass Dublin den Rentnern gehört, im Gegenteil: Mit einem Durchschnittsalter von 36 Jahren ist Dublin eine junge Stadt – eine Stadt, in der gerade Menschen in ihren Dreißigern und Vierzigern viel Spaß haben können. Doch nun genug von Dublin, zurück ins wahre Irland, zurück aufs Land und darüber hinaus.

Die Inseln: Wo die wahren Helden wohnen

Neben dem Land und der Hauptstadt gibt es noch eine dritte Möglichkeit des Seins mit spezifischen Auswirkungen auf Lebensstil und Alltag: die Inseln. Wer in Irland von »den Inseln« spricht, meint nicht die Hauptinsel, die hier Festland heißt, sondern die vielen Inseln vor deren Küste. Wer die vielen Inselchen und Felsen im Meer mitzählt, kommt schnell auf ein paar Hundert, die zu Irland gehören. Etwa 80 davon haben eine nennenswerte Größe – knapp 70 waren in den vergangenen 50 Jahren bewohnt und sind es immer noch. Irlands Inseln erlitten in dieser Zeit einen deutlichen Substanzverlust: Die Bevölkerung wanderte langsam, aber stetig aufs Festland ab. In der jüngsten Wirtschaftskrise jedoch behaupteten die *Islands* ihre Position gegen den allgemeinen Trend. Zwar malten Politiker ein düsteres Bild von der Zukunft der ohnehin kleinen Inselgemeinden, auf mehr als zehn Prozent wurde der Bevölkerungsrückgang in den zwei Jahren von 2008 bis 2010 geschätzt, doch die Zahlen der Volkszählung von 2011 bewiesen das Gegenteil: Von 2006 bis 2011 war die gesamte Inselbevölkerung um nur fünf Personen auf 9029 gesunken. Manche Inseln wie Inishbofin, County Galway oder Valencia Island, County Kerry, bestätigten die Befürchtungen; andere wie Bere Island, County Cork, Gorumna, County Galway konnten ihre Bevölkerungszahl aber steigern. Im Jahr 2011 waren genau 69 Inseln bewohnt, drei mehr als noch im Jahr 2006.

Der seit der großen Hungersnot rund 150 Jahre anhaltende Exodus von den Inseln wurde in den Wohlstandsjahren nach der Jahrtausendwende gestoppt: Damals zogen viele Neuinsulaner auf »ihre« Insel, lange unbevölkerte Eilande wie Horse, Foynes oder Deer Island wurden von Menschen, die es sich leisten konnten, wieder bewohnbar gemacht. Auch viele Ausländer lebten ihren Inseltraum. Das Leben auf den Inseln war schon immer härter, schwieriger und fragiler als auf dem Festland. Immerhin haben moderne Technik und bessere Transport- und Kommunikationsverhältnisse die Lebensbedingungen im Atlantik, auch dank massiver staatlicher Unterstützung, deutlich verbessert. Die öffentlichen Mittel, die zur Stabilisierung der Inselgemeinden in den vergangenen Jahrzehnten flossen, sind freilich enorm und stoßen nicht überall im Land auf Gegenliebe, etwa wenn teure ganzjährige Transportdienste für einige wenige Einwohner aufrechterhalten werden.

Irlands Insulaner sind dennoch ein nationaler Mythos, die Bewohner werden gerne zu Helden des Alltags stilisiert, weil sie die Härten des Insellebens geduldig ertragen und das Leben in ihrer Heimat jedem anderen vorziehen. Trotz Abgeschiedenheit, Einsamkeit, Isolation, trotz extremer Wetterbedingungen, fehlender Freizeitmöglichkeiten, trotz hohen Zeitaufwands für Einkäufe und Festlandbesuche und trotz höherer Kosten für Waren und Dienstleistungen.

Die größten Gemeinden existieren heute laut Census 2011 auf dem mit einer Brücke ans Festland angebundenen Achill Island (2569 Einwohner), auf Gorumna (1055) und auf Valentia (665). Auf vielen anderen Inseln leben nur ein, zwei oder drei Menschen, wie etwa auf Saltee Little oder auf Dursey Island – und wer Interesse hat, eine eigene Insel zu kaufen, wird bei den einschlägigen Maklern sicher fündig. Die Preise rangieren zwischen 150 000 Euro für einen kleinen Felsen im Atlantik und bis zu 3 Millionen Euro für ein Eiland mit Haus und Infrastruktur. Noch Anfang 2013 war ein ganz besonderes Stück Land im Angebot: Für 300 000 Euro stand die irische Insel, die einmal John Lennon gehört hatte, zum Verkauf:

Sie heißt Dorinish Island, liegt in der Clew Bay bei Westport im County Mayo und ist 21 Acres (8,4 Hektar) groß. Die Leute in Mayo nennen das Eiland, das eigentlich aus zwei Inseln besteht, »Beatles Island«. John Lennon kaufte Dorinish im Jahr 1967. Kurz vor seinem Tod im Jahr 1980 hatte Lennon, der in Manhattan lebte, konkrete Pläne geschmiedet, um in der Clew Bay einen Wohnsitz zu bauen. Nach Johns Tod verkaufte Yoko Ono Dorinish zurück an einen Bauern in Mayo. Der wollte die Schafsidylle – wie er sagte, aus Altersgründen – gerne wieder loswerden. Imagine, there's an island …

Arbeiten in Irland: Der positive Kulturschock

Dass wenige Menschen auf den Inseln und viele im Großraum Dublin leben, hat einen einfachen Grund: Arbeitsplätze. Jeder dritte Arbeitsplatz liegt in Dublin, fast die Hälfte des Bruttoinlandsprodukts wird dort erwirtschaftet, über 60 Prozent der Unternehmenssteuern fallen dort an.[65] Die Wirtschaftskrise hat Irland seit dem Jahr 2008 über 300 000 Arbeitsplätze gekostet, Anfang 2013 hatten noch 1,85 Millionen Menschen einen Job – die geringsten Jobverluste gab es im Raum Dublin. Andernorts auf der Insel war die Not größer: Vor allem in ländlichen, wirtschaftsschwachen Gebieten, wo der Bauboom nur zu einer kurzen Blüte geführt hatte, sind die neuen Arbeitsplätze längst wieder verschwunden. Auch eine Stadt wie Limerick leidet unter hoher Arbeitslosigkeit. Landesweit lag die

Arbeitslosigkeit je nach Lesart zwischen 14 (Regierung) und 19 Prozent (Statistikbehörde). Vor allem junge Arbeitssuchende hatten wenig Chancen auf eine Arbeit: Nur jeder vierte junge Mensch zwischen 18 und 25 Jahren hatte Anfang 2013 einen Arbeitsplatz, im Jahr 2008 hatte noch jeder Zweite gearbeitet.[66]

Dabei galt Irlands Arbeitsmarkt zu Beginn der 2000er Jahre als offener Geheimtipp in ganz Europa. Die Löhne und Gehälter lagen deutlich über dem europäischen Durchschnitt, im öffentlichen Dienst wurden einsame Spitzengehälter bezahlt, Lehrer oder Klinikärzte verdienten mehr als alle europäischen Kollegen, in der aufstrebenden Finanzbranche und in Hightech-Berufen sah es ähnlich aus. In Produktion und Dienstleistungsgewerbe, in Callcentern und Kundenbetreuungszentralen ließ sich gut verdienen. Nach unten pufferte der für die gesamte Wirtschaft geltende gesetzliche Mindestlohn von zuletzt 8,65 Euro[67] die Löhne der einfachen Arbeiter und Servicekräfte ab.

Irlands Arbeitgeber waren zudem wegen der schlanken Rahmenbedingungen beliebt: Zu den Gehältern gesellten sich Zulagen und Spesen, und gleichzeitig hat Irland traditionell die zweitkürzeste Arbeitswoche in Europa – nur unterboten von Dänemark. Irlands Arbeitnehmer brachten es 2011 pro Woche durchschnittlich auf 38,4 Stunden und lagen damit zwei Stunden unter dem europäischen Durchschnitt. Die Lehrer im Land arbeiteten nur 31,5 Stunden, die Landwirte im anderen Extrem 42,5 und die Selbständigen 48 Stunden.[68] Die Rezession hat an den Arbeitszeiten derer, die ihren Job behielten, wenig geändert.

Irische Arbeitgeber standen und stehen bei Ausländern hoch im Kurs, weil die Arbeitsatmosphäre in den Unternehmen oft als hervorragend beschrieben wird. Eine junge Deutsche, die ihren Arbeitsplatz in Frankfurt für den in einem Großunternehmen in Dublin eintauschte, konnte den »positiven Kulturschock« einfach nur genießen: »Die Arbeit in Irland ist sehr viel angenehmer. Die Beziehungen im Unternehmen sind persönlicher, menschlicher und freundlicher. Die Atmosphäre ist lockerer, es wird nicht so viel Druck gemacht wie in Deutschland, doch gearbeitet wird am Ende genauso viel und gut.« Die irische Unternehmenskultur, urteilt eine PR-Frau mit Berufserfahrung in Irland, »ist fairer. Sie fragt nicht ständig nach den Schuldigen, wenn etwas schiefläuft, sie ist fehlertoleranter und teamorientierter als die deutsche.« Vor allem pflegen irische Vorgesetzte meist einen guten Umgangston: Man redet sich mit Vornamen an, was viel Distanz nimmt. Der Umgangston in den Büros ist freundlich, Kritik wird gut verpackt. Es kann vorkommen, dass ein Mitarbeiter kritisiert wird und sich danach auch noch gut dafür fühlt, denn der Tadel wird geschickt zwischen Eingangs- und Schlusslob versteckt. Das polternde deutsche »Ich komm' auf den Punkt« ist verpönt. Natürlich gilt in Irlands Arbeitswelt auch, was in Irlands Freizeit gilt: Man ist zeittolerant. Dass jemand 15 Minuten zu spät zur Arbeit kommt, wird nicht als Beinbruch gewertet. Jeder weiß: Die Busse kommen in diesem Land fast immer zu spät.

Angesichts der schlechten wirtschaftlichen Lage berichten Beschäftigte allerdings, dass das Klima in der Arbeitswelt rauer geworden ist: Die Nerven liegen nun vielerorts blank, die Angst um den Arbeitsplatz grassiert, Kostensparer und Arbeitskraft-Disponenten haben Konjunktur und drängen die menschlichen Aspekte der Zusammenarbeit tendenziell in den Hintergrund.

Dabei kommt man auch ohne Arbeit über die Runden: Der Sozialetat verschlingt jährlich rund 20 Milliarden Euro und macht etwa 40 Prozent der Staatsausgaben aus. Nach dem Regierungswechsel im März 2011 breitete die neue Sozialministerin Joan Burton die Bilanz der Vorgängerregierung aus, die das Sozialbudget in Zeiten allgemeinen Wohlstands aus dem Ruder hatte laufen lassen: Fast jeder zweite Ire, 2,2 Millionen von 4,6 Millionen Einwohnern, hatte im Jahr 2010 von sozialen Zuwendungen aus der Staatskasse profitiert (darunter auch Rentner und Empfänger von Kindergeld). Zwei Jahre davor, im Jahr 2008, waren es 1,8 Millionen. Im Jahr 2002 hatten nur 1,5 Millionen Menschen Sozialleistungen bezogen. Die Zahl der Profiteure stieg also selbst in den sechs Spitzenjahren des Wirtschaftsbooms um 20 Prozent. Joan Burton startete bald nach dem Amtsantritt eine Kampagne gegen den Volkssport Sozialhilfebetrug: Aufgrund der fehlenden Meldepflicht und lascher Kontrollen hatten zehntausende »Sozialhilfeprofis« das System für sich bestmöglich arbeiten lassen. Es wurden Fälle bekannt, in denen Arbeitslose oder Sozialhilfeempfänger ihre wöchentlichen Zahlungen an verschiedenen Orten doppelt oder dreifach abholten. Nach der Einführung strengerer Überprüfungen meldete das Sozialministerium für das Jahr 2012 Einsparungen in Höhe von 669 Millionen Euro.[69] Die Regelsätze der irischen Sozialfürsorge waren im Übrigen so großzügig festgelegt, dass sich der Staat bald gegen Sozialhilfeemigranten aus Großbritannien und anderen Ländern Europas wehren musste. Ministerin Burton erinnerte an Altkanzler Kohls »kollektiven Freizeitpark«, als sie junge Menschen dazu aufforderte, den Bezug staatlicher Sozialleistungen nicht als *Lifestyle Choice*, als akzeptierten Lebensstil, zu betrachten, sondern die angebotene Weiterbildung oder Arbeit anzunehmen. Dafür gab es reichlich Schelte, weil die Krise auf ihrem Höhepunkt angelangt war und die weitaus meisten Bezieher von Sozialhilfe den Gang zum Sozialamt nicht spaßeshalber antraten. Trotz Kürzung der Regelsätze und vieler exotischer Beihilfen wie Zuschüssen zu Kommunion und Konfirmation war das soziale Netz Irlands auch im Jahr 2013 noch engmaschiger gestrickt als in den meisten Ländern der Welt. Doch nun zu wirklich bedeutenden Themen des irischen Lifestyles …

Moderner Lebensstil: Botox-Partys und Sexspielzeug

Im Dezember 2011 wurde bekannt, dass 1500 Irinnen sich kurz vor Weihnachten um den Seelenfrieden gebracht sahen: Leckte ihr Brustimplantat? Klumpten, zersetzten oder verflüssigten sich die Silikonkissen an exponierter Stelle? Drohte Krebs? Seitdem bekannt wurde, dass ein französischer Implantate-Hersteller billiges Industriesilikon, das üblicherweise in Matratzen gefüllt wird, zu Brustkissen verarbeitete, schlugen auch in Irland manche Herzen hinter den Silikonpolstern vor Aufregung schneller. Die peinliche Panne im Business der sogenannten *Boob-Jobs* warf ein Schlaglicht auf die Befindlichkeit vieler Irinnen im modernen Irland. Da wird geschnippelt, abgesaugt und aufgespritzt, was das Zeug hält. Im harten Wettbewerb von Schein und Sein setzen auch die Inselbewohner gerne auf das Chirurgenbesteck. Glaubt man den einschlägigen Berichten in Irlands Medien, so setzen die Gelifteten auf die Macht der Verschönerung im zunehmend harten Kampf um Arbeitsplätze, Beförderungen, Sex- und Lebenspartner. Irlands plastischen Chirurgen, den Fettabsaugern und Lippenaufspritzern, den Faltenbüglern und Doppelkinn-Schneidern geht es deshalb trotz Rezession gut, auch wenn der wirklich statusbewusste Kunde nach London oder München reist, um sich im Rahmen einer schicken Auslandsfreizeit aufhübschen zu lassen.

Binnen weniger Jahre hat sich die Schönheitschirurgie im traditionell eher körperfeindlichen Irland epidemisch ausgebreitet. Sie hat selbst Eingang in die tägliche Radiowerbung gefunden: Radio-Werbespots preisen neben Krediten, Schinken und Versicherungen wie selbstverständlich neue Nasen, schönere Ohren und schlankere Hüften an. Radiohörer lernen ganz neue Vokabeln wie *Love Handles* (Hüftgold) oder *Muffin Tops,* eine spezielle Ausformung des weiblichen Bauchspecks. Vom *Muffin Top* spricht die Expertin, wenn das Fett zwischen bauchfreiem Hemdchen und eng sitzender Hose herausquillt wie der Teig aus einer Rührkuchenform. Das *Muffin Top* tritt gerne in Gesellschaft des A-Geweihs auf, einer offenherzig zur Schau gestellten Kreuzbein-Tätowierung, und lässt sich mit regelmäßigem Sport oder einem Termin beim Chirurgen vertreiben.

Es sind aber nicht nur Frauen gesetzten Alters, die mit Körperkorrekturen die Angst vor dem Altern kompensieren. Auch Männer geben viel Geld für den Fettabsauger aus und lassen sich bevorzugt das Antlitz restaurieren, dort, wo welke Haut, Hängelider, Runzelkinn und Labialfalten die Geschichten eines fortgeschrittenen Lebens erzählen. Bei vielen jungen Frauen gehört der vergrößerte Busen längst in die Rubrik *must have:* neue Stiefel, neue Ohrringe, neue Brüste. Jung kann dabei auch schon mal zwölfjährig heißen: In den Celtic-Tiger-Jahren sorgte der Fall einer vielfach gelifteten Mutter, die ihrer zwölfjährigen Tochter zum Geburtstag einen neuen Busen schenkte, noch für öffentlichen Furor. Heute würde der Fall wohl nur müde belächelt. Der Siegeszug des schönen Scheins bringt laut River Medical, einer Schönheitsklinik mit mehreren Standorten in Irland, folgende Hitliste für Irlands Frauen hervor: Platz 1 geht an die klassische Brustvergrößerung; Platz 2 an die Fettabsaugung bei Hüftgold und Reiterhosen. Auf den Rängen: Nasenkorrekturen, Bauchstraffung und die Schamlippenkorrektur. Die Favoriten der korrekturbedürftigen Männer sind die Brustverkleinerung – jeder zehnte irische Mann hat dort zu viel, wo er bei Frauen nie genug sehen kann – Fettabsaugungen oberhalb der Hüfte, Korrekturen an Nasen und Ohren, an Augen, Tränensäcken und Doppelkinn.

Um den Markt der Schönheitsreparaturen zu erweitern, haben findige Geschäftemacher Schönheitstreffs erfunden, die nach dem Prinzip der Tupperware-Party funktionieren: Frauen treffen sich zu Hause und lassen sich das kleine Sortiment der ambulanten Eingriffe zur Behandlung von Falten verabreichen. Die Botox-Partys, auf denen Teilnehmern zufolge reichlich Alkohol fließt, haben ein Ausmaß erreicht, das selbst Kritiker aus den eigenen Reihen auf den Plan ruft.[70] Patricia Molloy warnte öffentlich vor »alkoholgetränkten Botox-Partys« und nannte sie »unmoralisch«. Molloy ist eine »Humanfassadengestalterin« der ersten Stunde, sie eröffnete 1999 die erste Schönheitsklinik Irlands und hält rein gar nichts vom ambulanten Gruppenlifting zum Sonderpreis: Zum einen lässt der Gruppendruck Frauen Dinge tun, die sie hinterher möglicherweise bereuen, zum anderen erhöht der Alkoholgenuss das Risiko, dass die Frauen nach der Behandlung mit dem Nervengift Botulinumtoxin statt Falten Blutergüsse zur Schau tragen, argumentiert die Chefin der Derma Clinic. Zudem ziehen die Antifaltenpartys natürlich die Preise in den Keller. Das Haustür- und Wohnzimmergeschäft hat in Irland allerdings eine lange Tradition. An der Art der gehandelten Waren lässt sich der aktuelle Zustand der Gesellschaft ablesen. Ein Renner unter den tupperähnlichen Hausfesten ist seit einigen Jahren die Ann-Summers-Party. Auf diesen Treffs werden Spielchen gespielt und intime Waren von der Erotikwäsche und dem Latex-Mini über Dildos und Vibratoren bis zu Analperlen, Peitschen und Handfesseln an die Frau gebracht. Männer haben bei Ann-Summers-Erotik-Partys keinen Zutritt, sie profitieren aber möglicherweise vom Mitbringsel ihrer Herzdame.

Leben und Sterben: Kein Land für Alte und Kranke?

In unserer kleinen Stadt in West Cork liegt die katholische Kirche auf einem Hügel über der Hauptstraße. Noch einen Hügel über der Kirche liegt das Krankenhaus. Die Leute von Bantry sehen sich deshalb mit der Frage konfrontiert, in welcher der beiden Einrichtungen man Gott und dem Himmel eigentlich näher ist. Dabei können sie froh sein, dass es in ihrer Stadt überhaupt noch ein halbwegs funktionierendes Krankenhaus gibt. Unter dem Eindruck der Finanzkrise wurden mancherorts Krankenhäuser geschlossen, andere verloren ganze Stationen oder einen Teil ihrer Bettenkapazität. Auch die Herabstufung des Bantry General Hospitals war Teil der Kürzungspläne und löste wütende Proteste in der ansonsten eher duldsamen Bevölkerung aus. Einige tausend Menschen gingen auf die Straße und protestierten gegen die Schließung der chirurgischen Abteilung, gegen die nächtliche Schließung der Notaufnahme, gegen Kürzungen in der ambulanten Notfallversorgung und den Wegfall einsatzbereiter Krankenwagen. Die Menschen kämpften für ihre Lebenschancen. Immerhin leben zahlreiche Iren in den ländlichen Gegenden eine Autostunde und mehr vom nächsten Krankenhaus entfernt. Wer beispielsweise am Dursey Sound einen Hirnschlag oder einen Herzinfarkt erleidet, hat nicht die allerbesten Überlebenschancen: Das 30 Minuten entfernte Krankenhaus von Castletownbere betreut nur noch alte Menschen und kann nicht helfen, das in Bantry ist 75 Minuten entfernt, die leistungsstarken Spezialkliniken liegen zweieinhalb Stunden entfernt. Es kann allzu lange dauern, bis der gerufene Krankenwagen eintrifft, weil nur wenige Einsatzfahrzeuge den Großraum West Cork versorgen. Menschen mit schweren oder chronischen Erkrankungen müssen oft Monate auf eine Behandlung oder eine Operation warten. Bei kleineren Missgeschicken wie einem gebrochenen Zeh werden Patienten auch schon einmal sich selbst und den Selbstheilungskräften des Körpers überlassen.

Die Schließung von Abteilungen und die Streichung von Krankenbetten führte in vielen Krankenhäusern zu chaotischen Zuständen: Patienten wurden auf den Fluren geparkt, mangels Betten wurden selbst frisch Operierte auf Notbetten gelagert. Wer in den Jahren des Wirtschaftsbooms einmal ein irisches Krankenhaus besucht hat, mag sich angesichts des Kontrastprogramms wie in einem Spital der Dritten Welt vorgekommen sein, er wird sich vielleicht vorgenommen haben, niemals krank werden zu wollen, oder den Satz gedacht haben, den mir John, der Rentner, einmal zuflüsterte: »Dies ist kein Land für Alte und Kranke.«

Dabei sind die irischen Ärzte, Fachärzte und Krankenpfleger gut ausgebildet, beherrschen ihr Fach und neue Behandlungsmethoden. Sie genießen als Berufsgruppe in europäischen Fachkreisen hohen Respekt. Wer es zum Arzttermin geschafft hat und behandelt wird, ist in der Regel gut aufgehoben und wird korrekt versorgt. Das Problem des irischen Gesundheitswesens lag lange Zeit in der Organisation. Während der Wirtschaftswunderjahre musste sich die Regierung oft genug vorhalten lassen, dass sich das »reichste Land Europas« angesichts seines nur drittklassigen Gesundheitswesens vor den eigenen Bürgern und der Welt blamiert. Von 1997 bis 2008 vervierfachten sich die Kosten für das staatlich finanzierte Gesundheitssystem von vier auf 16 Milliarden Euro. Trotz großen Aufholbedarfs in der medizinischen Versorgung der anspruchsvoller werdenden Bevölkerung züchteten die wachsenden Gesundheitsbudgets eine aufgeblähte, ineffiziente Geldvernichtungsmaschinerie heran. Der Reformbedarf war hoch, und an Versuchen fehlte es nicht. Seit 2001 wird das Gesundheitswesen permanent reformiert und umgekrempelt, im Jahr 2005 wurde es mit der Etablierung des Health Service Executive (HSE) zentralisiert, und der HSE wurde mit 67 000 Angestellten Irlands größter Arbeitgeber. Trotz zahlreicher Rückschläge führten die Reformen allmählich zu einer messbaren Verbesserung der Qualität. Im europäischen Qualitätsvergleich macht Irlands öffentliches Gesundheitssystem Boden gut: 2006 lag es im Euro Health Consumer Index an letzter Stelle und kletterte seitdem im Ranking Jahr für Jahr ein Stück weiter nach oben. Im Index 2012 lag Irland an 13. Stelle von 34 untersuchten europäischen Ländern.[71]

Viele Probleme blieben dennoch ungelöst, an vorderster Stelle ein gravierendes: Wer Geld hat, wird schneller und besser behandelt. Anders gesagt: Wer Geld hat, lebt länger. Das staatliche Gesundheitssystem garantiert auf dem Papier die medizinische Versorgung für jeden Bürger. Einkommensschwache und Rentner erhalten die Medical Card, die zur weitgehend kostenlosen medizinischen Versorgung berechtigt. Jeder dritte Ire war 2012 im Besitz einer Medical Card. Die anderen zwei Drittel der Bevölkerung bezahlen Pauschalen für den Hausarzt (45 bis 75 Euro pro Besuch), die Notfallversorgung (100 Euro) und die stationäre Versorgung im Krankenhaus (100 Euro pro Nacht, maximal 1000 Euro pro Jahr). 40 Prozent der Bevölkerung allerdings sind privat krankenversichert, zahlen monatliche Beiträge und genießen dafür den schnellen und vorrangigen Zugang zu medizinischen Leistungen. Die Analystin Sara Burke spricht von »Apartheid« und nennt es einen Skandal, dass der allgemeine Zugang zu medizinischer Versorgung durch Geld und nicht aufgrund von Dringlichkeit und Notwendigkeit geregelt wird.[72]

Während die Politik weitere Reformen diskutiert, während erwogen wird, ob kostenlose Hausarztbesuche oder eine komplett kostenlose medizinische Versorgung für alle Menschen in Irland eingeführt wird, verleitet der anhaltende Kostendruck viele Ärzte zu Abwanderungsgedanken: Drei von vier befragten Assistenzärzten bestätigten im Februar 2013 konkrete Pläne, ihre Arbeit in irischen Krankenhäusern aufzugeben. Die Gründe: Unterbesetzung, fehlende Aufstiegschancen und Arbeitsüberlastung bei einer Wochenarbeitszeit bis zu 80 Stunden.[73]

Irlands Küche: Gesunde Ernährung und gute Laune

Um das Krankenhaus nicht von innen zu sehen, hilft bekanntlich eine gute Ernährung und gesundes Essen. Schlechter noch als englisches Essen sei das irische? Die negativen Vorurteile gegen die irische Küche halten sich hartnäckig und nicht immer ganz unberechtigt, vor allem, wenn man im falschen Restaurant isst. Dass dort bisweilen exotische Gerichte wie Hühner-Curry mit Reis und Pommes frites serviert werden, darf aber nicht der irischen Küche, sondern sollte dem Wirt angelastet werden. Schon eher mit der landestypischen Fixierung auf die Kartoffel hat es zu tun, wenn die Lasagne mit den vier Pflichtbeilagen Pommes, Kartoffelsalat, Pellkartoffeln und Kartoffelbrei serviert wird. Die Vorurteile sind freilich vollkommen substanzlos, wenn man bei *Mammy* zum traditionellen Abendessen »Rinderbraten à la Mama mit sämiger Bratensauce, Kartoffeln und gedünsteten Karotten, Pastinaken und Rüben« eingeladen wird oder in einem guten Restaurant tafelt.

Das traditionelle irische Essen ist für seine Schlichtheit und das überschaubare Angebot bekannt. Kartoffeln, Kartoffeln, Kartoffeln in jeglicher Form und Verarbeitung, Cheddar-Käse, Porridge, Toastbrot und braunes Sodabrot, zum Tee Scones mit Konfitüre und Sahne oder Sandwiches, in der Variation getoastet, offen, geschlossen, mit vielfältigen Belägen von BLT (Schinken, Salatblatt, Tomaten) bis Ei-Mayo und Lachs. Oder Corned Beef auf Brot. An Sonntagen gab es traditionell Braten, die Restaurants laden zur *Carvery* ans Bratenbuffet, und Weihnachten stehen traditionell eine Ente oder ein Truthahn mit Rosenkohl auf dem Speiseplan. Und Gemüse? Kohl, Kohl, Kohl, Karotten, Pastinaken und Rüben. Salat? Entweder Fehlanzeige oder Missverständnis – denn als »Salad« serviert man oft in Mayonnaise getunkte Rohkostpartikel, nicht aber das frische blättrige Grünzeug.

Über die Grenzen der Insel hinaus berühmt geworden sind vor allem zwei Gerichte: das Irish Stew und das *Full Irish Breakfast*. Irish Stew, der irische Eintopf, war das Essen armer Leute, und man wollte nicht immer wissen, was der Topf wirklich alles enthielt. So gesehen war der Eintopf schon immer geschickte Verpackung und Nahrung in einem. In seiner geadelten Form ist das Irish Stew mit Lammfleisch heute ein Renner bei Besuchern, während Iren eher gelangweilt die Nase rümpfen.

Auch das Full Irish Breakfast, das jedes Bed & Breakfast im Land anbietet, wird am irischen Frühstückstisch heute eher selten gesichtet. Die Familie bereitet es gerne einmal am Wochenende zu, wenn man entspannt ist und viel Zeit hat. Die volle Ladung zum Frühstück besteht aus Speck, Eiern, Blut- und Leberwurst, Würstchen, gebratenen Tomaten und Pilzen, dazu Toast und Sodabrot mit Marmelade, Kaffee oder Tee und Orangensaft. Wenn der Tag mit 1500 Kilokalorien beginnt, sollte man Holzfäller oder Marathonläufer sein, ansonsten führt der dauerhafte Genuss des Full Irish früher oder später zur *Muffin-Top*-Figur und möglicherweise zum Schönheitschirurgen.

Mit dem Wohlstand, den Auslandsreisen und dem Zuzug von Menschen aus anderen Ländern kehrte in Irland die abwechslungsreiche und vielfältige internationale Küche ein. Restaurants aller Art machten auf, das Angebot diversifizierte und internationalisierte sich, die Qualität stieg merklich. Einziges Problem in den Jahren des Keltischen Tigers: die überhöhten Preise. Restaurantbesitzer nahmen, was sie herausholen konnten, und zu Wohlstand gekommene Iren kümmerten sich nicht um tiefschürfende Betrachtungen zum Preis-Leistungs-Verhältnis. Es galt als schick, jeden Preis ungefragt zu bezahlen und den Teller allenfalls halb zu leeren. Kontinental-Europäern verschlug es dagegen regelmäßig den Appetit und die Sprache beim Studieren von Preisen und Rechnung.

Seit der zähen Wirtschaftskrise wird die Zeit auch kulinarisch zurückgedreht: Die Preise in Restaurants, Bistros und Hotels sanken zwar, gleichzeitig aber geben mehr und mehr Restaurants und Gourmet-Tempel auf: Viele Iren können sich den Restaurantbesuch nicht mehr leisten und kochen wieder ausschließlich daheim. Nun warnt eine von Irlands Food-Cheflobbyistinnen vor dem großen kulinarischen Kahlschlag: Die Restaurantkritikerin und Gastronomiejurorin Georgina Campbell sieht vor allem die ländliche Restaurantszene in *dire straits* – in ernster Gefahr. Bei der Vergabe ihrer jährlichen Restaurantpreise warnte die geschäftstüchtige Georgina, deren Preis-Medaillen an zahlreichen irischen Restaurant-Eingängen prangen, vor einem »Rückfall in die dunklen Zeiten vor dem Boom«. Opfer der kulinarischen Diäten des irischen Publikums wurde sogleich auch ein Preisträger: O'Brien's Chop House in Lismore, County Waterford, gerade ausgezeichnet für die landesweit beste Weinkarte, verriegelte die Küchentür nur Wochen nach der Preisverleihung im Oktober 2012 endgültig, weil die Gäste ausgeblieben waren.

Erst seit wenigen Jahren wird in Irland eine öffentliche Debatte über gesunde Ernährung geführt. Zu viel Essen und zu viel Fast Food haben sichtbare Spuren hinterlassen, nun will der Weg zur richtigen Ernährung gefunden werden. Die Food-Journalisten der *New York Times* wollen den nahenden Siegeszug der »neuen grünen Küche« schon erkannt haben.[74] Leichte Mittelmeerkost mit frischem Gemüse und Salaten wird auf der Insel populärer. Auch frische regionale Produkte aus kleinen Betrieben, die auch auf Bauernmärkten verkauft werden, sind im Kommen. Die neue Food-Bewegung hat zahlreiche Betriebe hervorgebracht, die Biogemüse, Biofrüchte, eigene Milchprodukte, verantwortungsvoll produzierte Fleisch- und Wurstwaren und eine Reihe hervorragender Käsesorten produzieren. Auch die Slow-Food-Bewegung findet im Südwesten der Insel zunehmend Fans und Vertreter. Ihr Gesicht ist die bekannte Fernsehköchin Darina Allan, deren Familienclan sich – von der Schwiegermutter Myrtle über Mann und Kinder bis zur Schwiegertochter Rachel – seit Jahrzehnten für die gute irische

Küche starkmacht. Die Allans betreiben ein eigenes Restaurant, eine eigene Biofarm, eine Kochschule in Shanagarry östlich von Cork, sie moderieren Kochsendungen im Fernsehen, haben jede Menge Kochbücher veröffentlicht und vertreiben eigene Kochutensilien und Lebensmittel.[75] Darina Allen vermittelt unermüdlich zwei Botschaften an die irischen Landsleute und an den Kochnachwuchs: »Unsere Nahrung ist unsere Medizin« und »Kein gutes Essen ohne gute Zutaten«.

Einkaufen in Irland: Vom Mangel zum Markenkosmos

Die gesunde Ernährung beginnt deshalb beim Einkaufen. Anders als noch vor wenigen Jahrzehnten herrscht heute kein qualitativer Mangel an Lebensmitteln. Damals musste man sich vor allem auf dem Land damit beschränken, was der örtliche Lebensmittelhändler im Sortiment führte, die Auswahl hielt sich in den Grenzen des traditionellen Sortiments, Vielfalt war ein Fremdwort. Die Gewerbeordnung schützte bis Anfang 2000 die kleinen Ortsmonopole, indem sie die Ladengröße begrenzte. Große Supermärkte waren in kleinen Städten nicht erlaubt. Der Dorfladen und der *Convenience Store,* ein kleiner Supermarkt, waren die Haupteinkaufsorte, und wer mehr Auswahl wollte, musste in die Stadt fahren, im Zweifelsfall bis nach Cork oder Dublin. Aufgrund des fehlenden Wettbewerbs lagen die Lebensmittelpreise, zusätzlich getrieben durch Inselzuschlag und Inflation, deutlich über denen in Westeuropa.

All dies hat sich längst geändert, selbst das Preisniveau hat sich dem festlandeuropäischen ein Stück weit angenähert. Zwar blieb Irland von einer ungezügelten Überversorgung mit Lebensmitteldiscountern und Einkaufszentren an jedem zweiten Ortsrand bislang verschont, doch die Lockerung der Gewerbeordnung ermöglichte deutlich mehr Konkurrenz. Zum Dunnes Store, dem britischen Tesco, der Franchisekette Supervalu, zu Centra, Spar und den Edelmärkten von Superquinn gesellten sich die preisaggressiven und rasch expandierenden deutschen Discounter Lidl und Aldi. Ob Lebensmittel, Konsumgüter oder Luxuswaren: Die Versorgung mit Einkaufsmöglichkeiten in der Fläche verbesserte sich mit dem wachsenden Wohlstand der Menschen schnell. In den Wohlstands-jahren entstanden riesige Einkaufszentren und Shoppingmalls, zahlreiche internationale Handelsketten hielten Einzug, vorwiegend Handelsimperien mit britischem, amerikanischem und australi-schem Hintergrund. Nun wurde auch die lange ausgesparte Insel in den großen internationalen Markenwarenkosmos einbezogen. Als wäre gerade das Einkaufen als solches neu erfunden worden, wurde im Juli 2009 die Eröffnung des ersten Ikea-Möbelhauses der Republik im Norden Dublins als großartiger Meilenstein gefeiert.

Irland kauft gerne am Wochenende ein. Die großen Malls und Einkaufszentren haben auch am Sonntagnachmittag geöffnet. Wer einkaufen will, hat dazu eigentlich immer Gelegenheit, solange er mobil ist: In den Städten gibt es große Supermärkte, die »24/7« geöffnet haben – täglich 24 Stunden, sieben Tage lang, also immer. Mobilität – oder Internetshopping – bleibt allerdings eine Grund-voraussetzung, um sich den schillernden Warenkosmos in allen Facetten zu erschließen. Wer das Angesagte, das Neueste, das Be-sondere sucht, wird auf dem Land nicht fündig und muss sich auf den langen Weg zu den citynahen Konsumtempeln machen.

Neulich zog es uns wieder einmal aus der Einsamkeit der redu-zierten Warenwelt West Corks ostwärts in die große Stadt: Cork City. In der großen Stadt, in einem großen Bau- und Einrichtungs-markt, fanden wir ein edles Schnäppchen für unser Gästehaus: ei-nen Teppich, ganz aus Wolle, gar nicht mal so klein, wie der Preis suggerierte, Auslaufmodell, nur 95 Euro. Statt 149,50 Euro. Wer will da widerstehen? Allerdings: Das Ausstellungsstück war ziem-lich unprofessionell (manche sagen: ganz irisch) mit zwei Schrau-ben an der Displayschiene befestigt. Das schrie nach einem Zusatz-rabatt. Fragen kostet ja nichts. Also gefragt. Die amerikanische Verkäuferin (aus Kansas, seit 18 Jahren verteidigt sie in Irland er-folgreich ihren liebenswerten Heimatakzent) schaut leicht irritiert und holt dann zur Gegenfrage aus: »Are you Dutch?« Wir, Hol-länder? Originelle Einschätzung. »Nein, Deutsche. Warum?« Die Amerikanerin weiter irritiert: »Deutsche kaufen doch keinen neuen Teppich mit zwei Löchern drin.« Ich versichere Shelly aus Kansas, dass Holländer nichts anderes sind als die perfektionierte Version des Deutschen und dass wir, obwohl deutsch, immer noch am Tep-pich interessiert sind: 95 Euro minus Rabatt?

Shelly erringt für uns einen Achtungserfolg beim Manager: »Another 10 percent off, folks.« Noch mal zehn Prozent. Phantastisch. Ein Teppich, ganz aus Wolle, gar nicht mal so klein, wie der Preis suggeriert, Auslaufmodell, nur 86,50 Euro. Schnäppchenbeglückt schweben wir zur Kasse, wo ein etwas gelangweilter Ryan auf uns wartet – und sich bald fragt, wie er dem bocksbeinigen Kassensystem die zehn Prozent Anschlussrabatt verständlich machen soll. Der junge Ire aus Cork redet mit sich selbst: »Wie erkläre ich der Kasse, dass sie neun Euro abziehen soll?« Der Ire rundet munter, das aber tut der deutschen Seele weh, sie schreit ganz leise: »9 Euro 50, Ryan.«

Und während Shelly verzweifelt den Manager sucht, damit er mit der störrischen Kasse ein Machtwort spricht, hat Ryan aus Cork selber herausgefunden, wie er die Technik rumkriegt. Ryan zeigt nun seine ganze Souveränität im Umgang mit Kasse und peniblen Deutschen: »Also, 80 Euro.« Sagt es, tippt es und kassiert. Gut gerundet. Die kleinlichen Deutschen sind mal wieder sprachlos vor Glück: ein Teppich, ganz aus Wolle, gar nicht mal so klein, wie der Preis suggeriert, Auslaufmodell, nur 80 Euro. Schnäppchenglück in Mahon Point. Das ist Shopping im Irland der Gegenwart. Behauptet noch jemand, alle Menschen sind gleich, und das mit dem Wesen der Iren und der Amerikaner, der Deutschen und der Holländer sei alles erfunden?

Verstehen und Missverstehen:
Das Pint ist keine Halbe

Wer zum ersten Mal Irland besucht, mag die Iren für großzügig und spendabel halten. Er mag damit Recht haben und dennoch die falschen Schlüsse gezogen haben. Wer etwa denkt, das Bierglas im Pub sei immer über die Maßen ordentlich gefüllt, weil es fast überläuft, der verkennt: In das traditionelle Pint-Glas passt bis zum Rand genau ein Pint, das sind 20 flüssige imperiale Unzen, was genau 0,568 Litern entspricht. Wer also in Irland ein Pint trinkt, trinkt meist aus einem bis zum Rand gefüllten Halbliterglas – und er trinkt über zehn Prozent mehr als bei einer bayerischen Halbe (dafür hat das irische Dunkelbier Stout mit 4,2 Prozent deutlich weniger Alkohol als das deutsche Exportbier mit über fünf Prozent). Ist das Pint-Glas normal eingeschenkt, wie man es aus deutschen Wirtshäusern kennt, dann enthält es allenfalls einen halben Liter – was jeden biertrinkenden Iren empören würde, im Gegensatz zum Bayern, der sich in vielen Brauhäusern schaumige 450 Milliliter unwidersprochen als halben Liter andrehen lässt. Deshalb: Das Pint Guinness oder Murphy's muss im Zweifelsfall beim Wegtragen tropfen, sonst ist es keines. Zumindest kein Pint.

Es sei denn, es kommt im feschen Importglas daher, wie es neuerdings in den Pubs auftaucht: etwa im extragroßen Weißbierglas einer bayerischen Brauerei, das deutlich unter dem Rand voll ist und das nur bis zum Eichstrich eingeschenkt wird. Am Strich ist zu lesen: »Pint to Line«. Sinngemäß: Wenn Strich erreicht, dann Pint! In diesem Sinne: *Sláinte.* Prost. Zum Wohl.

Das wäre also geklärt. Wenn Sie aber von einem Iren im Pub aus heiterem Himmel zum Pint eingeladen werden, dann ist auch das kein Zeichen von Großzügigkeit. Er wartet dann darauf, dass Sie ihm das zweite Pint bezahlen, während er das dritte wieder übernehmen würde. So trinkt man sich gemeinschaftlich per Wechselzahlung der Sperrstunde entgegen. Deutsche haben in manchen Kreisen den Ruf, geizig oder gar knauserig zu sein, weil sie sich zu Unrecht über die Gastfreundschaft freuen und das Pub nach Austrinken des »geschenkten« Pints verlassen. Sie wissen nicht, dass es ein genau festgelegtes Rundensystem gibt, das immer dann befolgt wird, wenn mehrere Besucher zusammen trinken. In einer Gruppe – die auch aus zwei Personen bestehen kann – bezahlt reihum jeder Gast eine Runde. Man hüte sich deshalb vor allzu großen Gruppen. Zu glauben, man ist aus dem Schneider, wenn man die Einladung zum Drink ablehnt, ist ebenfalls ein Irrtum. Um seinen Ruf als freundlicher Zeitgenosse zu erhalten, zahlt man seine Runde, auch wenn man selber gerade keinen Durst verspürt. Wer den Alkoholgehalt im eigenen Körper in Grenzen halten will, trinkt Alkoholfreies oder achtet darauf, seine Runde möglichst früh zu bezahlen. Dann hat man die Möglichkeit, jederzeit ohne Gesichtsverlust zu gehen, und sichert sich den geordneten Rückzug vom Tresen.

Um im Pub ordentlich über die Runden zu kommen, helfen auch diese Informationen: Wer in Ruhe ein Bierchen schlürfen will, sollte sich nicht an den Tresen setzen. Das nämlich ist die Aufforderung zum Gespräch. Wer sich andererseits in die Ecke setzt und auf die Bedienung wartet, kann eventuell noch bei Geschäftsschluss dort sitzen und auf sein Pint warten. Getränke holt man sich in den meisten Pubs selber an der Bar ab und bezahlt immer sofort. Anschreiben und Addieren gilt nicht. Ausnahmen machen touristisch ausgerichtete Schänken. Dort und in vielen Restaurants gibt es inzwischen Tischservice und eine Gesamtrechnung für Trinken und Gerichte.

Wer an der Bar Getränke kauft und Trinkgeld gibt, mag feststellen, dass der Wirt die Münzen liegen lässt. Trinkgeld im Pub ist nicht üblich, eher schon lädt man den Wirt auf einen Drink ein, wobei dieser die Option hat, sich das Pint für später aufzusparen. Auch den Musikern im Pub eine Runde zu spendieren, ist durchaus üblich, vor allem, wenn man sich von ihnen ein besonderes Lied oder ein Geburtstagsständchen wünscht. Für andere Dienstleistungen kann man zehn bis 15 Prozent Trinkgeld geben. Auch im Restaurant wird dieses gerne genommen, das Personal ist allerdings nicht wie in den USA vom Trinkgeld abhängig. In manchen Gaststätten findet man an der Kasse eine Schale, wo man beim Bezahlen anerkennend ein paar Euro für die Belegschaft deponieren kann.

Die Möglichkeiten, sich im interkulturellen Austausch misszuverstehen, sind auch abseits des Pubs vielfältig. Schon Gesten und Worte können falsch interpretiert werden. Das beginnt bei ganz grundsätzlichen Dingen wie dem »Jein«. Wenn ein Ire »Ja« sagt, kann das immer auch »Nein« bedeuten. Wenn er in der abgemilderten Möglichkeitsform spricht (»ich kann wahrscheinlich«), bedeutet das »wahrscheinlich nicht«, und wenn er die verschärfte Möglichkeitsform wählt (»ich könnte vielleicht«), heißt dies übersetzt »definitiv nein«. Iren wollen nicht gerne »Nein« sagen, sei es, weil es in der irischen Sprache das Wort für »Nein« nicht gibt, sei es, dass sie freundlich sein und niemanden enttäuschen wollen. Wer erreichen will, dass aus einem geplanten Treffen ein Treffen wird, sollte sich auf eine Zeit und einen Treffpunkt einigen. Das erhöht zumindest die Chancen. Wenn man sich dann trifft, reicht meist ein körperloser Gruß. Hände werden nur ausnahmsweise geschüttelt, das Fehlen der Handberührung lässt nicht auf Distanz oder fehlende Nähe schließen. Wer sich gut kennt, darf sich aber auch küssen – immer auf die Wange, und dann gerne beidseitig. Das Kussritual haben sich die Iren bei den Italienern und Franzosen abgeschaut.

Wer bei Amazon auf den Bestellbutton drückt, löst unweigerlich eine Bestellung aus, wer zweimal drückt, bestellt zweimal. Internetshops sind deshalb das ziemliche Gegenteil von irischen Shops. Wer dort in schnörkellos deutschem Stil (»einmal muss reichen«) eine Bestellung aufgibt, kann enttäuscht werden; der Erstkontakt wird gerne als reine Interessensbekundung aufgefasst, der Zeitpunkt für die wirkliche Bestellung reift heran, wenn man eine Woche später seine Waren abholen will. Auch Gestik und Mimik wollen verstanden sein. Vor allem ältere Land-Iren kommunizieren mit dem wortlosen *wink*, dem vielsagenden Zwinkern. Dabei legen sie den Kopf leicht schief, ziehen ihn gleichzeitig von unten schräg nach oben und zwinkern dem Gegenüber mit einem Auge zu. Der *wink* geht gerne einher mit leicht verschmitztem oder verkniffenem Gesichtsausdruck und bedeutet in Sprache übersetzt: »Na, wie geht's, alles klar?« Nicht zwangsläufig ist der *wink* eine Einladung zum Gespräch. Was dem Gesicht der *wink,* ist der irischen Hand der *twitch*. Mit dem Auto unterwegs auf einer irischen Landstraße, wird man von den Menschen des Gegenverkehrs fleißig gegrüßt. Dazu heben jene kurz, aber gut sichtbar den Zeigefinger vom Lenkrad in die Höhe. Der reflexhafte Minimalgruß will erwidert werden. Zu glauben, dass alle Iren Adleraugen haben und das Gegenüber in den anderen Autos zuverlässig erkennen, während man selber blind damit beschäftigt ist, das Auto auf der Straße zu halten, wäre völlig unangemessen. Zwar kennt und erkennt man sich auf dem Land meist schon auf eine Meile Distanz, doch gegrüßt werden prinzipiell auch Unbekannte und Unerkannte. So wie zwei sich fremde Fußgänger auf der Land- oder Dorfstraße nicht grußlos aneinander vorübergehen. Es sei denn, sie sind jung, die Ausnahme oder kulturverwirrt.

Meistens haben kulturelle Missverständnisse zwischen Einheimischen und Gästen keine ernsthaften Konsequenzen, tun nicht sonderlich weh und werden mit fortschreitender Erfahrung erkannt. Ein einziges Mal erlebten wir, dass ein deutscher Urlauber Opfer eines tiefgreifenden Missverständnisses wurde und aus einem irischen Laden verbannt wurde. Der sprachlich unbeholfene Mann suchte verzweifelt nach dem Wort für »Sprudelwasser« und behalf sich mehrfach mit den umschreibenden Begriffen *water* und *gas.* Der knapp 80-jährige Ladenbesitzer verstand nicht, was der Mann von ihm wollte, wurde irgendwann wütend und zeigte dem Deutschen den Weg zur Tür. Später erfuhren wir, dass sich der gute alte Joe beleidigt fühlte: Hatte der Tourist sich tatsächlich darüber beklagt, in Joes Shop rieche es nach Darmwinden *(gas).*

Freizeit auf der Insel: Tresen- und Ballsport

In der agrarischen Gesellschaft des alten Irland war die Freizeitindustrie als Gegenwelt zum harten Arbeitsalltag und zum ewigen Existenzkampf kaum bekannt. Freizeit konzentrierte sich auf Geselligkeit, Familienleben und Beziehungspflege, auf den Kirchgang, die Rituale des Jahreskreises und des Lebenslaufs. In der modernen irischen Gesellschaft ist der Stellenwert der Freizeit mittlerweile genauso ausgeprägt wie in anderen westlichen Gesellschaften. Einige typisch irische Institutionen zur Strukturierung freier Zeit haben die kulturelle Zeitenwende überdauert. Das *Public House* ist wohl die Bekannteste.

Das Pub: Typisch irisch und ziemlich »out«

Die Iren gelten als Weltmeister der Geselligkeit und des alkoholinduzierten Feierns. Ihre heiligen Hallen des Frohsinns und der Kontaktpflege werden in Reiseführern regelmäßig als Irlands größte Attraktion gefeiert: Das Pub oder der Pub, beides ist korrekt, gilt als ein Stück typisches Irland, eine irische Ikone, die ihren Siegeszug als Merchandising-Export in die Welt angetreten hat. *Irish Pubs* gibt es heute in Stuttgart, in San Francisco, in Singapur, Saloniki und Sapporo, und sie mehren den Umsatz der großen Getränkekonzerne, die die Marken Guinness, Bulmers oder Kilkenny vertreiben.

Im irischen Stammland war das Pub traditionell Dreh- und Angelpunkt des sozialen Lebens: Ob Taufe, Kommunion, Hochzeit oder Beerdigung: Gefeiert wurde im Pub. Ob wochentags oder am Wochenende: Man ging ins Pub, um Freunde und Bekannte zu treffen, um Neuigkeiten zu erfahren, um Siege und Niederlagen zu feiern, auch um Milch und gebackene Bohnen zu besorgen, die Tochter unter den Hut zu bringen, eine Kuh zu verkaufen oder ein Geschäft anzubahnen; und natürlich, um zu trinken. Vor der Jahrtausendwende war der *Off-License* ein seltenes Phänomen; wen nach Alkohol dürstete, der musste zwangsläufig ins Pub, denn der *Publican,* der Wirt, besaß die Schanklizenz und damit das Recht, Stout, Cider und Whiskey auszuschenken. Das Pub war Zentrum des sozialen Lebens, ein Ort der Ausschweifung und gleichzeitig ein Ort der sozialen Kontrolle – und natürlich ein Ort der Kultur, des Gesangs, des Geschichtenerzählens und der traditionellen Musik.

Der Historiker Turtle Bunburry verfolgte die Geschichte der *Public Houses,* der öffentlichen Häuser in Irland, bis in die Zeit der Kelten zurück und erforschte interessante Details.[76] Bereits keltische Schänken wurden offensichtlich entlang der wichtigen Verkehrswege gebaut und standen Heimischen wie Fremden offen. Der lange umkämpfte Titel für das älteste irische Pub ging nach einigem Hin und Her an Sean's Bar in Athlone im County Westmeath. Sie fand Eingang in das »Guinness-Buch der Rekorde« als das älteste Pub der gesamten Britischen Inseln, die Guinness-Prüfer erkannten an, dass Sean's in einem Gemäuer ausschenkt, das nachweislich schon im frühen 10. Jahrhundert eine Wirtschaft gewesen war. Das knapp unterlegene Brazen Head in Dublin begnügte sich fortan mit dem Titel »ältestes Pub Dublins« und vermarktete den Trostpreis, mit der in einem alten Fensterglas eingeritzten Unterschrift das älteste Pub-Graffity Irlands aus dem Jahr 1726 zu besitzen. Die im Lande herrschenden Engländer prägten auch die irische Pub-Tradition maßgeblich, im 18. Jahrhundert führten sie die Lizenzvergabe flächendeckend ein. Irlands ältestes lizenziertes Pub wurde bereits im Jahr 1611 urkundlich erwähnt: das Grace O'Neill's in Donaghadee im County Down.

Das klassische irische Pub, wie es im 20. Jahrhundert existierte und wie es auf dem Land noch immer gefunden werden kann, bestand aus vier Abteilungen: der Bar zum Trinken, der Lounge für die Familie und zum Verzehr der einfachen Pub-Mahlzeiten, dem *Snug* – einer Art kleinem Nebenzimmer – und dem Shop. Oft betrieb der *Publican* neben der Schänke auch den Lebensmittelladen.

Im diskreten *Snug,* das durch eine Tür vom Pub abgetrennt war, wurden Verhandlungen geführt, Geschäftsabschlüsse vorbereitet und Ehen geschmiedet. Bei der Wirtin des Vertrauens meldeten die Eltern frühzeitig die auf den Heiratsmarkt drängenden Kinder an, die Wirtin hatte die Aufgabe, zusammenzuführen, wer zusammengehören sollte. Die kupplerischen Wirtsleute wurden *Matchmaker,* Ehestifter, genannt. Auch der Pfarrer, der diskret ein Pint mehr trinken wollte, oder Frauen, die in der Männergesellschaft wenig gern gesehen waren, fanden Platz im *Snug.* Bisweilen diente das *Snug* auch als das, was als fünftes Element des Pubs bekannt ist: als Einzeltrinkerzelle. Besonders hartnäckige Trinker verfrachtete der Wirt bisweilen in die Isolationszelle: So waren Pub-Frieden und Umsatz gleichermaßen gesichert.

Irische Pubs sind heute ein weltweiter Erfolg: Dabei hat das *Irish Pub* in Singapur, in San Francisco oder Shanghai mit einem traditionellen Pub in Irland genauso viel gemeinsam wie das Disneyland mit den Märchen der Gebrüder Grimm. Das internationale *Irish-Pub*-Geschäft wird von der Getränkeindustrie und einigen Franchise-Unternehmen betrieben. Aus dem Katalog kann der Betreiber zwischen den Stilen »Cottage«, »viktorianisch« oder »keltisch« auswählen, dazu bestellt er sich eine Menge Tand, Trödel und Kitsch von der Whiskeykrug-Replika über das Butterfass und alte Werkzeuge bis zu Reproduktionen von historischen Fotos, Werbeplakaten und Firmenschildern. Er kreiert damit eine Phantasiewelt, in der das berühmte Stout gewinnbringend fließen kann. Die künstliche Kulisse des Franchise-Pubs steht zwar nicht in der Tradition der gleichnamigen Schänken in Irland – ironischerweise aber ersetzen sie diese zunehmend. Die Fälschung aus der Diaspora hat längst auch Einzug in der Heimat gehalten.[77]

Ab Mitte der 1990er Jahre wurden vermehrt Stimmen laut, die am ehernen Image der traditionellen Institution Pub kratzten. Von abnehmenden Besucherzahlen und von alternativen Freizeitbeschäftigungen war nun die Rede. Dabei hatte der lange Abstieg des Pubs bereits in den 1970er Jahren begonnen, als das Fernsehgerät in der Bar und in allen Wohnungen Einzug hielt. Seitdem hat sich der irische Lebensstil dramatisch verändert, er ist schnelllebig geworden; die Menschen sind abends genauso müde vom hektischen Arbeitsalltag wie andernorts in Europa, sie haben zahlreiche

TV-Kanäle, Videos und das Internet zur Unterhaltung und Ablenkung, sie können vergleichsweise preiswerteren Alkohol nun in Supermärkten und vielen *Off-Licence*-Geschäften kaufen und genehmigen sich ihren Absacker auch gerne zu Hause. Dass die Iren selbst am Wochenende oft nicht mehr ins Pub strömen, besorgt viele Wirte umso mehr.

Als Nachrichtenbörse, Heiratsmarkt und Lebensmittelladen hat das Pub ohnedies lange ausgedient. Dazu kam im April 2004 das erste Rauchverbot in ganz Europa; die Regierung machte ernst und strafte einzelne Wirte, die sich nicht an das Rauchverbot hielten, mit hohen Bußen bis hin zum Lizenzentzug ab. Das wirkte: Entgegen allen Erwartungen wurde das Rauchverbot in Pubs und öffentlichen Gebäuden im »rebellischen« Irland auf Anhieb durchgesetzt. Die Schweizer und die deutsche Raucherlobby erwiesen sich als weit hartnäckiger als die irische. Den Todesstoß versetzen dem Pub aber laut der Klagen seiner Standesvertreter neue Gesetze und eine rigide agierende Polizei: Seit einigen Jahren überzieht die Polizei auch die ländlichen Gebiete regelmäßig mit Alkoholkontrollen – vorbei sind deshalb die Zeiten, als John und Mary ihre Teenager-Kinder am Freitagabend in den Jugendclub fuhren und die zwei Stunden Wartezeit bis zum Abholen mit zwei, drei Pints überbrückten. Und schließlich wurde das Alkohol-am-Steuer-Limit im Jahr 2012 von 0,8 auf 0,5 Promille gesenkt. So blieb den Wirten im Land nur die Hoffnung, dass sie zu den Gewinnern der großen Wirtschaftskrise gehören würden, die die Insel seit dem Immobiliencrash im Jahr 2008 plagte. Immerhin reimte schon Wilhelm Busch in der »Frommen Helene«: »Es ist ein Brauch von alters her, wer Sorgen hat, hat auch Likör.« Sorgen hatten seit dem Platzen der Immobilien- und Wohlstandsblase viele Menschen auf der Insel, doch sie nahmen ihre vermeintliche Medizin bevorzugt zu Hause ein, und sie kauften in Zeiten extrem knapper Kassen den Alkohol preiswerter in den Supermärkten ein; wer konnte, fuhr ins benachbarte Nordirland und genoss den Preisvorteil jenseits der Grenze. Der Verband der irischen Pubs setzte deshalb im Spätsommer 2009 einen dramatischen Appell ab: »Rettet das Irish Pub«, skandierte die Wirte-Lobby Vintners Federation of Ireland (VFI) und rief ganz ungeniert nach Staatshilfen. Die Wirte machten geltend, dass im ländlichen Irland ein besorgniserregendes Pub-

Sterben eingesetzt habe, das sich noch verschärfen würde. Einer Umfrage zufolge berichteten über vier Fünftel der befragten Wirte im Jahresvergleich über Umsatzeinbußen in der Hauptferienzeit jenes Sommers. 5000 Pub-Arbeitsplätze sah der VFI bereits verloren und forderte ein staatliches Beschäftigungsprogramm, den Verzicht auf die Absenkung der Promillegrenze von 0,8 auf 0,5 sowie die Senkung der Mehrwertsteuer auf Getränke. Es half alles nichts. Die Lage hat sich weiter verschlimmert: Im Jahr 2012 rechneten die Zeitungen im Land vor, dass jeden zweiten Tag ein Pub für immer seine Türen schließt. Seit dem Jahr 2005 hatten 1100 Pubs dichtgemacht.[78] Im Herbst 2012 wurde die Zahl der Kneipen im Land noch auf 8300 geschätzt, in Spitzenzeiten sollen es über 10 000 gewesen sein.[79] Mittlerweile ist ein Pub mit Schanklizenz, das traditionell als Lizenz zum Gelddrucken galt, schon für den Preis eines kleinen Appartements zu haben. Die meisten Pubs auf dem Land öffnen nur noch abends und an den Wochenenden, viele bleiben sogar während der Woche ganz geschlossen, und selbst an den traditionellen Tagen des Hochbetriebs von Freitag bis Sonntag herrscht nun oft gähnende Leere im Wirtshaus.

Auch am anderen Ende der Service-Industrie wird Gegenwind für das irische Pub erzeugt: Viele Iren bevorzugen heute einen Abend im feinen Speiserestaurant und blicken eher verächtlich auf die »primitive Kneipe« mit allenfalls spartanischem Barfood-Angebot und auf die »dunklen Löcher, die seit 1954 nicht mehr renoviert wurden«. Der Restaurantkritiker John McKenna haut genau in diese Kerbe: »Unsere Pub-Kultur liegt im Sterben, die Ära des *Public House* in Irland geht zu Ende, die Ära des Qualitätsrestaurants hat begonnen.« Der Autor des »Bridgestone-Restaurantführers« macht den Lifestyle-Wandel der Iren dafür verantwortlich, andererseits aber auch das Versagen der Pub-Wirte, sich an die neuen Zeiten anzupassen. Der scharfzüngige McKenna ließ sich mit einem Abgesang auf die klassische irische Institution der Geselligkeit zitieren: »Service ist ein Fremdwort im irischen Pub, und deswegen ist das Pub-Konzept am Ende.«[80] Tatsächlich ist die Pub-Abstinenz auch eine Generationenfrage: Junge Iren bevorzugen helle, moderne Bars mit internationalem Flair und haben für das traditionelle Pub oft nur Hohn und Spott, aber keinen Euro mehr übrig. So kommt's, dass selbst die »Zwölf Apostel«, eine berühmte

Sauftour von der City University ins Zentrum von Dublin, neuerdings mit zehn statt zwölf Stationen auskommen muss, seitdem zwei renommierte Tränken am Pub Trail den Betrieb einstellten.

Für den Tourismus bleibt das Pub derweil eine wichtige Einrichtung als Dreh- und Angelpunkt der Irland-Folklore. So wie heute vor allem Besucher ein Bed & Breakfast buchen oder sich zum Frühstück ein *Full Irish* genehmigen, so wollen sie das Pub und seine flüssige Ware genießen. Es würde ihnen fehlen – und am Ende den Einheimischen wohl auch. Doch nun vom Tresen zum Ballsport.

Ein ballverrücktes Volk

Irland ist anders: Die Uhren gehen anders, die Menschen ticken anders – und selbst der Sport ist ganz anders. Fußball ist kein Fußball, Bowling wird auf der Straße gespielt und Handball – tja, Handball geht eben auch anders. In Dublins Citywest fanden 2012 die Handball-Weltmeisterschaften statt; der halbwegs Sportkundige fragte sich, warum eine Handball-WM ausgerechnet in einem Land stattfand, in dem Handball kaum vertreten ist – beziehungsweise dessen Nationalteam auf Kreisklassenniveau spielt: Weil Handball in Irland eben auch nicht Handball ist. Was Kontinental-Europäer unter Handball (Heiner Brand, THW Kiel und so weiter) verstehen, heißt auf der Insel *Olympic Handball* und ist weniger als eine Randsportart. Das *Gaelic* oder *Irish Handball* aber, das hier gespielt wird, muss man sich vorstellen wie Squash für Arme: Zwei Spieler ballern abwechselnd einen kleinen, hüpfenden Ball gegen eine Betonwand, bis einer das Tempo nicht mehr mithalten kann. Der Unterschied zum Squash: Es gibt keinen Schläger, die irischen Handballer spielen diesen Sport mit der Hand. Immerhin: Sie benutzen Spezialhandschuhe. *Gaelic Handball* hat eine lange Tradition in Irland, die Freiluftanlage *Handball Alley* ist als Einrichtung mindestens 250 Jahre alt, und man sieht sie auch heute noch überall auf der Insel: Die eher tristen Betonwände mit Seitenbegrenzungen erinnern Besucher an abgewrackte Squash-Courts. Die Leistungssportler im *Gaelic Handball* treiben ihren gelenk- und bänderstrapazierenden Sport heute in modernen Courts, während die traditionellen Freiluft-Alleys langsam dem Vergessen anheimfallen. Im großen Rest der Welt ist *Irish Handball* etwa so populär wie das Skispringen in Irland.

Gaelic Handball zählt zu den *Gaelic Sports,* ist der kleine Bruder von *Football* und *Hurling* und wird unter dem Dach der mächtigen Gaelic Sport-Vereinigung GAA betrieben.[81] Die Gaelic Athletes Association ist die Dachorganisation von 2300 Clubs und hat weltweit über eine Million Mitglieder. Ihr Zentrum ist ihr Tempel: Croke Park, das Stadion in Dublin, das 82 300 Menschen Platz bietet und bis vor wenigen Jahren ausschließlich für die gälischen Sportarten benutzt werden durfte. Die gesamtirisch organisierte GAA ist noch immer die wahre sportliche und kulturelle Macht im Land. Sie kümmert sich um sportliche Belange genauso wie um die Pflege der irischen Sprache und des irischen Tanzes. Jedes Kind muss die GAA-Schule durchlaufen oder es zumindest einmal versucht haben. Auf dem Papier sind alle Footballspieler bis heute Amateure, ihr Dachverband GAA sorgt jedoch dafür, dass Spitzenspieler unbekümmert ihrem Sport nachgehen können. Das Jahresbudget des GAA liegt bei über 100 Millionen Euro.

Gaelic Football und *Hurling* sind mit Abstand die wichtigsten Sportarten der Iren; Religion und Identitätsstifter zugleich. *Gaelic Football* wird mit großer Härte und einem fast fußballgroßen Lederball auf einem großen Feld (140 auf 80 Meter) und auf ein dem Rugby ähnliches, H-förmiges Tor gespielt. Die 15 Spieler pro Seite benutzen Hände und Füße, um den Ball ins gegnerische Tor zu transportieren. An Fußball erinnernde Bewegungen sind verpönt, der Sport wird trotz seiner Schnelligkeit und Härte diszipliniert und fair gespielt. *Hurling* wird mit einem Holzschläger aus Esche, dem Hurley, und einem kleinen harten Ball – in der Größe mit einem Tennisball vergleichbar – gespielt. Die *Hurlers* spielen auf demselben Feld und nach denselben Regeln wie die *Footballer.* Spielen Frauen *Hurling,* dann nennt man das Spiel *Camogie.*

Gaelic Football wird auf der Insel seit dem 17. Jahrhundert gespielt. Die GAA wurde 1884 gegründet und stiftete der sich formenden Nation Identität und junge Kämpfer, die sich im Unabhängigkeitskrieg unter dem Deckmantel des Sports organisierten. *Gaelic Football* machte die Iren zu Iren, in den GAA-Clubs wurde der Freiheitskrieg gegen die Briten organisiert, und die GAA setzt den Kontrapunkt zum lange verhassten Spiel der Engländer: Fußball. Nicht verwunderlich deshalb, dass das GAA-Establishment den Jugendlichen bis weit in die 1970er Jahre hinein rigoros verbot, das englische *Soccer* zu spielen. Eifersüchtig wachten die Communities darüber, dass ihr Nachwuchs nicht fremdging, und manche Sportlerkarriere zerbrach unter diesem Druck. Denn die jungen Iren spielen seit den 1960er Jahren, wo immer sie sich ungezwungen treffen, eigentlich bevorzugt eines: das Besatzerspiel Fußball. Zwei Jacken und zwei Schultaschen auf den Boden geschmissen, und das Spiel kann beginnen. Der Publizist John Waters erinnerte einmal an die Bedeutung des Fußballs für die jungen Iren in den 1960er und 1970er Jahren: GAA stand damals für Establishment, Druck, Struktur und Muss, Fußball dagegen war Herzenssache, war subversiv, weltoffen, war Jugendreligion, ja Rock 'n' Roll.[82] Auch heute noch setzen ländliche GAA-Funktionäre junge Ballsportler mit Hilfe der Eltern gewaltig und oft erfolgreich unter Druck. Zwar hat sich Fußball neben dem ebenfalls sehr populären Rugby als Mannschaftssport Nummer zwei oder drei etabliert; wenn allerdings im Herbst oder im Frühjahr ein GAA- und ein Fußballspiel auf denselben Termin fallen, wird den Dorfjugendlichen noch immer ganz eindeutig bedeutet, wo die Prioritäten liegen: auf dem GAA-Feld. Dem *Gaelic Sport* gehören die guten Sommermonate, während sich die Fußballer mit den nassen Wintermonaten begnügen müssen.

Hunderttausende junge Iren spielen auch heute Football oder *Hurling*. Millionen verfolgen den Sport ihrer Kinder oder die Spitzenbegegnungen der County-Teams. Die Hochburgen liegen eher auf dem Land. Cork und Kerry sind regelmäßige Gewinner der wichtigsten irischen Sporttrophäe, dem Sam Maguire Cup für den Meister der jährlich zwischen den besten County-Teams ausgespielten Football-Meisterschaft. Doch im Jahr 2012 haben es nach vielen Jahren die *Dubs* aus Dublin wieder einmal geschafft, den Titel in die City zu holen – ein wunderbarer Anlass, um die traditionellen verbalen Scharmützel zwischen der Hauptstadt und dem Rest von Irland variantenreich zu intonieren. Weil es allerdings dem kollektiven Selbstbewusstsein dienlich ist, dann lieben die Iren auch den harten Sport der einstigen Besatzer: Rugby. Seit dem dreifachen Gewinn des Six Nations Cup (2009, 2014 und 2015), bei dem sich jedes Jahr die sechs wichtigsten Rugby-Nationen Europas messen, ist der von den Engländern erfundene Kampf um das Ei auf der grünen Insel extrem populär geworden. Six-Nations-Nachmittage mit irischer Beteiligung erkennt man an leer gefegten Straßen und lautstarken Thekensportlern, die in grünen Jerseys im Pub auf Großbildschirme einbrüllen.

Wenn die Iren nicht im Pub sitzen, nicht mit Familie und Freunden mächtige Feste feiern, nicht Football im Stadion, vor dem Großbildschirm im Pub oder im eigenen Wohnzimmer schauen, dann verbringen sie ihre Freizeit möglicherweise auf den Pferderennbahnen von Punchestown, Galway oder Fairyhouse, Dublin, beim Hunderennen, im Wettbüro oder bei einem Festival. Von der »Dublin Horse Show« über die »Killorglin Puck Fair«, vom »Lisdoonvarna Matchmaking Festival« bis zur »Rose of Tralee« ist der irische Jahreskalender mit regelmäßig wiederkehrenden Festivitäten reich bestückt – und weil die agrarischen Zeiten des Landes noch nicht allzu lange zurückliegen, spielen auch die Landwirtschaftsfestivals noch immer eine wichtige Rolle: Die vielen regionalen *Agricultural Shows* bleiben beliebt und ziehen zehntausende Besucher an. Sie alle können dem bedeutendsten Großevent des Jahres jedoch nicht das Wasser reichen: den »National Ploughing Championships«. Die nationalen Meisterschaften im Wettpflügen finden jedes Jahr an drei Tagen im September statt, sie ziehen über 1000 Aussteller und um die 200 000 Besucher an. Dieses Festival besucht man bevorzugt in Gummistiefeln und der Tracht des Landmannes, um neben pflügenden Bauern, schwadronierenden Politikern, aufgebrezelten Landfrauen, geschmückten Bullen und polierten Treckern die ganze Palette der agrarischen Unterhaltungs- und Warenwelt zu genießen. Und wem auch dies nicht reicht, der geht in seiner Freizeit möglicherweise in die Natur.

Irlands Landschaft: Naturerlebnis und Seelenraum

Erst neuerdings entdecken die Iren ihre eigene reiche Naturlandschaft als Erholungsraum. Viele Menschen aus dem dicht besiedelten Mitteleuropa reisen schon länger wegen der rauen Schönheit der irischen Landschaft die zwei Flugstunden Richtung Westen. In den dünn besiedelten Gebieten an der Atlantikküste sind authentische Naturerlebnisse noch möglich. Abseits des Freizeitrummels in der Einsamkeit der Küstenlandschaft und der menschenleeren Berge regieren die Stille, der Wind, die Farben des Regenbogens, des Wassers und der Erde.

Das ewig wechselnde irische Licht. Ein Silberstreif am Horizont. Sonnenlicht, das hinter einer Wolkenwand das Meer beleuchtet. Die Berge in ihren Grünschattierungen im Gegenlicht. Diese Landschaft berührt uns. Kein anderer hat dies so gut beschrieben und erklärt wie der früh verstorbene irische Philosoph John O'Donohue: »Das Gefühl unserer uralten Sehnsucht nach der Natur wachzurufen, kann uns dabei helfen, unsere Sehnsucht zu verankern. Wenn wir allein hinausgehen und in die Einsamkeit eintauchen, kehren wir heim zu unserer Seele. Wenn wir einen Platz in der Natur finden, an dem unser Geist und Herz zur Ruhe kommen, dann haben wir einen Zufluchtsort für unsere Seele entdeckt.«[83] Die Weite der irischen Landschaft, der freie Blick hinaus auf das Meerespanorama des Atlantiks, der weit offene Raum der Berge: Irlands Landschaft ist ein großer Seelenraum, um Sehnsucht und Zugehörigkeit in die Balance zu bringen. John O'Donohue, der Deuter dieses Seelenraums, ließ daran keinen Zweifel. Probieren Sie es aus, wenn Sie es nicht glauben können.

Wer zum ersten Mal nach Irland kommt, ist zumeist überrascht von der Existenz der Berge. Nein, so hat man sich das Land nicht vorgestellt. Tatsächlich hat Irland neben den viel beworbenen und berühmten grünen Wiesen und Weiden, den Seen, den Stränden und den eher wenigen Wäldern auch zahlreiche beeindruckende Berge, Gebirgszüge und Mittelgebirge: die Twelve Bens in Connemara, die majestätischen Macgillicuddy's Reeks in Kerry, die Galtys in Tipperary, die Wicklow Mountains südlich von Dublin, die nackten Felsmassive im Burren, den Errigal und seine Nachbarn im Hohen Norden in den Derryveigh Mountains Donegals, die Darty Mountains mit dem Ben Bulben in Sligo und Leitrim, die Maumturks in Galway und die Cahas in West Cork.

Sie erheben sich wie ein Gürtel entlang der Küste um die Ebenen im Landesinneren, wachsen aus dem Meer bis auf eine Höhe von knapp über 1000 Metern. Der Carrauntoohil in den MacGillycuddy's Reeks auf der Iveraragh-Halbinsel ist mit 1039 Metern

Höhe der König der irischen Berge. Auf dem Weg durch das Tal der Hexe (Hag's Glen) in Richtung Gipfel passiert man, vorbei am Hag's Tooth, dem Hexenzahn, auch Irlands höchsten See. Nach mehrstündigem Fußmarsch oben angelangt, lässt sich an maximal 50 Tagen im Jahr, wenn der Berg nicht gerade in Nebel und Wolken liegt, eine herrliche Aussicht auf die umliegenden Gipfel, auf das Flachland von Kerry und auf den Atlantik genießen.

1000 Meter Höhe, das klingt nach Spaziergang, nach Hügelwandern und Leichtigkeit. Die irischen Berge werden gerne unterschätzt, dabei verdienen sie schon im eigenen Interesse allen Respekt. Das wechselhafte Wetter kann Wanderer leicht überraschen, Regen, Wind und Kälte kommen oft plötzlich und schubsen ortsunkundige Spaziergänger von einem Moment auf den anderen aus ihrer »Komfortzone«. Ebenso schnell findet man sich in 800 oder 900 Metern schnell in Verhältnissen wieder, die denen in den Alpen in nichts nachstehen. Auf die meisten Berge führen eben keine gepflegten Fußpfade mit zuverlässigen Wegweisern. In den irischen Bergen muss man sich seinen Weg in der Regel mit Karte und Kompass (oder GPS) selber suchen, oder man entscheidet sich für einen erfahrenen Bergführer, der die Gegend gut kennt. Nur mancherorts gibt es Schilder, andernorts ein paar Steinhaufen oder Farbkleckse an Felswänden, die den Weg weisen sollen. Eine gute Vorbereitung und die richtige Ausrüstung sind deshalb die besten Garanten für eine gelingende Wanderung in den Bergen hoch über dem Atlantik. Leichter orientieren kann man sich auf den gut ausgeschilderten Fernwanderwegen, die teilweise auch durch die Berge führen. Auf dem Wicklow Way, dem Kerry Way, dem Beara oder dem Sligo Way lassen sich tagelange Wandertouren unternehmen. Wer es kürzer mag, kann sich aus dem allmählich wachsenden Angebot der Rundwege eine Tour zusammenstellen.[84]

Die Iren sind eine junge Wandernation, entsprechend ausbaufähig präsentiert sich das landesweite Wanderwegenetz. Verglichen mit England oder Deutschland, gibt es auch im irischen Flachland nur wenige ausgebaute und beschilderte Wanderwege. Die Geschichte weiß, warum: Bis ins frühe 20. Jahrhundert war Irland von den Engländern besetzt und regiert, dann kam die Landreform, und das gesamte Land wurde zugunsten der davor weitgehend besitzlosen irischen Bevölkerung privatisiert. Von einem öffentlichen

Wanderwegenetz wollte da niemand etwas wissen. Wer hart auf dem Feld, im Torf oder auf dem Hof arbeitete, musste am Wochenende nicht auch noch an die frische Luft; und von A(rdaturrish) nach B(allilicky) ging man gemütlich auf den wenig befahrenen Straßen – zumindest, bis in den 1990er Jahren auch im ländlichen Irland mehr Wohlstand einkehrte und mit ihm die Autos, der Verkehr und die Gefahren der belebten Straße. Erst mit den Schreibtischberufen, dem Geld, der Freizeit und den Zivilisationskrankheiten kam in der Bevölkerung allmählich der Wunsch auf, wandern zu gehen, Spaziergänge zu machen, sich an der Natur zu erfreuen und sich in der Freizeit aktiv zu betätigen. Seitdem bemühen sich Institutionen und Behörden wie das Irish Sport Council, die Irish Heart Foundation oder die irische Forstbehörde Coillte zusammen mit Gemeinden und Privatinitiativen um den Bau von Wanderwegen. Es gibt mittlerweile mehrere ausgezeichnete Fernwanderwege, es gibt auch eine zunehmende Anzahl schöner und gut ausgeschilderter Rundwege. Sie mildern das Grundproblem: Irlands Landschaft abseits der Straßen ist vielerorts eingezäuntes und abgesperrtes Terrain. Mauern, Zäune, geschlossene Tore versperren den verheißungsvollen Weg in die offene Landschaft, zum Meer oder zu den Bergen.

Iren sagen oft von sich, ohne dass es selbstkritisch klingen soll: »We Irish have an obsession with land.« – Sie sind von ihrem Landbesitz besessen. Die verhängnisvolle Liebe des Farmers »Bull« McCabe zu einem Stück Land hat der irische Schriftsteller John B. Keane in seinem 1965 uraufgeführten Theaterstück »The Field«[85] treffend beschrieben. Die gewaltsame Auseinandersetzung um das Feld endet in einer Tragödie. Es mag von den historischen Enteignungen und der erneuten Inbesitznahme vor gerade einmal einem Jahrhundert herrühren, dass das irische Verhältnis zum Landbesitz noch immer nicht entspannt ist. Von Fällen, die an den fiktiven Farmer »Bull« McCabe erinnern, liest man auch heute noch regelmäßig in den Zeitungen. Die Auseinandersetzungen um Land, um Grundstücksgrenzen und Wegerechte füllen ganze juristische Bibliotheken. Hinter dem simplen Gang durch ein Tor oder über einen Weg verbirgt sich ein Dickicht hoch komplizierter rechtlicher Probleme mit dem Namen Wegerecht *(right of way)*. Dieses Wegerecht ernährt den Berufsstand der irischen Anwälte seit Jahrzehnten hervorragend. Meterweise Rechtsliteratur ist geschrieben worden, um das Thema in den Griff zu bekommen. Immer neue Fälle verleihen dem Streitobjekt Nummer eins im Land immer neue Facetten. Ein neues Gesetz zur dauerhaften Regelung von zehntausenden Konfliktfällen soll nun endlich Rechtsfrieden schaffen.

Die historisch begründete Bedeutung des Privatbesitzes wird durch den Staat allerdings kaum ausbalanciert, die Rechte der Allgemeinheit kommen deshalb systematisch zu kurz. Anders als in Großbritannien, wo der »National Trust« von Gesetz wegen öffentliche Wegerechte schützt, Spazier-, Wanderwege und Zugänge zu interessanten Orten sichert, und anders als in Schottland, wo es ein grundsätzliches Wegerecht, das *right to roam,* gibt, bietet Irland keinen wirksamen Schutz des öffentlichen Zugangs. So endet der Ausflug jenseits der touristisch markierten Routen manchmal an einem Zaun oder vor einem verschlossenen Tor.

Auch wer ein Haus oder ein Baugrundstück in Irland kauft, ist gut beraten, genau zu prüfen, ob er dafür auch ein eindeutiges Wegerecht hat. Nachbarschaftsstreitigkeiten und Verwerfungen sind programmiert, wenn die Zufahrt einen Zipfel weit über das Land des Nachbarn führen sollte, wenn Plan und Wirklichkeit nicht übereinstimmen – was aufgrund der ungenauen Grenzziehungen und der ebenso ungenauen alten Grundbuchpläne oft der Fall ist.

Seit einigen Jahren setzen sich engagierte Menschen dafür ein, dass der irische Staat endlich seine schützende Hand ausstreckt, die zunehmend aggressive Abschottung des Privatlandes eindämmt und den freien Zugang in die herrliche Landschaft und auf die faszinierenden Berge des Landes per Gesetz garantiert. Auch die schönsten Orte des Landes, die Berggipfel oder die Wiesen mit großartigen, Jahrtausende alten Steinkreisen, Hügelgräbern und Steinreihen gehören meist Privatleuten. Die Kämpfer für freien Zugang organisieren sich in einer Bürgerinitiative namens »Keep Ireland Open« und fordern, auch in Irland das *right to roam* einzuführen, ein allgemeines öffentliches Recht, Land zu überqueren und zu wandern, wo und wohin man will, solange man sich verantwortungsvoll verhält und das Eigentum anderer nicht beschädigt. Die Regierung ist auf diesem Ohr allerdings traditionell taub, der Respekt vor der mächtigen Landwirtschaftslobby hat mutige Entwürfe für einen Interessenausgleich zwischen Agar- und Freizeitgesellschaft bislang verhindert.

Es sind vor allem die großen Landbesitzer, die Bauern, die überzeugt sein wollen, den Stacheldraht und die verschlossenen Feldtore zu öffnen. Sie machen allerdings geltend, dass ihre Schaf- und Rinderherden von Spaziergängern beeinträchtigt werden und kein Versicherungsschutz für die »Eindringlinge« vorhanden sei. Motiviert durch landwirtschaftliche Förderprogramme, durchzogen, parzellierten und versperrten die Farmer in jahrelanger Arbeit das Land systematisch. Zwar bringt der Staat Bauern in schönen Landschaften punktuell dazu, dass sie öffentlichen Zugang gewähren, Wege öffnen und unterhalten. Die Vereinbarungen beruhen allerdings immer auf Freiwilligkeit. So kommt es vor, dass erboste Bauern, die mit der Zuschusslage gerade unzufrieden sind, Teile eines öffentlichen Fernwanderwegs sperren, der über ihr Land führt – und die Tatsache, dass bekannte Wanderrouten wie der Beara Way jedes Jahr für einen Tag von Rechts wegen geschlossen werden, sichert den Eigentümern die Option, das Recht des Zugangs jederzeit zu widerrufen.

Doch nichts ist so schlimm und so eindeutig, wie es auf den ersten Blick scheint: Das Prinzip »Eigentum geht vor« konkurriert im Alltag, fernab der medienwirksam ausgetragenen Konflikte, mit dem alten irischen Prinzip der Liberalität. Die meisten Bauern weisen gerne den Weg über ihr Land und zeigen bereitwillig, wie man den Gipfel am leichtesten erreicht, wenn man nur fragt. Farmer der »alten Schule« halten sich noch heute an das Leitmotiv aus alten Tagen: »Du kannst einen Mann nicht daran hindern, über dein Land zu gehen und Wasser aus deinem Bach zu nehmen.« Und wo wenig geregelt ist, regelt man die Dinge gerne selbst im eigenen Ermessen. Man sucht sich seinen Weg fernab der Wege und der Wegweiser, wandert querfeldein, besteigt Gipfel, schaut von Steilküsten hinaus aufs Meer. Denn noch immer gilt in Irland auch dieses liberale Prinzip: Was nicht ausdrücklich verboten ist, ist zunächst einmal erlaubt. Am vorbildlichsten verhält sich natürlich, wer schon vor der Überquerung von Privatland zielstrebig den nächsten Bauernhof ansteuert und nach einem Schwätzchen mit dem Farmer freundlich um Erlaubnis bittet, das Objekt der Begierde ansteuern zu dürfen. Erfahrungsgemäß ist eine Ablehnung des Wunsches die Ausnahme.

Stockt der Ausflug tatsächlich einmal vor einem geschlossenen Tor, muss das noch nicht das Ende des Weges bedeuten. Denn irische Tore sprechen eine andere »Sprache« als deutsche Tore. Ein Deutscher in der Natur vor einem verschlossenen Tor denkt sich: Durchgang verboten. Er dreht um, sucht sich einen anderen Weg entlang des Zaunes. Ein Ire steht in der Natur vor einem verschlossenen Tor. Er sieht keinen schriftlichen Hinweis, öffnet das Tor, geht hindurch, schließt das Tor hinter sich und setzt seinen Weg unbeirrt fort. Sofern nicht schriftliche Hinweise wie *No Trespassing* (Unbefugter Zutritt verboten) oder *Private* (Nicht öffentlich) oder ganz rüde *Keep out* (Bleib draußen) am Tor prangen, gilt eben das Prinzip »Was nicht ausdrücklich verboten ist, ist erst einmal erlaubt«. Da diese Tore jedoch meistens auch eine Funktion haben, in der Regel die, Tiere in einem Feld einzusperren, hat der Torgänger die oberste Pflicht, das Tor wieder zu schließen. Genauer gesagt: Er hinterlässt ein Tor immer in dem Zustand, in dem er es vorgefunden hat – manchmal auch offen.

Wenn ein Tor fest abgeschlossen ist, kann man immer noch klettern. In diesem Fall gilt: Der erfahrene Landmann steigt immer an der Torangel – dort wo das Tor im Scharnier aufgehängt ist – über das Hindernis, und niemals auf der frei schwingenden Seite, eine Vorsichtsmaßnahme, um das Tor nicht zu beschädigen. Schwierig wird es immer dann, wenn Eigentum und regelmäßige Nutzung im Spiel sind. Wer beispielsweise immer wieder einen Weg über Privatland geht und dies über lange Zeit hinweg tut, kann nach zehn, zwölf Jahren daraus ein Recht postulieren und mit etwas Glück gerichtlich durchsetzen.

Das Klettern über Mauern, Zäune und Tore bleibt also in Irland nicht aus, wenn man die schöne Natur sehen und erleben will. Was wir gerne unbedacht als Natur bezeichnen, ist allerdings zum größten Teil Kulturlandschaft – vom Menschen bearbeitete, frisierte, genutzte und bisweilen missbrauchte Natur. Die typischen Bilder von der Grünen Insel – grüne Wiesen mit Schafen, saftige Weiden, offenes, baumloses Land – sie sind weitgehend das kollektive Werk der Bauern Irlands. Die Farmer – so umweltfern sie im Einzelfall sein mögen – haben das bekannte Gesicht der Insel, die liebliche Landschaft durch landwirtschaftliche Nutzung in täglicher harter Arbeit geschaffen und gepflegt. Die *40 Shades of Green* sind das Ergebnis von dauerhafter Beweidung sowie von regelmäßigen Gaben Natur- und Kunstdünger.

Dass die Landwirtschaft auf der Insel in den letzten Jahrzehnten in die Defensive geraten ist, lässt sich in der Landschaft lesen: Der Look Irlands wandelt sich, die schön gepflegte Oberfläche verändert sich, die Fläche der genutzten Weiden nimmt Jahr um Jahr ab, die Landschaft wächst zu. Wo gestern noch Grasland war, wachsen heute Ginster, Farne und Brombeeren, gefolgt von Gagelsträuchern, Birken, Weiden und Ilex. Dass die Landschaft zuwächst, ist für die Natur ein Segen. Tiere und Pflanzen holen sich Lebensraum zurück. Die Menschen werden sich allerdings daran gewöhnen müssen, dass das Landschaftsbild von Irland, wie sie es kennen, vielleicht irgendwann nur noch in ihren Köpfen existiert. Die Renaturierung nimmt außerhalb der Siedlungsgebiete ihren Lauf, und die Tourismus-Vermarkter von Fáilte Ireland können schon einmal neue Konzepte entwickeln: Welcome to the Jungle.

Es sei denn, ein zarter Trend ist tatsächlich Vorbote einer langfristigen Entwicklung: In der Bauernschaft regt sich frischer Optimismus. Die Preise für Nahrungsmittel steigen weltweit, die Fleischproduktion erhält durch steigende Nachfrage in den Schwellenländern neue Impulse. Wer sich seinen Weg durch die zahlreichen Rinderherden im irischen Südwesten bahnt, wähnt sich schon ganz auf der Grünen Insel der Rindviecher – und *Irish Beef* erfreut sich mittlerweile internationaler Beliebtheit. Tatsächlich ist die Schafinsel trotz der schönen Bilder von weißen Wollknäueln auf saftig-grünen Wiesen längst eine Rinderinsel: Ende 2010 notierten die Tierzähler 3,1 Millionen Schafe, Tendenz abnehmend, und sage und schreibe 5,9 Millionen Rinder[86] – also etliche hunderttausend Exemplare mehr als Menschen. Immerhin hat die Gefahr, beim Flanieren über grüne Weiden einen gefährlichen Rinderbullen zu treffen, weiter abgenommen: Im gesamten Land lebten nur noch 42 500 der vierbeinigen Kolosse.

Die Landschaft ist jedenfalls einem ständigen Wandel unterworfen. Dafür sorgt die Natur selber, und dafür sorgt der Mensch. Lange war das heutige Irland von einem dicken Eispanzer bedeckt. Als dieser vor 10 000 Jahren allmählich abschmolz, stellten sich vom Kontinent aus Pflanzen, Bäume und schließlich Wälder ein, in Senken entstanden Moore – bis die Landschaftsgestalter auf zwei Beinen auftauchten: Als die Menschen in der Jungsteinzeit vor mehr als 5000 Jahren sesshaft wurden, um Ackerbau zu betreiben und Vieh zu halten, begannen sie auch, die ersten dauerhaften Spuren in der Landschaft zu hinterlassen. Wir bestaunen diese bis heute als Steinkreise, stehende Steine, Steinreihen, Steingräber, Steinmauern, Steinhütten, aus späterer Zeit auch als christliche Steinkreuze. Irland ist voller alter Steine, die nicht von einem Gletscher, einem Beben, einem Steinschlag oder einer anderen Naturgewalt an die Stelle gehievt wurden, wo sie heute stehen oder liegen.

Die jungsteinzeitlichen Monumente sind die ersten dauerhaften Manifestationen des Menschen in der irischen Landschaft, der Beginn der Architektur in der Zeit, als Menschen auf der Insel erstmals sesshaft wurden. Die Monumente legen nahe, dass die frühen Siedler eine funktionierende soziale Organisation hatten; es bedurfte einer fein abgestimmten Kooperation vieler Individuen, um die vielen Tonnen schweren Steine zu transportieren, aufzurichten, einzugraben oder zu stapeln.

Der Gang zu einem Ort mit jungsteinzeitlichen Monumenten gleicht einer Zeitreise, zurück in eine vorgeschichtliche Epoche, als die riesigen Findlinge von hart arbeitenden Menschen ohne ausgefeilte technische Hilfen mühsam und langsam in Position gebracht wurden. Zu rituellen Zwecken, als Begräbnisstätten und aus Gründen, die auch die Experten bis heute nicht verstehen. Zwar ranken sich zahlreiche Geschichten und Legenden um die alten Kreise und Gräber, doch das gesicherte Wissen über diese anziehenden Orte hält sich in überschaubaren Grenzen. Conny Murphy, ein erfahrener Archäologe aus Castletown Berehaven im County Cork und Kenner der steinernen Hinterlassenschaften im Südwesten Irlands, wird betont einsilbig, wenn es um die Deutung der Funde geht: »Wir können die Stätten recht gut datieren, wir können aus den Funden auch einiges herauslesen: Wenn wir zerbrochene Steine und Holzkohle an einem Ort finden, können wir zuverlässig schließen, dass dort vor langer Zeit eine Kochstelle eingerichtet war. Wenn wir Asche in einem Tongefäß finden, können wir sicher sein, dass hier Menschen beerdigt wurden. Weil schriftliche Überlieferungen fehlen, haben wir insgesamt aber wenig gesichertes Wissen, vor allem, wenn es um rituelle und kulturelle Handlungen ging.« Die frühen Siedler und auch später die Kelten pflegten die mündliche Überlieferung und hinterließen keine Schriftstücke. Ihre Kultur wird deshalb immer ein Stück weit im Dunkeln bleiben.

Die alten Steine stehen heute in der irischen Landschaft wie vor 4000 oder 5000 Jahren, sie trotzen der Zeit. Die Hünengräber, Keilgräber, Ganggräber, die Steinkreise und Steinreihen werden gelegentlich irrtümlich für Keltensteine gehalten, sie waren allerdings wesentlich früher da, lange bevor die Kelten vor 2500 Jahren auf die Insel vordrangen. Die Kelten haben die Anlagen in Ehren gehalten und sie wohl auch selber benutzt, so lange, bis die christlichen Missionare die wichtigen Orte für ihr Glaubenssystem umdeuteten und viele von ihnen mit eigenen Symbolbauten für ihre Zwecke nutzten.

Irlands Landschaft ist heute ein großes Freilichtmuseum für Megalithen, die Steine aus der Jungsteinzeit und der Bronzezeit. Haus- und Straßenbau gelten als riskantes Unterfangen, denn die Chance, beim Buddeln in der Erde auf alte Monumente zu stoßen, ist groß – und es den staatlichen Denkmalpflegern anschließend recht machen zu müssen, kann teuer werden.

Fragilere und nicht minder interessante Zeugen der Vergangenheit hat das irische Moor unter der Erde konserviert. Etwa ein Sechstel des mit reichlich Regen gesegneten Landes ist mit einer Torfschicht überzogen – in der Hauptsache mit durchschnittlich drei Meter dicken Deckenmooren. Die maßgeblich aus Moosen gewachsenen Moorlandschaften gaben in Zeiten fortschreitenden Torfabbaus manchen Fund preis. Die Moore sind gewissermaßen das Gedächtnis des Landes, und Forscher haben anhand der Funde im Torf wichtige Erkenntnisse über die Entwicklung der Zivilisation gewonnen. Im Mittelpunkt des archäologischen Interesses und der öffentlichen Aufmerksamkeit stehen die Menschenfunde. Zahlreiche Moorleichen wurden in den vergangenen Jahrzehnten beim Torfstechen entdeckt und wanderten nach eingehender Untersuchung ins National Museum in Dublin. Dabei können die Lebenden getrost davon ausgehen, dass die vor Jahrtausenden umgekommenen Menschen, deren Körper das Moor vor der Verwesung bewahrte, nicht im Moor versunken waren, wie man es aus Gruselfilmen kennt. Bei den Funden handelt es sich vielmehr um Opfergaben: Die Menschenopfer wurden nach der Tötung begraben.

Als spektakulär gilt der Fund des *Clonycavan Man* im Februar 2003 in einer Torf-Verarbeitungsanlage in Ballivor im County Meath.[87] Dem im sauerstoffarmen Moor von Clonycavan konservierten Körper fehlte zwar der Unterleib, doch Oberkörper, Arme und Kopf waren bestens erhalten. Der etwa 1,76 Meter große Mann hatte nach Untersuchungen mit der Radiokarbonmethode in der frühen Eisenzeit um 300 vor Christus gelebt und war im Alter von über 25 Jahren an der Einwirkung von brutaler Gewalt gestorben. Seine ungewöhnliche Frisur, sein Bart sowie ein harziges Haargel, das aus Frankreich oder Spanien importiert worden war, wiesen den Clonycavan-Mann als Führer, wahrscheinlich König eines keltischen Stammes aus. Darauf deuteten auch seine Wunden und die Lage des Grabs hin. Er war mit Axtschlägen auf den Kopf getötet worden, wies zahlreiche andere Wunden auf, die auf einen grausamen Tod hindeuten, zudem waren ihm die Gedärme entfernt worden. Die Leiche lag direkt auf der Grenze zwischen den antiken Königreichen von Breag und Mide im heutigen Grenzland zwischen Meath und Westmeath.

Aufgrund von über 40 ähnlichen Funden – darunter auch der bekannte, zu Lebzeiten fast zwei Meter große *Old Croghan Man* aus dem County Offaly – wissen die Archäologen, dass die Kelten ihre Könige am Ende ihrer Regentschaft regelmäßig auf grausame Weise umgebracht haben; das unzweideutige Zeichen vom Ende der Regentschaft waren die abgeschnittenen Brustwarzen. Es hatte bei den Kelten offensichtlich als Zeichen der Huldigung und der Unterwerfung gegolten, an den Brustwarzen des Herrschers zu saugen. Die außer Dienst gestellten Könige wurden alle an den Grenzen ihres Herrschaftsbereichs bestattet, um den territorialen Anspruch des Stammes zu markieren. Auch eine im August 2011 im Cul na Móna-Moor zwischen Abbeyleix und Portlaoise gefundene Moorleiche[88] stützt die Theorien des Kurators und Moorleichenexperten Eamonn Kelly vom National Museum: Die Keltenkönige, Stellvertreter der Sonne auf Erden, lebten vor rund 2500 Jahren ein kultiviertes Leben; sie kümmerten sich sorgfältig um ihr Äußeres, legten Wert auf die Frisur, manikürten sogar ihre Fingernägel, importierten Kosmetika vom Kontinent und aßen viel Fleisch.

Exkurs: Moderner Luxus:
Vom Reiz des irischen Landlebens

Für Stadtmenschen erscheint das Leben in der vielerorts menschen-
armen Landschaft, in der zivilisatorisch reizarmen Umgebung fern
der kontinentaleuropäischen Metropolen langweilig bis unerträg-
lich. Andere, und der Autor schließt sich hier mit ein, erkennen
darin ein großes Stück Luxus, wie es der Schriftsteller Hans Magnus Enzensberger schon 1996 für den *Spiegel*[89] in einem Essay über
den Luxus der Zukunft beschrieb. Enzensberger schrieb: »Der Luxus der Zukunft verabschiedet sich vom Überflüssigen und strebt
nach dem Notwendigen, von dem zu befürchten ist, dass es nur
noch den Wenigsten zu Gebote stehen wird. Das, worauf es ankommt, hat kein Duty Free Shop zu bieten.« Er zählte dann die
sechs zukunftsfähigen Luxusgüter auf:

»1. Die Zeit. Sie ist das wichtigste aller Luxusgüter. Bizarrerweise
sind es gerade die Funktionseliten, die über ihre eigene Lebenszeit
am wenigsten frei verfügen können. […] Unter solchen Bedingungen lebt luxuriös, wer stets Zeit hat, aber nur für das, womit er sich
beschäftigen will, und wer selber darüber entscheiden kann, was
er mit seiner Zeit tut, wieviel er tut, wann und wo er es tut.

2. Die Aufmerksamkeit. Auch sie ist ein knappes Gut, um dessen Verteilung sämtliche Medien erbittert kämpfen. Im Gerangel
von Geld und Politik, Sport und Kunst, Technik und Werbung
bleibt wenig von ihr übrig. Nur wer sich diesen Zumutungen ent-
zieht und das Rauschen der Kanäle abschaltet, kann selbst darüber
entscheiden, was Aufmerksamkeit verdient und was nicht. Unter
dem Trommelfeuer arbiträrer Informationen nehmen unsere sinn-
lichen und kognitiven Fähigkeiten ab; sie wachsen mit der Reduk-
tion auf das und nur das, was wir selber sehen, hören, fühlen
und wissen wollen. Auch darin kann man ein Moment von Luxus
sehen.

3. Der Raum. Was für die Ökonomie der Zeit der Terminkalen-
der, ist für die des Raumes der Stau. Im übertragenen Sinn ist er
allgegenwärtig. Steigende Mieten, Wohnungsnot, überfüllte Ver-
kehrsmittel, Gedränge in den Fußgängerzonen, Freibädern, Disko-
theken, Touristenzonen zeigen eine Verdichtung der Lebensver-
hältnisse an, die an Freiheitsberaubung grenzt. Wer sich dieser

Käfighaltung entziehen kann, lebt luxuriös. Dazu gehört auch die Bereitschaft, sich aus dem Warenberg freizuschaufeln. Meist ist die ohnehin viel zu kleine Wohnung mit Möbeln, Geräten, Nippes und Klamotten verbarrikadiert. Was fehlt, ist jener Überfluß an Platz, der die freie Bewegung überhaupt erst möglich macht. Heute wirkt ein Zimmer luxuriös, wenn es leer ist.

4. Die Ruhe. Auch sie ist ein Grundbedürfnis, das immer schwerer zu stillen ist. Wer den allgegenwärtigen Krach vermeiden will, muß einen hohen Aufwand treiben. […] Der tobende Verkehr, das Heulen der Sirenen, das Knattern der Hubschrauber, die dröhnende Stereoanlage des Nachbarn, die monatelang wummernden Straßenfeste – Luxus genießt, wer sich alledem entziehen kann.

5. Die Umwelt. Daß man die Luft atmen und das Wasser trinken kann, daß es nicht qualmt und nicht stinkt, ist bekanntermaßen keine Selbstverständlichkeit, sondern ein Privileg, an dem immer weniger Menschen teilhaben. Wer sie nicht selbst erzeugt, muß Lebensmittel, die nicht vergiftet sind, teuer bezahlen. Den Risiken für Leib und Leben am Arbeitsplatz, im Verkehr und im gemeingefährlichen Freizeitrummel aus dem Weg zu gehen dürfte den meisten schwerfallen. Auch in dieser Hinsicht sind es die Möglichkeiten des Rückzugs, die immer knapper werden.

6. Die Sicherheit. Sie ist wahrscheinlich das prekärste aller Luxusgüter. In dem Maß, in dem der Staat sie nicht mehr garantieren kann, steigt die private Nachfrage und treibt die Preise in die Höhe.«

So weit Enzensberger, der schon 1996 mutmaßte, dass die Zukunft des Luxus »nicht wie bisher in der Vermehrung, sondern in der Verminderung, nicht in der Anhäufung, sondern in der Vermeidung liegt«. Raum, Ruhe, Umwelt und Sicherheit: Vielerorts im ländlichen irischen Westen gibt es Orte, die diesen immateriellen Luxus im Sinne Enzensbergers in sich bergen und als Erfahrung ermöglichen. Wer sich dann noch die Zeit nehmen kann, sich dies zu vergegenwärtigen, und die Aufmerksamkeit für das Wesentliche aufbringt, genießt die Privilegien eines Luxuslebens. Doch nun Schluss mit der Naturschwärmerei. Reden wir über uns, die Deutschen, und Irland.

Deutsche und Irland:
Gutes Image und gutes Leben

Irland: Eine Frage der Erwartungen

Warum zieht jemand von Deutschland (der Schweiz oder Österreich) nach Irland, um dort zu leben? Diese Frage wurde mir in den letzten Jahren oft gestellt. Ich antworte dann gerne mit der Gegenfrage: Warum reist überhaupt jemand nach Irland, etwa um hier die Ferien zu verbringen? Was macht Irland attraktiv, was zieht Fremde an, welche Bilder und Vorstellungen haben sie gelockt? Ein paar Beispiele:

Die vier Freunde standen angetrunken und schlecht gelaunt vor dem Pub in West Cork. Der Flug mit Ryanair hatte weniger gekostet als eine Zugfahrt von Freiburg nach Frankfurt. Sie waren spontan und ohne Vorbereitung gereist. Sie ahnten noch nicht einmal, wo sie nun waren. Sie hatten nur gehört: Hier gibt es braunes Bier, das berühmte Guinness. Sie erkannten zu spät: Das braune Bier kostet hier mehr als doppelt so viel wie zu Hause. Enttäuschte Erwartungen. Irland: ein Misserfolg.

Der Werbemanager in Frührente bereitete sich akribisch und 18 Monate lang auf seinen Umzug nach Irland vor. Er wollte den Lebensabend in »seinem geliebten Irland« verbringen. Mit Torffeuerromantik, geselligen Pub-Abenden, irischer Musik. Inzwischen lebt er alleine und ein wenig einsam auf dem Land, das einzige Pub im Ort hat dichtgemacht. Irland: ein Land zum Abbau von Illusionen.

Der Gärtner suchte Raum und Ruhe, um sich ganz der Selbstversorgung zu widmen. Sein Garten wächst und gedeiht. Er ist angekommen. Nur die Einheimischen können sich ab und an ein Lächeln nicht verkneifen, baut der German doch tatsächlich noch selber Kartoffeln an. Sie sagen, er sei »irischer als die Iren«. Er sagt: Irland ist ein Land zum Wohlfühlen.

Der Callcenter-Mitarbeiter und der Jungbanker kamen nach Irland, weil man hier Mitte der 2000er Jahre einmal richtig viel Geld verdienen konnte. Konnte. Jetzt sind Arbeitsplätze knapp, die Gehälter geschrumpft – und der Staat hält die Hand auf, wo er kann. Irland: ein Land zum Bescheidenwerden.

Der Gemüsehändler kam in den 1980er Jahren nach Irland, um sich hier zu entspannen. Er kaufte sich ein Cottage, in dem er jedes Jahr einige Wochen verbringt. Viel Englisch kann er bis heute nicht. Die ständig wechselnden Farben des Himmels sieht er auch so. Irland: ein Land zum Ausspannen.

Der Oberstudienrat hatte Böll gelesen und die wundervollen Aufnahmen des Fotografen Peter Zoeller angesehen. Wieder und immer wieder. Er reist zweimal im Jahr für mehrere Monate nach Irland, um das Leben zu genießen, »wo es noch lebenswert ist«. Irland: ein Land, um sich schönen Träumen hinzugeben.

Die Arbeit, die Liebe, die Hoffnung auf eine besser bezahlte Arbeit, einen Sprung auf der Karriereleiter, auf ein besseres Leben oder auf einen schönen Lebensabend: Ein Blick in die Statistik lässt erahnen, wie vielfältig und individuell die Gründe und Motive für Deutsche sind, nach Westen zu ziehen: Tatsächlich lebten laut Volkszählung im Jahr 2011 rund 11 300 Deutsche in Irland, knapp 4100 mehr als im Jahr 2002 und 1000 mehr als im Jahr 2006. Die Deutschen – 5000 Männer und 6300 Frauen – standen damit an neunter Stelle des Einwanderungsrankings, dessen Spitze seit 2011 von den Polen (122 600) gehalten wird. Die vom Keltischen Tiger in großer Zahl nach der Jahrtausendwende ins Land gelockten Polen lösten die Briten und Nordiren als traditionell zweitgrößte Nationalitätengruppe (112 300) nach den Einheimischen ab.

Jeder dritte Deutsche in Irland lebte zum Zeitpunkt der Erhebung alleine, über 1000 waren Kinder im Alter unter 14 Jahren, mehr als 800 älter als 65 Jahre. 6500 der 11 300 Deutschen arbeiteten in Irland. 3400 deutsche Befragte zählten sich selber zur Gruppe der Unternehmer, Führungskräfte und hoch qualifizierten Berufe. Die Deutschen in Irland lebten in 7400 Haushalten, davon 2500 rein deutschen und 3700 deutsch-irischen. 53 Prozent der Deutschen wohnten – dies Zahlen aus dem Census 2006 – zur Miete, 47 Prozent im eigenen Haus oder in der Eigentumswohnung. Deutsche bevorzugten mehr als alle anderen Nationalitäten ältere

Häuser: Fast zwei Drittel wohnten in Gebäuden, die vor 1996 gebaut worden sind. Als Wohnorte wählten Deutsche bevorzugt Dublin und die Vororte (jeder Dritte) sowie die ländlichen Gegenden im Südwesten und Westen der Insel.[90]

Im 18. und 19. Jahrhundert waren allenfalls einige Individualisten und Einzelgänger gekommen, doch nach dem Zweiten Weltkrieg und besonders ab den frühen 1960er Jahren zog es Deutsche erstmals in nennenswerter Zahl nach Irland. Sie waren vor allem von Angst motiviert, fürchteten die Eskalation des Kalten Krieges und flüchteten vorsorglich und vorübergehend vor dem möglichen atomaren Fall-out an den vermeintlich sicheren westlichen Rand Europas. In jenen Jahren kauften Deutsche im damals bettelarmen Irland riesige Ländereien auf, Hunderte von Hektar Land, ganze Halbinseln, große Farmen – zum Preis von wenigen Mark pro Hektar. Große Grundstücke wurden aufgeteilt, die einzelnen Parzellen gewinnbringend an Sicherheit suchende Landsleute in Deutschland weiterverkauft.[91] In irischen Grundbüchern finden sich aus dieser Zeit noch immer zahlreiche Ländereien mit deutschen Eigentümern, die nie nach Irland gekommen sind und deren Erben nichts von ihrem Glück wissen. Die Angst vor einem Atomkrieg in Mitteleuropa motivierte noch Mitte der 1970er Jahre Schweizer Geheimdienstler, im Südwesten Irlands ein geheimes Exil für die Regierung und für die Goldreserven des Landes einzurichten. Ein Geheimagent kaufte damals für die Bundesräte und deren Familien das Lissard Estate, den Landsitz der O'Donovan's bei Skibbereen. Die getarnte Investition in die Sicherheit der eidgenössischen Polit-Elite wurde allerdings schon nach wenigen Jahren durch eine Indiskretion publik, das Exilschlösschen wurde an Schweizer Privatleute verkauft.[92]

In den 1970er Jahren bahnten sich die 68er – gelockt vom Celtic Folk Revival, von Planxty, den Dubliners, Gertrude Degenhardts Irland-Illustrationen und von eigenen Heile-Welt-Visionen – den Weg zum eigenen Cottage, das man zumeist schon von Weitem an den bunt gestrichenen Fensterrahmen erkannte. In den 1970er und 1980er Jahren erinnerte das Irland der Immigranten bisweilen auch an Australien, das die Briten bekanntlich als Sträflingskolonie besiedelten. Neben vielen ehrbaren Leuten zog es auch finanziell Schiffbrüchige an die Peripherie Europas. Bankrotteure, die in Deutschland eine private oder firmenrechtliche Bauchlandung hingelegt hatten, wählten den »Last Exit Lisdoonvarna«, weil sie sich hier am Rande Europas vor dem Zugriff der heimischen Behörden recht sicher fühlen durften. Sie meldeten sich nach New York City, Campingplatz oder nach einem anderen schwer zugänglichen Ort wie Tel Aviv ab und vollendeten ihre Lebenskarriere zurückgezogen hinter irischen Hecken anstatt hinter schwedischen Gardinen.

Warum aber heute 20- und 30-jährige Irland freiwillig als ihren Lebensort wählen, hat meistens ganz andere Gründe. Ein wichtiger: Weil es möglich geworden ist. Weil die Zugangshürden in einem gut vernetzten Europa niedrig geworden sind. Der Österreicher Harald Gruber,[93] der seit dem Jahr 2008 mit seiner Familie in Blessington bei Dublin lebt, schrieb nach dem Umzug über seine Gründe: »Ich habe meinen Lebensmittelpunkt nach Irland verlegt. Weil ich es so wollte.« Er hatte lange davon geträumt, dann in Zeiten der Globalisierung und des Internets wurde der Schritt möglich und überschaubar. Die Natur, die vielfältige Kultur und das multikulturelle Milieu im Großraum Dublin, die Sprache, das Schulsystem, die interessante Arbeit und das Leben in der Nähe des Meeres, das sind seine Gründe, um zu bleiben.

Zu den Umsiedlern und Teilzeitbewohnern gesellen sich jedes Jahr wochenweise 400 000 bis eine halbe Million Urlauber aus Deutschland, die ihre Ferien in Irland verbringen, das Land mit Auto und Boot, mit Bussen und Bahn, mit dem Rad oder zu Fuß durchqueren – immer auf der Suche nach Erholung, Erlebnis, Erlösung oder Erkenntnis.

Irland: Zwischen Mythos und Wirklichkeit

Woran denken Deutsche, wenn Sie an Irland denken, bevor sie das erste Mal nach Irland reisen? Die *Irish Times* hat im Jahr 2012 1000 Deutsche repräsentativ befragen lassen, und das Ergebnis fiel eindeutig aus: 60 Prozent denken an schöne Landschaften und grüne Wiesen, 20 Prozent an Pubs und Alkohol, immerhin elf Prozent an Kerrygold-Butter und etwa zehn Prozent an Landwirtschaft, Tiere auf dem Bauernhof, Tourismus und – tatsächlich! – schlechtes Wet-

ter. Sieben Prozent der Deutschen assoziieren Irland mit freundlichen Menschen, Musik und Tanz. Der *Irish-Times*-Umfrage zufolge hatten neun Prozent der Deutschen Irland schon einmal
besucht, elf Prozent wollten Irland in den folgenden zwei Jahren
besuchen. Vier von fünf Deutschen, so das interessante Ergebnis
der Zeitungsumfrage, assoziierten mit Irland tatsächlich die kur-
sierenden Stereotypen, Bilder und Klischees.

Kirsten Donnerstag kann das nur bestätigen: »Die Deutschen
verbinden Irland mit Ruhe und Frieden, mit grünen Wiesen und
Schafen, mit geselligen Menschen, mit Pubs und Guinness.« Kirsten arbeitet für die Irland-Information in Frankfurt und ist für das
Marketing der Irlandwerber in Deutschland zuständig. Sie weiß
also, wovon sie spricht, wenn sie die Marktforschungsergebnisse
des »Brand-Checkers« zitiert. Kirsten Donnerstag und ihre Kollegen in den Werbeagenturen sind von Berufs wegen Pfleger des Ir-
landbildes, und die Image-Gärtnerin vom Main besteht drauf, dass
es dieses Irland auch heute gibt: »Diese Realität existiert. Der Rei-
sende bekommt das heute wie vor 15 Jahren.«

Es gibt dieses Irland tatsächlich, in Spuren, in Erlebnissen, in einzelnen Orten und Menschen, sie sind allerdings nur Facetten einer
sehr viel komplexeren Realität; Marketing heißt, zu fokussieren, zu
verschweigen und wegzulassen: Positive Images entstehen durch
das Ausblenden des Alltags, der banalen, der gewöhnlichen und der
Schattenseiten eines Landes. Das wusste schon der legendäre Foto-
graf und Wanderzirkus-Direktor John Hinde, der in den 1950er
Jahren des vergangenen Jahrhunderts das romantische Bild vom
idyllisch-bukolischen Irland entscheidend formte: Hinde hatte
neben der Fotoausrüstung immer eine Säge dabei, und wenn ihm
trotz sorgfältigster Ausschnittwahl ein menschengemachter Fremd-
körper, etwa ein Verkehrsschild oder ein Strommast, im Sucher
in die Quere kam, sägte er kurzerhand ein paar Äste ab und retu-
schierte die Landschaft vor Ort mit frischem Grün. Hindes kolo-
rierte Fotografien gingen um die Welt und trugen maßgeblich zu
einem Bild von Irland bei, das so richtig wie falsch und immer ein
Zerrbild war: das von der romantischen grünen Idylle. Denn die
Fotos verschwiegen, welch armseliges und hartes Leben die Kinder führten, die der englische Fotokünstler neben dem Esel im
Torf posieren ließ, sie verschwiegen die Armut der Bevölkerung,

sie blendeten die Nöte und die Isolation der Menschen im damaligen Armenhaus Europas aus.

Einem anderen großen Image-Gärtner aus den höchsten Sphären der Weltliteratur können die Irland-Werber in Deutschland bis heute nicht genug danken. Er war nicht vom Fach, doch er leistete ganze Arbeit: Der spätere Literaturnobelpreisträger Heinrich Böll veröffentlichte im Jahr 1957 sein »Irisches Tagebuch«[94], das Generationen von Irland-Fans und Irland-Reisenden in seinen Bann zog und auf die Reise schickte. Der Schriftsteller, der sich mit Irland und den Iren wahlverwandt fühlte, zeichnete das durchweg positive Bild eines Volkes, das lebte, als gäbe es kein Morgen, zeitlos, stolz, frei, auch unschuldig, träumerisch, der Musik und dem Alkohol immer zugetan. Der Katholik Böll idealisierte das einfache Leben, er sympathisierte mit dem Primat von Priestern und Promille, er pries die Freiheit des irischen Lebens und schuf letztlich einen imaginären Sehnsuchtsort für die deutsche Seele. Bölls »Irisches Tagebuch« erreichte eine Millionenauflage, noch heute findet der schmale Band mit den 18 Geschichten seinen Platz im Reisegepäck nach Dublin oder Cork und hilft, das romantisierte Bild von Irland am Leben zu halten.

Der deutsch-irische Schriftsteller Hugo Hamilton[95] interpretierte Bölls Tagebuch in einem Beitrag für den Guardian[96] einmal so: »Das ›Irische Tagebuch‹ war überhaupt kein Buch über Irland. Es war ein Buch über all das, was in Deutschland damals fehlte.« Zum Beispiel Zugehörigkeit zu den Menschen und dem Ort oder eine Verbindung zum Seelenraum der Landschaft. Hugo Hamilton wies als Kenner beider Welten ohne Umschweife auf die unterschiedliche Rezeption des Buches in Deutschland und in Irland hin: »Die Iren hassten es. Die Deutschen liebten es« und folgerte: Hätte Böll dasselbe Buch über Deutschland geschrieben, man hätte es ihm als faschistisch ausgelegt.

Doris Dohmen analysierte 1994 in einem klugen Buch über das Irlandbild der Deutschen,[97] was Heinrich Böll in Irland wirklich gesucht hatte: »Böll gibt im ›Irischen Tagebuch‹ […] eine teilweise idealisierte, utopisch anmutende Darstellung Irlands und der Iren. Seine Irlandfahrten gleichen der klassischen Suche nach der griechischen oder italienischen Idylle, in seinem Fall nach einer Gegenwelt zum Wirtschaftswunder-Deutschland. […] Die Idealisierung des Landes erfolgt wohl teilweise wider besseres Wissen: Die Bezeichnung der Iren, in frühen Zeiten gefürchtete Seeräuber, als friedfertiges Volk, dient nicht der Abbildung von Wirklichkeit, sondern der Entkräftung des Barbaren- und Paddyimages. Böll ist nicht an der Wiedergabe historischer Fakten, sondern an der Vorbildfunktion der irischen Gesellschaft für das zeitgenössische Deutschland interessiert.« Dohmen kommt in ihrer Dissertationsschrift zum Ergebnis: »Das ›Irische Tagebuch‹ kann als die erfolgreichste aller Touristenbroschüren gelten. [...] Es löst eine Welle der Irlandbegeisterung aus. Es wird zum Kultbuch einer Generation von Irlandurlaubern, denen die Insel als Gegenbild zu traditionellen Reiseländern mit durchorganisiertem Massentourismus sowie zum hoch industrialisierten Deutschland erscheint.« Böll wirkte und wirkt noch immer.

Bisweilen wundern sich Iren deshalb über die Wahrnehmung ihres Landes durch deutsche Urlauber, und manchen sind Heinrich Böll und sein als *Irish Journal* übersetztes Buch noch immer ein Rätsel oder gar ein Ärgernis. Meine Bekannte Siobhan aus Dublin erinnert daran, dass Irland in den späten 1950er Jahren von einem katholisch-staatlichen Regime beherrscht wurde, das den Menschen das Leben peinlich genau und durchaus brutal vorschrieb. Die Menschen waren gefangen in ihrem kleinen vorhersehbaren Leben, ohne Chance, diesem Dasein zu entkommen. Die Regeln des Staates und der Kirche waren so rigide, dass viele sie wie eine westliche Spielart des Stalinismus wahrnahmen. »In diesem Zwangssystem gab es keine Freiheit – und genau darin irrte Böll«, sagt Siobhan.

Alle Einwände ändern natürlich wenig daran, dass sich die ikonischen Bilder von Irland bis in die Gegenwart hartnäckig halten und sich nur langsam ändern – und dass Urlauber ein Land naturgemäß anders sehen als die Einwohner und Kenner dieses Landes. Sie sehen es vorzugsweise so, wie sie es sehen wollen. Sie konzentrieren sich auf die schönen Seiten, auf grüne Wiesen mit Schafen, die faszinierende Landschaft, die schroff-bizarren Berge des Südwestens und Westens, die Ruhe und Friedlichkeit im Seelenraum der weiten Landschaft, das Pub, die Musik und das Guinness. Sie finden und sie genießen diese Seiten, denn dafür kamen sie herübergeflogen – nicht wegen der heruntergekommenen Straßenzüge in Dublins Norden, nicht wegen der Messerstecher in Limerick, nicht wegen der Traveller-Siedlungen von Ennis, nicht wegen der verwahrlosten, nie zu Ende gebauten und nie bezogenen Siedlungen am Ortsrand von Ballyüberall und auch nicht wegen der Krankenhäuser auf Dritte-Welt-Niveau.

Unter den Einwanderern auf der Insel, den zugezogenen Deutschen, wird bisweilen ein zäher Kampf ausgefochten um die Deutungshoheit über Irland und darüber, wie sie denn nun wirklich sind: das Leben, das Land und die Iren als solche. Was ist das authentische Irland? Das originale? Sind Iren nun wirklich die freundlichsten Leute der Welt, haben sie diesen guten Ruf tatsächlich verdient? Oder sind sie einfach nur konfliktscheu und verstecken sich hinter einer freundlichen Fassade? Ist das Wetter in Irland wirklich so schlecht, wie man immer sagt, oder sogar noch schlechter? Oder vielleicht doch besser als sein schlechter Ruf? Ist Irland ein weites Land mit viel Raum oder einfach nur eine kleine Insel? Gibt es das alte traditionelle, kulturell reiche Irland noch, oder ist es ein seelenloses modernes konsum-kapitalistisches Land wie jedes andere? Die Debatten werden heute überwiegend online geführt, und die Antworten auf diese großen Fragen der »Irlandologie« fallen je nach Standpunkt, nach Herkunft, nach den eigenen Erfahrungen, Erfolgen, Erwartungen und Enttäuschungen aus.[98] Der Zyniker beschreibt Irland ohne eine Spur von Sympathie, der Enttäuschte verurteilt den Ort seines Scheiterns, die Relativistin erkennt überhaupt nichts Irland-Typisches mehr, und viele Langzeitbewohner preisen das gelobte Land bis heute durch die rosarote, in diesem Fall die grüne Brille oder aber als dieses großartige kleine Land, dieses andersartige Land, in dem freilich auch niemand den Tücken und Mechanismen des Alltags entkommt.

Auch Generationen von Urlaubern haben das Heile-Welt-Irland gesucht – und da und dort gefunden. Oft genug aber haben sie auch festgestellt, dass die Suche nach dem Authentischen leicht ins irische Wolkenkuckucksheim führt: an das Ende des Regenbogens, in die kitschbeladenen Souvenir-Shops der Tourismuswirtschaft, ins sterile Besucherzentrum oder in das Leprechaun-Museum in Dublin. Manche Suchen sind dagegen geradezu trivial. Deutsche in Irland suchen leidenschaftlich nach dem, was es nicht gibt, und pflegen neben dem Wetter ein zweites Lieblingsthema: »Was fehlt?« Generationen von Irlandfahrern haben dieses Thema bis zum letzten Brosamen durchgekaut.[99] Von Maggi über guten Riesling, vom erlesenen Kaffee und dem kernigen Schwarzbrot oder dem Quark, vom Mettbrötchen mit Zwiebel zur Bratwurst bis hin zum Sauerkrautsaft, zur vielfältigen Salatbar, zur deutschen Oberpünktlichkeit und zur preußischen Zuverlässigkeit: Es lässt sich lange über Verlangen und Verzicht klagen – und anhand der deutschen Mischbatterie lässt sich am irischen Waschbecken sogar die vermeintliche Überlegenheit trefflich herausstreichen. Der Ire mischt das Wasser, und da ist er ganz Engländer, an Ort und Stelle selbst. Aus einem Kaltwasser- und einem Warmwasserhahn fließt das unterschiedlich temperierte Nass ins Becken und mischt sich erst dort, manchmal sogar zur gewünschten Wohlfühltemperatur.

Tatsächlich war das Warenangebot noch in den 1990er Jahren vergleichsweise eingeschränkt. In den Lebensmittelläden fehlte es vor allem an Frischwaren, an einem breiten Sortiment an Obst und Gemüse; Wein war im Land der Biertrinker durchaus exotisch, man wählte im Restaurant zwischen einem weißen und einem roten. Für eine gute Flasche Wein wurde ein kleines Vermögen fällig. Doch diese Zeiten sind lange vorbei. In den Jahren des Keltischen Tigers internationalisierte sich das Warenangebot. Was der kleinen deutschen Community nicht gelang, schaffte die große polnische: Deren Waren füllten bald eigene Regale in den Supermärkten, und siehe da, in der polnischen Abteilung von Tesco stellte sich bald auch Maggi-Würze ein. Selbst im Dorf-Pub gibt es nun bayerisches Weißbier zu kaufen. Den restlichen heimwehmotivierten Mangel schafften die globalen Versandhändler des Internetzeitalters aus der Welt. Was also fehlt? Nichts. Zumindest nichts von Belang.

Der deutsch-isländische Schriftsteller Kristof Magnusson[100] sagte einmal, dass Elfen für Island das sind, was Nazis für Deutschland. Er meinte das Stereotyp, auf das Länder im Ausland reduziert werden. Für Irland sind es wahrscheinlich die *Leprechauns,* die Kelten oder die Rothaarigen (dazu mehr im letzten Kapitel). Das Stereotyp ist die gröbste und unschärfste Form der Verallgemeinerung; ohne Generalisierungen kommt andererseits niemand aus, der sich im Leben zurechtfinden will. Wenn nun junge Iren versuchen, ihr Land zu charakterisieren, verallgemeinern sie eventuell genauer und zutreffender, als es Besuchern möglich ist, die Kerrygold, Kleeblatt, Feen und Rundtürme assoziieren. Die folgende Sammlung irischer Stereotype kursierte Ende 2011 unter jungen Leuten auf diversen Webseiten im Internet.[101] Die Teilnehmer mussten diesen Satzanfang assoziativ ergänzen: »Irland, schöne Heimat, ist der einzige Ort, an dem …« Das waren die Antworten: Irland ist der einzige Ort, an dem

› die deutlichste Form »Nein« zu sagen, lautet: »Na, klar, werde ich tun.«

› *Gaelic Football* Religion ist.

› eine Tasse Tee die Lösung für jedes Problem ist.

› man als Leichtmatrose beschimpft wird, wenn man an einer Alkoholvergiftung stirbt.

› »Fuck off« eigentlich »Ist das dein Ernst?« bedeutet.

› Kartoffelchips *Taytos* und Limonaden *Fizzy Drinks* heißen.

› Wasser das Heilmittel für sämtliche Sportverletzungen auf dem Fußballplatz ist.

› der Mensch, den du am schlimmsten beleidigst, dein bester Freund ist.

› man in jedem Satz den Namen eines Gartenwerkzeugs wie »Rechen« (rake) oder »Schaufel« (shovel) unterbringen kann und der Satz dennoch Sinn ergibt: zum Beispiel: »I had a rake of drink last night« (Ich hab mir gestern ganz schön einen hinter die Binde gekippt) oder »I'll be out in a minute, I'm just shoveling down the dinner« (Ich komm gleich, ich schaufel grade noch mein Essen runter).

› man als Kind ins Bett geschickt wurde, nachdem die TV-Serie »Glenroe« vorbei war.

› jeder ständig das Wort *Jaysus* (Jesus) im Mund führt.

› Man alles anstellen kann, solange man es *for the craic* (zum Spaß) nennt.

› jemand sagt: »Ich geh auf einen Drink«, um drei Tage nicht mehr aufzutauchen.

› du deine Mutter auch als Erwachsener ungestraft *Mammy* (Mutti) rufen darfst.

› das Wort *like* in jedem Satz völlig sinnfrei untergebracht werden kann. Beispiel: »I'm away to the pub like.«

› Teetrinken das perfekte Vergnügen ist.

› man seine Zufriedenheit mit dem Gang der Dinge so ausdrückt: »Jetzt saugen wir Diesel.« (»Now we are sucking Diesel.«)

> der Begriff »die Eier des Hundes« (»the dog's bollocks«) für die Beschreibung von etwas unbestreitbar Großartigem benutzt wird.

> der Ausdruck »Es ist großartig« (»It's grand«) aufhorchen lässt, weil er Pfusch, Unfertiges oder Unvollkommenes systematisch schönredet.

> jemand, von dem es heißt, er trinke gerne ein Gläschen (»He's fond of a drink«) unter lebensbedrohender Alkoholsucht leidet.

Exkurs: Meine zehn Gründe, in Irland zu leben

Einmal im Jahr aktualisiere ich eine Liste der Dinge und Phänomene, die mir in Irland gefallen, die unser Leben bereichern und die erklären, warum wir gerne in Irland leben.[102] Im Jahr 2015 sieht diese Liste so aus:

1. Weil die Natur hier überlebt hat: Die Schönheit der Berge, des Meeres, der Wiesen und Wälder geht zu Herzen. Weil ich hier den ersten Adler in freier Wildbahn beobachten durfte.

2. Weil es in Irland noch immer vieles zu entdecken gibt. Nicht jeder Stein ist schon dreimal umgedreht, nicht jeder Berg für Freizeitvergnügte erschlossen.

3. Weil die Iren uns lehren, dass Siege Niederlagen sein können – und umgekehrt.

4. Weil Iren meist nette Leute sind: Sie sind anarchisch, freundlich, redegewandt, schlitzohrig, gerne einmal feige und unaufrichtig, dazu stur, gesellig, feierfreudig, unkompliziert und stets interessant.

5. Weil das Wetter in Irland immer beachtenswert ist: Es schützt dieses Land vor allerlei – auch vor dem Mallorca-Syndrom.

6. Weil der Staat ferner ist als anderswo. Der Einzelne hat mehr Spielraum, mehr Freiheit, aber auch mehr Eigenverantwortung als im überregulierten Vorsorgestaat. Regelwut und Perfektionismus haben hier weniger Chancen auf Realisierung.

7. Weil die Stille hier eine Erfahrung ist. Man kann sie hören, die Stille, diese völlige Abwesenheit von Zivilisationslärm.

8. Weil die transatlantische Luft gut und sauber ist: die beste Luft Europas, die jederzeit frisch vom Atlantik geliefert wird. Kein

Sommer-Smog, kein Winter-Smog. Immer Zeit zum Durchatmen.

9. Weil wir in Parallelwelten leben: Das Irland der Gegenwart ist ein modernes Land mit allen Annehmlichkeiten, die man braucht oder auch nicht. Auch das alte Irland lebt in Geschichten, Traditionen, in Liedern, in Nischen und in einzelnen Menschen weiter.

10. Weil »Deutscher in Irland« ein schöner Beruf ist.

Moderne Mythen, Märchen und ein paar Wahrheiten

Wir biegen allmählich auf die Schlussgerade dieser Irlandreise ein. Widmen wir uns zum Schluss ein paar besonders hartnäckigen Mythen, und setzen wir ein paar Fakten und ein Märchen dagegen.

Die Sache mit den rothaarigen Iren

Wie stellt man sich die typischen Iren vor? Natürlich sommersprossig, weißhäutig und rothaarig. Im wirklichen Leben wird man die rothaarigen Iren jedoch suchen müssen, denn nur jeder zehnte eingesessene Inselbewohner trägt tatsächlich einen roten Haarschopf, was bedeutet: neun von zehn tragen keinen. Das Image von den rothaarigen Iren hält sich dennoch hartnäckig – und zugegeben: Es ist nicht vollkommen falsch. Der Anteil der rothaarigen Menschen weltweit beträgt ein bis zwei Prozent, Rot ist damit die seltenste Haarfarbe auf der Welt. In Europa gibt es vier Prozent Rothaarige, sie leben vor allem in Europas Norden und Westen. In Irland stellen sie immerhin zehn Prozent der Bevölkerung, und 30 Prozent der Iren tragen die rezessiven genetischen Anlagen in sich. Die mit Abstand meisten *Redheads* leben aber auf der anderen Seite des Nordkanals, in Schottland: 14 Prozent tragen dort über dem Rock rot (und darunter auch). Was uns lehrt: Die Schotten sind die wahren Rotköpfe Europas.

Der Künstler Bart Rouwenhorst ist ein rothaariger Experte für alles Rothaarige. Bart hat den jährlichen »Internationalen Rothaarigentag« im niederländischen Breda erfunden, und Bart kämpft selbstbewusst für die Rothaarigen, die allzu oft Zielscheibe für Angriff sind. Wir fragten Bart: »Werden Rothaarige diskriminiert?« Offensichtlich, so Bart, werden Rothaarige vor allem in Großbritannien gehänselt und es wird gestichelt, was gut ins Bild passt. Dort werden Rothaarige als *Gingers* oder *Carotheads* (Karottenköpfe) verunglimpft, und es gab schon einige erfolgreiche Antidiskriminierungsklagen gegen britische Peiniger. Einer britischen Kellnerin wurden beispielsweise im Jahr 2007 18 000 Pfund Schmerzensgeld zugesprochen, weil Arbeitskollegen sie wegen ihrer roten Haare gehänselt hatten.[103] Bart Rouwenhorst führt die Vorbehalte gegen Rothaarige auf alte Vorurteile zurück: Viele der armen Auswanderer aus Irland im 19. Jahrhundert hatten rote Haare. Die Haarfarbe galt deshalb als ein Zeichen für Armut. Der Holländer mit Dreitagebart macht den Erdbeerblonden und Kupferfarbenen jedoch Mut: Wer als Kind oft gestichelt wird, mausert sich meist zu einer starken Persönlichkeit. Womit klar wird, woher die Iren ihre freundliche Dickköpfigkeit und Sturheit haben. Der Volksglauben will zudem wissen, dass Rothaarige besonders feurig, scharfzüngig und sexuell aktiv sein sollen. Kein Geringerer als der irische Schriftsteller Jonathan Swift beförderte – wenn auch auf satirische Weise – die Fabel von der sexuellen Potenz. In seinem bekanntesten Werk, »Gullivers Reisen« aus dem Jahr 1726, schrieb der Dubliner Swift über die Rothaarigen: »Es ist bekannt, dass die Rothaarigen beider Geschlechter lüsterner und boshafter sind als der Rest, den sie an Stärke und Aktivität bei Weitem übertreffen.«

Derlei »Erkenntnisse«, die sich auch die Kirche bekanntlich zu eigen machte, um rothaarige Frauen zu verfolgen, sind heute längst ins Reich des Aberglaubens verbannt. Fakt ist dagegen, dass das rote Haar in der Regel stärker, nämlich dicker ist als das blonde und das schwarze. Rothaarige haben aus diesem Grunde deutlich weniger Haare als Blonde, was durch die Dicke des roten Haares ausgeglichen wird. Und ebenfalls Fakt ist, dass die roten Haare zusammen mit Sommersprossen und heller Haut auftreten. Diese genetische Ausstattung verschafft den Trägern Vorteile in sonnenärmeren Gefilden und lässt sie leichter und schneller Vitamin D im Sonnenlicht produzieren, wenn die Sonne denn einmal scheint.

Der wahre Keltische Tiger: Der Esel

Die Landessymbole Irlands sind die Harfe, das Kleeblatt und bis zum Jahr 2007 inoffiziell der Bagger. Die Landesheiligen heißen St. Patrick, William Butler Yeats und Michael Collins, für Geschichtsmuffel: Das war der große Führer des irischen Unabhängigkeitskampfes, der im Sommer 1922 im Bürgerkrieg einem Hinterhalt zum Opfer fiel und bis heute bei der Hälfte der Iren unbewiesen als größter irischer Politiker aller Zeiten gilt. Nationale Institution sind die *Late Late Show* und das Samstagslotto, das Fetischtier der Insel aber war zehn Jahre lang »Panthera tigris, var. celtica«, der Tiger in seiner urtypisch keltischen Ausprägung. Nachdem sich der Keltische Tiger, das alte kapitalistische Raubtier, zahnlos und müde ins Tierasyl zurückzog, ist es an der Zeit, dem wahren Nationaltier Irlands, dem ein Platz im Wappen gebührt, ein Denkmal zu setzen: dem guten alten irischen Esel. Asinus, das ewige Langohr, ist das heimliche Nationaltier der Insel – auch wenn die zu Wohlstand gekommenen Iren sich pferdenärrisch geben, auch wenn viele Kleine Leute windhundbesessen sind, auch wenn die nationale Transportgesellschaft Bus Eireann an ihrem irischen Setter als Maskottchen festhält – und auch, obwohl Urlauber immer das Schaf wählen würden.

Der Esel nämlich erzählt wie kein anderes Tier die Entwicklung Irlands aus der Armut in den Hochmut. Noch vor 20 Jahren schickten entzückte Irlandromantiker die Postkarte mit dem Farmer auf der Eselskarre nach Hause, galt der Typus des aus der Zeit gefallenen Landmannes doch als geradezu ikonisch für die Insel, auf der die Zeit stehen geblieben schien. Trafen sich zwei Eselskarren postkartengerecht auf einer engen Landstraße, unterschrieb man den Gruß von der Insel gerne mit »Rush Hour Ireland«. Dann kamen die stürmischen Jahre des Keltischen Tigers. Die Landwirtschaft trat Hand in Hand mit der Armut den Rückzug an, aus Farmern wurden Großgrundbesitzer und Baulandverkäufer, die Karren wurden von Traktoren und Quadbikes ersetzt – und aus dem ehedem überlebensnotwendigen Arbeitstier und Transportmittel Esel wurde ein nutzloser Futtervertilger. Bald sah man die typischen einachsigen Eselskarren hinter den Ställen verrotten, und überall im Land standen Esel auf den zuwachsenden

Wiesen herum – zurückgelassen, arbeitslos, nutzlos, verwahrlost, zu langsam, zu eigensinnig und zu unschick für die große Party- und Immobiliensause, die ab der Jahrtausendwende zwischen Waterford und Letterkenny anhob. Der irische Esel hatte seine Schuldigkeit getan – und ausgedient.

Als Verlierer im großen Wohlstandsspiel starben tausende ausgemusterte Langohren frühzeitig an Hunger und Krankheiten, manche auch an den Folgen von Misshandlung. Der irische Esel war zum lebenden Symbol des Unzeitgemäßen geworden. Das tragische Leid der Esel rief vereinzelt Tierfreunde auf den Plan, die Tierheime für Esel[104], sogenannte Donkey Sanctuaries, gründeten. Sie sammelten verwahrloste Esel ein, versorgten sie medizinisch und gaben ihnen im Esel-Asyl das Gnadenbrot. Im großen Vergessen lebte derweil auch das kleine Erinnern fort: Während viele Bauern der vierbeinigen Nutzlosigkeit nicht auch noch teuren Hafer hinterherwerfen wollten, begannen Menschen, die die alten Zeiten gar nicht so schlecht gefunden hatten, oder zu Wohlstand gekommene Iren, sich zum Spaß Esel als Haustiere zu halten. So wurde der Esel zum neuen Statussymbol in der Wohlstandsnische der Neureichen. Die stille Botschaft des im großen Vorgarten grasenden Vierbeiners: Seht her, ich bin traditionsbewusst, mein keltischer Esel ist zwar unnütz, aber das leiste ich mir genauso wie die *Gael Scoil* für unsere Kinder.

Immerhin: Der Esel lebt, und das gar nicht so schlecht. Sollte er in Form des Goldesels das Symbol für eine neue, nachhaltige Ära des Wirtschaftens auf der Insel werden? Wir werden sehen. Nicht viel besser ging es übrigens den noblen Verwandten des Esels, den Pferden. Davon erzählt das nächste Kapitel.

Die Tierliebe: Eine knappe Ressource

Die Not der Pferde in Irland avancierte im Jahr 2010 sogar zum Dauerbrenner in deutschen Medien. Über 20 000 Pferde, so schrieben Zeitungen, Magazine und Online-News ungeprüft voneinander ab, würden in Irland unter dem Existenzminimum vegetieren.[105] Einst Statussymbol in der wohlhabend-arrivierten *Celtic-Tiger*-Gesellschaft, würden die Warmblüter nun in der Wirtschaftskrise ein elendes Dasein fristen; ausgesetzt, ohne Futter, auf sich allein gestellt, dem Tod geweiht. Die geschätzte Zahl stammte von der Irish Society for the Prevention of Cruelty to Animals (ISPCA). Genaue Zahlen gab es nicht. Doch das Leid von tausenden Tieren konnte erkennen, wer zur Zeit der Pferdekrise das Land bereiste. Allein entlang der Autobahnen im Großraum Dublin standen hunderte verwahrloste, struppige, abgemagerte Tiere. Auf dem Smithfield Market im Norden Dublins kauften sich Jugendliche für weniger als zehn Euro Pferde, um sie nach kurzer Zeit mitten in der Stadt sich selber zu überlassen. Schließlich kamen sogar deutsche Tierschützer unter norddeutschem öffentlich-rechtlichen TV-Kameraschutz als Pferderetter auf die Grüne Insel, um die ausgesetzten Pferde Irlands öffentlichkeitswirksam und vom Fernsehen dokumentiert zu retten. Eine Transferstation wurde eingerichtet, um Tiere von Irland unter Höchstaufwand nach Deutschland zu transportieren. Tausende andere Pferde landeten in einer Pferdemetzgerei, das Fleisch wurde – mangels Nachfrage im eigenen Land – überwiegend nach Frankreich exportiert.

In nur zwei Jahren hatte sich die Lage in Irland komplett gewendet: Die zahlreichen Pferdegestüte, die sich während des Booms meist aus einfachen Farmen entwickelt hatten, blieben plötzlich auf ihren Tieren sitzen. Zahlreiche Eigentümer von Pferden konnten und wollten sich ihre Tiere nicht mehr leisten und überließen diese sich selbst. Der Markt brach zusammen. Die Pferdekrise von 2010 konnte jedoch nur aufgrund einer in Irland weitverbreiteten Einstellung von Menschen gegenüber Tieren entstehen. Die in Westmeath lebende Tierschutz-Aktivistin Beatrix Urban hat diese Einstellung am Beispiel der Hunde in Irland so beschrieben: »Die Tierschutzsituation in Irland ist denkbar schlecht. Nicht deshalb, weil hier mehr Hunde als in anderen Ländern gequält werden; oder nicht deshalb, weil strikte Hundeverordnungen die Hundehaltung schwierig gestalten, sondern weil die irische Bevölkerung ein gespaltenes Verhältnis zu Tieren hat. Es gibt Hundehalter, die hohe Ambitionen für ihre Tiere haben, Züchter und Aussteller; weiter gibt es Hunde, die ihren Lebensunterhalt verdienen, wie Jagdhunde, die meist nur saisonbedingt arbeiten […] und für den Rest der Zeit weggesperrt werden: Border Collies, die Schafe hüten, Windhunde, die auf der Rennbahn ihren Unterhalt verdienen müssen. Weiterhin gibt es Hunde, die dem Menschen keinen Nutzen bringen, also reine Haushunde. Egal, in welche Kategorie ein Hund fällt, sobald er seinem Menschen keinen wirtschaftlichen Vorteil mehr bringt oder sogar zur Last fällt, muss er weg, für billig Geld wird schnell ein neuer angeschafft.«

Das Verhältnis zwischen Mensch und Tier ist also überwiegend von Nützlichkeit bestimmt. Bringt das Tier keinen Nutzen, ist sein Schicksal oft besiegelt. Unverkäufliche Nutztiere, über den Bedarf hinaus gezüchtete Pferde, ausrangierte Rennhunde oder alternde Schäferhunde finden meist wenig Gnade. Während in anderen Ländern Europas der Begriff »Tierschutz« allmählich durch das Konzept der »Tierrechte« abgelöst wird, bewegen sich die Tierschutzorganisationen in Irland bis zum Jahr 2013 auf dem Boden eines uralten Tierschutzgesetzes aus dem Jahr 1911, und sie haben es mit einem Staat zu tun, der sich nicht gern einmischt und sich allenfalls an der Beseitigung der Schäden beteiligt. Beatrix Urban schreibt dazu: »Dieser irischen Mentalität kommt der Staat entgegen, indem er die Einrichtung von sogenannten Dog Pounds ermöglicht. Dies sind Tier-Auffangstätten, in denen man seinen nicht länger erwünschten Hund abgeben kann, damit er auf Staatskosten eingeschläfert wird.«[106]

Besonders traurig ist das Schicksal der Windhunde: Sie werden für die populären Hunderennen gezüchtet, bei denen auf die Hunde gewettet wird. Der Bedarf an frischen Hunden ist groß, die BBC schätzt ihn für Großbritannien und Irland auf 25 000 Hunde pro Jahr ein.[107] Die »Rennpferde des kleinen Mannes« arbeiten in der Regel fünf Jahre auf der Rennbahn, danach werden sie unnütz und überflüssig. Gar nicht erst auf die Beine kommen dagegen tausende Windhundwelpen, die bald nach der Geburt getötet werden, weil aus jedem Wurf in der Regel nur das beste Tier für eine Rennkarriere ausgesucht wird.

Eine aus den Fugen geratene Hundezucht und die weitgehend fehlende Geburtenkontrolle ließen das Heer der streunenden Hunde Anfang der 2000er Jahre zu ungeahnter Größe wachsen. Im Jahr 2000 wurden in den *Pounds* von Irland 38 000 Hunde eingeschläfert. Tierschützer mussten entsetzt feststellen, dass die Briten trotz der 13-mal größeren Bevölkerung nicht mehr Hundeopfer produzierten als die Iren.

Seitdem scheinen die Zahlen unter dem Eindruck einer öffentlichen Diskussion und aufgrund des Engagements vieler neuer Tierschutzvereine allmählich zurückzugehen: Im Jahr 2011 wurden 5600 Hunde eingeschläfert, doppelt so viele an neue Besitzer vermittelt.

Katzen haben dagegen bis heute gar keine Lobby: Die Tierschützer von »Animal Concerns« hatten auf einer inzwischen eingestellten Website berechnet, dass in Irland pro Jahr 180 000 junge Katzen ums Leben kommen, bevor sie vier Monate alt werden,[108] und auch Wildtiere haben es schwer: Jahr für Jahr töten Farmer tausende Füchse und Dachse, weil diese im Verdacht stehen, Lämmer zu töten oder das Vieh mit Krankheiten anzustecken. Im County Kerry ist noch immer die Sitte zu beobachten, getötete Füchse wie eine Trophäe auf einen Weidezaun zu hängen; im County Cork werden die Trophäen auch schon einmal an den Straßenrand geworfen. Selbst die mit viel Mühe und großem Aufwand seit dem Jahr 2007 wieder eingesetzten Seeadler und Steinadler werden nicht verschont: 29 von 160 eingesetzten Großvögeln wurden bis Juni 2012 tot aufgefunden – die meisten hatten sich an ausgelegten Ködern vergiftet.[109] Diese Praxis ist zwar gesetzlich verboten; das Gift, mit dem Bauern Lammkadaver präparieren, die sie dann als Köder auslegen, blieb allerdings weiterhin frei verkäuflich.

Karl Marx wollte den Zivilisationsgrad einer Gesellschaft an ihrem Umgang mit den Frauen erkennen. Menschen, die besser mit Tieren als mit Menschen auskommen, unterscheiden Gesellschaften bisweilen nach ihrem Umgang mit den Tieren. Sie nennen eine Gesellschaft human, wenn Lumpi und Mietzi am Familientisch fressen und in Frauchens Bett schlafen dürfen. Die irische Gesellschaft gilt als zivilisierte und aufgeklärte, die sich allerdings zu schnell und zu radikal an die »Segnungen« der liberalen Überflussgesellschaft gewöhnen musste. Die Folge sind Verwerfungen, Ungleichzeitigkeiten, Brüche. Aufgeklärtheit und Aberglauben, traditionelle und neue Werte, der alte und der moderne Lebensstil – sie existieren mehr oder weniger einträchtig nebeneinander. Hunde, Katzen und Pferde – sie werden auch in Irland von vielen Menschen geliebt, vermenschlicht und verwöhnt; andererseits lebt es sich auf vier Beinen in Irland tendenziell noch immer gefährlicher als anderswo, besonders auf dem Lande.

Kaum in Irland angekommen, hatten wir schon Familienzuwachs in Aussicht: Tommi, der kleine Border Collie, wollte aufgenommen sein. Er stammte aus einem Neunerwurf, den ein Mädchen aus dem nahen Fluss gefischt hatte. Die Welpen waren in einer Plastiktüte ins Wasser geworfen worden, eine Art postnatale Geburtenkontrolle im Stil mancher irischer Farmer: Vier der jungen Hunde in der Plastiktüte waren tot, fünf überlebten. Ein Beispiel von vielen. Andernorts hält der Farmer die Flinte drauf oder würzt den Fleischhappen mit Rattengift.

Angesichts der zweifelhaften Qualität des Tierschutzes auf der Insel haben sich sogar Rettungsorganisationen etabliert, die gefährdete Border Collies außer Landes vermitteln.

Die tierischen Artgenossen über dem Großen Teich in den USA führen derweil ein Luxusleben mit eigenem Platz am Esstisch und im Menschen-Bett, mit Spielzimmer, Friseur, Krallenpfleger, mit Hunde-Restaurant, eigenem Rentenkonto und eigenem Friedhof.

Anthropologen wollen nachgewiesen haben, dass das Verhältnis der Menschen zu ihren Haustieren kein selbstgewähltes ist, sondern vom sogenannten Entwicklungsgrad der Gesellschaft abhängt. Menschen in Agrargesellschaften pflegen ein distanziertes, vom Nutzen geprägtes Verhältnis zum Tier. Es ist die Domäne des Nutztieres, das Familienmitglied Haustier hat hier keinen Platz. Der Theorie zufolge steht selbst die Zahl der Kinder und die der Haustiere in einem umgekehrt proportionalen Verhältnis. Demnach haben Menschen in den traditionellen Agrargesellschaften viele Kinder und keine Haustiere (dafür viele Nutztiere). Ganz das Gegenteil ist in überentwickelten und überdehnten Gesellschaften wie den USA der weißen Mittelschichten zu beobachten: Kaum noch Kinder, viele Haustiere. Die Hündchen und Kätzchen werden zum Kinderersatz und dementsprechend menschlich und wenig artgerecht behandelt. Irland ist erst seit wenigen Jahrzehnten ein Ex-Agrarland und dürfte deshalb das Verhältnis zu den vierbeinigen und den gefiederten Freunden in absehbarer Zeit maßgeblich verändern und auf eine neue, zivilisiertere Grundlage des Zusammenlebens stellen. Der Staat hat nun seinen Willen erkennen lassen, einen zeitgemäßeren Umgang mit Tieren zu forcieren: Das Parlament verabschiedete im Mai 2013 eine weitgehende Novellierung des über 100 Jahre alten Tierschutzgesetzes.

Ein Volk von umweltsensiblen Naturburschen?

Fahren wir fort mit der Dechiffrierung der beliebtesten Mythen und Märchen über Irland. Es gibt noch mehr vermeintlich schlechte Nachrichten: Auch beim Umweltschutz hinken die Männer und Frauen von der Grünen Insel hinter dem europäischen Hauptfeld hinterher – noch. Und nein: Iren sind nicht besonders naturverbunden, naturnah und umweltbewusst – noch nicht.

Lange war Irland ein weitgehend landwirtschaftlich geprägtes Land, dünn besiedelt, von Industrialisierung weitgehend verschont. Offene Kultur- und Naturlandschaft war das größte Kapital der Insel, und Besuchern drängte sich der Eindruck von der heilen Umwelt und von einer Bevölkerung auf, die genügsam im Einklang mit den Rhythmen der Natur, den Gezeiten des Meeres und den Jahreszeiten lebte. Skeptiker prognostizierten schon damals lediglich »einen Mangel an Gelegenheiten«. Die Gelegenheiten stellten sich bekanntlich in den 1990er Jahren zur Genüge ein, und die Rücksicht auf Natur und Umwelt war so ziemlich das Letzte, was im Alltag der Menschen und auf der politischen Agenda wichtig war. Laxe oder völlig fehlende Umweltgesetze galten bei amerikanischen Großkonzernen als Standortvorteil, wenn sie ihre Europaableger in Irland ansiedelten. Ob die Siedlungspolitik im großen irischen Bauboom noch planerischen Vorgaben oder ob die neuen Vorstädte und die überall entstehenden Streusiedlungen eher dem Chaos-Prinzip folgten, wurde in Fachkreisen bald einhellig diskutiert: Der anorganisch wuchernde Großraum Dublin wurde in Ländern mit stringenter Planungstradition jedenfalls als »das Los Angeles Europas« identifiziert, die Ausdehnung des Ballungsraums verschlang im Zeitraffer Natur- und Agrarland wie nirgendwo sonst in Europa.[110] Im öffentlichen Diskurs der Boom-Jahre spielten derlei Entwicklungen jedoch keine Rolle: Hatte man nicht genug Natur übrig? Gab es nicht noch immer offene Landschaft in Hülle und Fülle? Es gab.

Wasserschutz und Abwasserreinigung, Boden- und Meeresschutz, Vogel- und Artenschutz, auch der Schutz der Menschen am Arbeitsplatz, etwa vor giftigen Chemikalien oder organischer Überbelastung, das blieben derweil eher abstrakte Begriffe, die von EU-Beamten in Brüssel im Munde geführt wurden. Das sich nach langem Stillstand im Eiltempo entwickelnde Land war viel zu sehr mit der Aufholjagd der Modernisierung beschäftigt, um sich auch noch um die Folgeerscheinungen und die Schattenseiten des Fortschritts kümmern zu können. Die politische Führung brachte nicht die Weitsicht auf, um wirksame Gesetze zur Begrenzung und Reparatur der Kollateralschäden der Entwicklung zu beschließen, umzusetzen und zu kontrollieren – auch nicht, um die eigene Bevölkerung an die neuen Aufgaben des behutsamen Umgangs mit den natürlichen Ressourcen heranzuführen. Flaschen- und Dosenpfand, flächendeckende Müllabfuhr, wirksames Recycling – Fehlanzeige. Es war kennzeichnend, dass eine Partei, die sich die Grüne Partei nannte, nie über den Status einer Kleinstpartei hinauskam und trotz einer Regierungsbeteiligung in den Jahren 2007 bis 2011 kaum Spuren in der irischen Politik hinterließ.

Ökologisch orientierte Iren sahen ihre wahren Interessensvertreter und Bündnispartner deshalb bald außerhalb des Landes in Brüssel und Straßburg sitzen: Die Institutionen der Europäischen Union verabschiedeten Umweltgesetz um Umweltgesetz, Direktive um Direktive und übergaben diese den Regierungen der EU-Mitgliedsländer zur Umsetzung in nationale Gesetze. Irland erwarb sich den Ruf als Europameister der Ignoranz und der Missachtung der europäischen Umweltgesetzgebung. Die EU-Kommission zierte sich lange, Strafen gegen Irland zu verhängen, sprach zunächst lediglich Mahnungen und Ermahnungen aus, erhöhte aber gleichzeitig den Druck stetig. Der war nötig, denn zu Beginn des Jahres 2010 hatte Irland 32 europaweit geltende Umweltgesetze für das eigene Land noch nicht umgesetzt. Spätestens als die Troika der Kreditgeber und Irlandretter im Jahr 2010 in Dublin einzog, um der irischen Regierung beim Regieren zu helfen, konnte sich diese nicht mehr entziehen und musste sich um die Einführung umweltpolitischer Mindeststandards wie beispielsweise eine geordnete Wasserversorgung und Abwasserreinigung kümmern. Im Jahr 2012 war die Zahl der nicht umgesetzten EU-Direktiven deshalb immerhin auf 15 gesunken. Dazu zählten jedoch noch immer diese wichtigen Konfliktthemen: die Sicherung von Mülldeponien, die Regulierung von Hauskläranlagen, die Ausweisung von Schutzgebieten für bedrohte Vogelarten, die Reinigung von Abwasser, der Erhalt der schützenswerten Moore, der Schutz des Trinkwassers, die Einführung normierter Umweltverträglichkeitsprüfungen in der Landwirtschaft und der Fischzucht sowie die Überwachung der Tierindustrie. Viel Arbeit also für die Zukunft.

Irlands damaliger Vizepremier und Außenminister Eamon Gilmore lobte die Rolle der Europäischen Union für Irlands Entwicklung im Dezember 2012 über den grünen Klee und betonte dabei auch die Fortschritte im Umweltschutz: »Wir müssen den Modernisierungseffekt anerkennen, den viele Umweltdirektiven der EU in unserem Land bewirkten. Vor gar nicht langer Zeit haben wir noch ungeklärte Abwässer in die Dublin Bay eingeleitet.« Gilmores Bemerkungen in der *Irish Times*[111] brachten ihm spöttische Leserkommentare ein: »Schon merkwürdig, dass ein irischer Politiker zugibt, dass uns diese Reformen aufgezwungen wurden und nicht erfolgt wären, wenn irische Politiker alleine das Sagen gehabt hätten.«

Irland ist also auf dem Weg, dem lange vernachlässigten Umweltschutz mehr Bedeutung beizumessen und zumindest das Niveau der kontinentalen Nachbarländer zu erreichen. Auch im Umweltschutz gibt es bisweilen Entwicklungssprünge – heraus aus der gar nicht so guten alten Zeit direkt in die postmoderne Gegenwart. Die französische Schriftstellerin Benoîte Groult machte sich vor einigen Jahren auf der Insel noch unbeliebt, als sie in einem ihrer späten Werke diese Sätze schrieb: »Die Iren betrachten das Meer als ihre Müllkippe. Sie sind die Müll-Champions. Die Küste ist ihr Mülleimer.«[112] Dabei hatte die in Irland viel gereiste Literatin und Feministin nur eine bekannte Wahrheit ausgesprochen: Die Menschen auf der Insel warfen ihre Abfälle traditionell über die Küstenfelsen ins Meer. Seit Generationen vertrauten sie auf die reinigende Kraft von Ebbe und Flut, und das war in der Ära der Großeltern, als hauptsächlich organische Abfälle sowie ein paar Dosen und ein paar Glasflaschen anfielen, auch kein Problem – bis Massenkonsum und Kunststoffflut auf der Insel Einzug hielten.

In manchen Buchten ließen die Konsequenzen nicht lange auf sich warten: Mehr und mehr spülte die Flut neben Tang, Sand und Muscheln wachsende Berge von Wohlstandsmüll an die Strände: Milchflaschen, Sportschuhe, Margarinebehälter, Plastiktüten, Waschmittelbehälter. Wo dann noch eine Industrie mitmischte, wurde es ganz schnell ganz bunt. Wie zum Beispiel in der Bantry

Bay im Südwesten des Landes. Mit ihren 36 Kilometern ist sie eine der längsten Buchten des Landes und offensichtlich eine der schönsten der Welt. Die Blicke an schönen Tagen sind überwältigend, eine Bootsfahrt in der Bay gehört zu den herausragenden Naturerlebnissen.

Allerdings hat das bedenkenlose Wirtschaften auch vor diesem Juwel nicht haltgemacht. In der Bucht wurde mit finanzieller Unterstützung der EU eine der größten Muschelzuchtindustrien in Europa aufgebaut. Muschelfarmer arbeiteten traditionell mit viel Kunststoff: Plastikschnüren, Seilen, Stricken, Tauen und Tonnen. Auch die Muschelfarmer überließen natürlich – getreu der Devise von der kostenlosen Müllkippe Meer – ihre ausgedienten Schnüre, Tonnen, Stricke und Seile einfach dem Wasser. Das Ergebnis konnte jedes Frühjahr nach den Winterstürmen an den Stränden noch bunter und noch drastischer betrachtet werden: Sie waren übersät mit Plastikabfällen jeder Größe und fast jeder Farbe. Gelbe, blaue, grüne Schnürchen und Schnüre lagen hunderttausendfach verteilt über die Küste.

Die einfache und doch so folgenschwere Rechnung: Die Miesmuschelindustrie entsorgte 15 Jahre lang zum Nulltarif auf Kosten der Umwelt und der Allgemeinheit. Die Leidtragenden waren unter anderem die Bauern, deren Kühe das angeschwemmte salzüberzogene Plastik fraßen, die Vögel und die Fische sowie die Anwohner, die den Müll aus ihren Gärten und Feldern sammeln mussten, und natürlich die Tourismusindustrie.

Hinter dem Hauptverschmutzer der Bucht, der größten Muschelfirma, wie hinter dem größten Bauunternehmen der Region stand ein Unternehmer, der lange nach Gutdünken herrschen durfte: Er war der Herr über 1000 Arbeitsplätze in der Region, er hatte beste Beziehungen zur herrschenden Partei, und er wusste die Politik bei Laune zu halten. Der Boss gab, pflegte Beziehungen und genoss Macht. Doch auch diese Macht stieß nun an Grenzen. Denn das Internet hatte die Welt gewandelt, sie gewissermaßen verkleinert: Sehr bald wurde den Muschelfarmern klar, dass saubere, gesunde Muscheln nur aus sauberen Gewässern und aus sauberen Farmen stammen können. Ihr Geschäft war plötzlich vom eigenen Wirtschaften bedroht. Denn blitzschnell verbreitete das Internet nun auch unliebsame Nachrichten aus der einst abgelegenen Bucht in alle Welt; und es brachte Informationen und Aufklärung in die abgelegensten Landesteile: Mancher Muschelfarmer machte den Meeresschutz bald zu seinem eigenen Anliegen und fing an, die Arbeitsprozesse im Betrieb zu ändern.

Die Vorzeichen standen deshalb gut, dass die lokalen Muschelfarmbetreiber nach konstruktiven Gesprächen mit Anwohnern und anderen Nutzern der Bantry Bay Teil der Lösung werden würden. Am Runden Tisch der Hafenbehörde wurde ein Leitfaden ausgearbeitet, nach dem die Strände gereinigt und die Arbeitsprozesse von schmutzig auf sauber umgestellt werden konnten. Der Runde Tisch füllte das Vakuum, das der irische Staat erzeugt hatte. Im März 2009 beschloss das Bantry Bay Users Forum den ausgearbeiteten Leitfaden als »Code of Practice« für die Muschelindustrie. Mit der Annahme des Dokuments verpflichteten sich die fünf Unternehmen, die Miesmuscheln im großen Stil zu kultivieren, zu sauberen Arbeitsprozessen, zum Schutz der Umwelt, zum ordnungsgemäßen Entsorgen der Abfälle und zur Reinigung verschmutzter Strände – das Ganze auf freiwilliger Basis. Dem Initiatoren der Vereinbarung war klar, dass vom staatlich initiierten Umweltschutz nicht viel zu erwarten sein würde, hatten sich die Behörden doch die Verantwortung für den Missstand ausdauernd und geschickt gegenseitig zugeschoben. Die Initiative für ein sauberes Meer setzte deshalb auf freiwillige Lösungen und schaffte einen Durchbruch: Die beteiligten Muschelfarmer gaben ihre Mitverantwortung für die Verschmutzung der Bucht zu und kooperierten, sie säuberten nun jedes Jahr im Frühjahr gemeinsam mit Anwohnern die Strände vom angeschwemmten Müll. Die Arbeit zeigte bald erste Erfolge, die Strände wurden sauberer, erholten sich zusehends. Eine solide Bilanz kann in weiteren zehn Jahren gezogen werden.

Man sieht an diesem Beispiel: Das Ende der traditionellen Gesellschaft hat Tempo in die Veränderungsprozesse gebracht. Manchmal kann die Entwicklung hin zum Besseren ganz schnell gehen. Manchmal allerdings auch viel zu schnell. Beispiel Müllabfuhr: Als wir im Jahr 2000 in West Cork im ländlichen Irland ankamen, wunderten wir uns über die gelegentlich am Straßenrand liegenden schwarzen Müllsäcke. Wir sollten bald herausfinden, dass es sich um die irische Version einer Müllabfuhr handelte, und in den ersten Jahren legten wir unsere Müllsäcke brav dazu. Die Müllbeutelberge wurden in unregelmäßigen Abständen abgeholt, ein genauer Rhythmus erschloss sich uns nicht. Manchmal, wenn sie zu lange lagen, wurden die Säcke von hungrigen Krähen geplündert, und der Südwestwind verteilte die Abfälle sorgfältig in der näheren Umgebung. Eine kleine Umfrage unter Nachbarn, wie es mit den Müllabfuhrgebühren stünde, löste nur Kopfschütteln, Augenrollen und sarkastische Kommentare aus. »Typisch German«, sagte John, »wollt ihr jetzt auch noch freiwillig für Müll bezahlen?« Denn für die Müllabfuhr gab hier Anfang der 2000er Jahre fast niemand einen Penny aus. Viele Bewohner machten sich noch nicht einmal die Mühe, ihren Müll in Säcke zu stecken und an die Straße zu transportieren. Sie vergruben ihn einfach in einem Loch hinter dem Haus oder machten einmal die Woche das traditionelle Müllfeuer, und auch besagte Variante mit Ebbe und Flut blieb beliebt.

Fast über Nacht sollte sich alles ändern: Das örtliche County Council wagte den großen Wurf und führte ein modernes Müllabrechnungssystem ein: Mülltonnen wurden eingeführt, die Müllwagen wurden mit Waagen und Computern ausgestattet, um die jeweiligen Müllmengen genau zu berechnen. Ab sofort sollte jedes Haus an der Müllabfuhr teilnehmen und die Müllgebühren nach dem Verursacherprinzip pro Kilogramm bezahlen: Was zeitgemäß und gerecht wirkte, endete als Desaster. Die öffentliche Müllabfuhr machte pleite, sie war ihrer Zeit in diesem Falle zu weit vorausgeeilt. Viele Menschen verstanden nicht, warum sie nun eine Mülltonne kaufen und Geld für die Müllabfuhr ausgeben sollten. Manche forderten einen All-inclusive-Pauschaltarif. Andere hielten an den eher traditionellen Formen der Müllentsorgung fest. Wieder andere wussten nicht, wie sie ihre Mülltonne an die Hauptstraße befördern sollten, denn der Müllwagen bediente nur die großen Straßen. Viele Häuser an den kleinen Straßen auf dem Land wurden einfach ausgeklammert. Das Resultat: Der Müllabfuhr brachen die Umsätze weg, was sie dazu veranlasste, schnell eine hohe Grundgebühr einzuführen und die Abrechnung nach Gewicht nur noch symbolisch zu betreiben. Doch auch das half nichts: Die meisten Anwohner nahmen nun gar nicht mehr an der Müllabfuhr teil – und die, die dabei waren, zahlten oft die Rechnungen nicht. Da es in Irland keine Meldepflicht gibt, hatte das County Council keinerlei Möglichkeit, auf eine Einwohnerliste zurückzugreifen und seine Bürger verbindlich zur Müllabfuhr zu veranlagen. Das County Council stellte die bankrotte öffentliche Müllabfuhr im Herbst 2010 ein und verkaufte die Lizenzen an ein Privatunternehmen. Im Februar 2013 besann sich die notorisch finanzknappe Behörde auf die vielen offenen Rechnungen und schickte tausenden säumigen Zahlern zweieinhalb Jahre nach Geschäftsaufgabe die Schuldeneintreiber eines Inkassounternehmens auf den Hals. Die Lehre aus diesem Misserfolg: Auch wer zu früh kommt, den bestraft das Leben; und dann gibt es noch die Variante: Tue lange genug das Falsche, bis es sich als richtig erweist:

Jeden Winter brennen im ländlichen Irland die Weiden und die Berge. Einige trockene Spätwintertage am Stück, und man kann sicher sein: Binnen Tagen steht das Land in Flammen. Die Flächenfeuer, denen auch schon einmal Häuser zum Opfer fallen, gehören zum Jahresritual wie Ostern und Weihnachten. Man nennt sie *Bog Fire* (Moorfeuer) oder *Gorse Fire* (Ginsterfeuer), und sie flackern während trockener Perioden von Dezember bis April. Geredet wird darüber nur hinter vorgehaltener Hand. Doch meist sind es Farmer, die sich mit einem schönen windgetriebenen Großbrand die Arbeit sparen, ihre Schafweiden offenzuhalten und den Ginster, die Brombeeren, den Gagelstrauch und die Pionierhölzer herauszuschneiden. Das thermische Mähen wird seit Generationen praktiziert und gilt schon deshalb als korrekte landwirtschaftliche Methode. Der irische Staat erlaubt Bauern das kontrollierte Abbrennen von Anfang September bis Ende Februar und steht mit dieser Praxis ziemlich alleine da. Aus Umwelt- und Sicherheitsgründen ist der Feuereinsatz in der Landschaft in den meisten Ländern Mitteleuropas seit Jahrzehnten streng verboten.

Ein erschöpfter Feuerwehrmann in West Cork erklärte mir im Jahr 2009 nach zweitägigem Dauereinsatz in den Bergen, dass die Zunahme der Feuer vor allem mit der Lage der Landwirtschaft zu tun hat: Diese ist in den Berggebieten auf dem Rückzug, das Land wächst zu, und die Farmer betreiben ihre Landwirtschaft meist nur noch nebenberuflich. Deshalb bleibt oft nur der Weg, bei trockenem Ostwind ein Streichholz ans dürre Gras zu halten.

Die Feuer sorgen für besseren Lichteinfall und bereiten das Grasland für die nahende Vegetationsperiode vor. Im Winter abgebranntes Land steht im Frühjahr als Erstes in sattem Grün und lädt die Schafherden zum Grasen ein. Der naturnah arbeitende Bauer Jackie O'Shea erinnert sich, dass es diese Feuer in der Vergangenheit nicht in dieser Menge und Größe gegeben hat. In den alten Zeiten haben die Bauern ihr Vieh zweimal pro Jahr auf dieselbe Weide geschickt: Um die weniger schmackhaften Pflanzen wie Ginster und Gagel abzuräumen, muss die Wiese auch im Winter beweidet werden, wenn das Nahrungsangebot eingeschränkt und das Vieh weniger wählerisch ist. Das allerdings geschieht heute fast gar nicht mehr. Große Flächen liegen völlig brach, und so findet das Feuer reichlich Nahrung und kann sich schnell und großflächig ausbreiten. Immer wieder geraten die Feuer außer Kontrolle und gefährden Häuser und Menschen.

Unter die flämmenden Farmer mischen sich feuereifrige Pyromanen, die die Brandsaison für eigene Zwecke nutzen. Meist weiß die ganze Gemeinde, wer das jeweils aktuelle Feuer gelegt hat und warum es außer Kontrolle geraten musste. Es herrscht allerdings so etwas wie Omertà, die Pflicht zu schweigen. Man sagt nichts und man deckt die Zündler, regt sich über die Autofahrer auf, die wohl eine »Zigarettenkippe aus dem Fenster geworfen haben«. In unserer Gemeinde in der Bantry Bay wüten jedes Jahr vier, fünf große Weidefeuer – bis heute hörten wir von keinerlei Konsequenzen für die Verantwortlichen. Die Kosten für die Einsätze der Feuerwehren belaufen sich alleine in West Cork auf eine halbe Million Euro pro Jahr, landesweit wird das Abbrennen deshalb mit vielen Millionen Euro Steuergeldern indirekt subventioniert.

Die Kritiker allerdings, die Irland Rückständigkeit vorwerfen und die ökologischen Schäden der Ginsterfeuer kritisieren, könnten eines Besseren belehrt werden: Auch in Deutschland gibt es wieder Versuche mit Feuer als Instrument der Landschaftspflege und des Naturschutzes. Einige Ergebnisse der kontrollierten und auf kleine Flächen begrenzten Tests sind verblüffend:[113] Die CO_2-Bilanz des Feuereinsatzes ist neutral und dem Einsatz von Maschinen überlegen. Die Artenvielfalt wird nicht generell eingeschränkt, das Leben kehrt auf die abgebrannten Flächen schnell zurück, das Feuer kann sogar für die Ansiedlung neuer Arten sorgen. Wenn die Urlauber im Frühjahr nach Irland kommen, sehen sie jedenfalls nichts mehr von den Dramen des Winters: Sie bewundern die saftiggrünen Wiesen und freuen sich über ein Irland wie aus dem Bilderbuch.

Das Kleine Volk: Existiert es wirklich (nicht)?

Nun, am Ende dieses Buches, bleibt die so ewige wie komplizierte Frage anzusprechen, die Generationen von Einheimischen und Besuchern in den Bann gezogen hat: Wie steht es um die *Little People* von Irland, die Feen, Elfen, Kobolde und Naturgeister, für die das Land bekannt ist? Gibt es sie tatsächlich (nicht)? Wo leben die *Leprechauns*, und unter welchen Umständen werden die *Sidhe* für uns Menschen gefährlich? Muss man nachts in der Nähe von Friedhöfen den *Fear Dearg*, den Roten Mann, wirklich fürchten? Das Kleine Volk aus der Anderswelt ist bei der jungen Generation fast in Vergessenheit geraten, man muss schon die alten Iren konsultieren, um den Weg zu finden, um über *Banshees, Sheeries, Red* und *Grey Man*, über *Dullahan, Pooka, Cluricauns, Grogoch, Leprechauns* und *Changelings* zuverlässig Auskunft zu erhalten.

Die berühmten zwergenhaften Wesen mit den übernatürlichen Kräften leben in Erdhügeln und gelegentlich unter einem Weißdornbaum oder einem Holunderstrauch draußen auf dem Land. Sie trauen sich nur selten ans Tageslicht. Sie entziehen sich jedem naturwissenschaftlichen Zugang, sind mit den Augen des Skeptikers nicht zu erfassen. Sie zeigen sich nur dem Gläubigen. Man braucht *Fairy Faith*, Feenglauben, um sie zu erkennen: Glauben und Vertrauen. Wir wissen über sie, dass sie lange Zeit vor den Kelten ins Land kamen, dass sie als das Volk der *Túatha Dé Danann* bekannt waren, das über das Meer kam, die Fir Bolg als Regenten Irlands ablöste und von den Milesiern wiederum besiegt und abgelöst wurde. Seitdem leben die *Little People,* auch bekannt als *Gentry* oder beschwörend als *The Good People* (die guten Leute), ein zurückgezogenes Leben unter der Erde. Sie treten als Gruppenwesen und als Einzelgänger auf, manche haben Menschengestalt, andere sehen wie Tiere aus.

Die Feen hatten bis spät ins 20. Jahrhundert einen festen Platz im irischen Götterhimmel. Daran änderte auch die in Alltagsfragen streng bestimmende Kirche nichts. Der offizielle katholische Glaube ging harmonisch einher mit dem verbreiteten Naturglauben. So gesehen war die irische Dreifaltigkeit eher ein vierblättriges Kleeblatt: Vater, Sohn, Heiliger Geist und *Little People.* Die alte Farmersfrau Bridgie O'Sé erklärte mir nach dem Tod ihres Mannes

Máirtin: »Der Herr hat ihn zu sich genommen.« Am Grab bestand sie darauf, dass der Friedhof auf der Sanddüne unter der Herrschaft des muschelfressenden Nebengottes stehe, der im Berg unter dem Sand wohnte – und dass Máirtin nun auch auf dessen Gnade angewiesen sei. Zum Beweis zeigte Bridgie auf die leeren Muschelschalen, die zwischen den Gräbern herumlagen. Als Máirtin noch lebte, nahm er mich am Sonntagmorgen in den Gottesdienst mit, danach in O'Connor's Bar zum Frühschoppen, und am Nachmittag ging es auf dem Eselwagen über die Insel. Zweimal, als wir an Quellen vorüberfuhren, zog Máirtin seine Mütze kurz vom Kopf und deutete ehrfürchtig in Richtung der Wasserlöcher. Er wollte es sich mit den Wasserfeen auf keinen Fall verderben.

Irlands bekanntester und möglicherweise am weitesten verbreiteter Naturgeist ist der *Leprechaun*. Er wird beschrieben als kleiner Mann mit langem weißem Bart. Der *Leprechaun* (auch *Leipreachán, Leprechawn* oder *Luricawne*) ist ein mürrischer, oft leicht angetrunkener Einzelgänger. Er trägt ein rotes Gewand mit sieben Knopfleisten und je sieben Knopflöchern – allerdings gänzlich ohne Knöpfe. Der *Leprechaun* arbeitet von Haus aus als Schuster, er hat mit seinem Handwerk ein Vermögen gemacht, werkelt aber immer nur an einem einzelnen Schuh. Das Versteck seines Goldschatzes am Ende des Regenbogens hütet er bis heute erfolgreich. Viele Menschen haben versucht, das Geheimnis der *Leprechauns* zu erfahren. Von ihnen stammen die Beschreibungen, wie man einen *Leprechaun* am besten fängt. Finbar O'Sullivan[114] ist einer der Zeitgenossen, die einen *Leprechaun* getroffen haben. Der kleine Mann saß in die Arbeit vertieft am Wegesrand. Finbar näherte sich fast lautlos von hinten, stürzte sich auf den kleinen alten Mann und packte ihn am Bart. Finbar und der *Leprechaun* lieferten sich einen ausdauernden Kampf, der kleine Mann verwandelte sich in einen Vogel, dann in einen schlüpfrigen Aal, es half am Ende nichts. Finbar, der Farmer, wollte endlich reich sein und kämpfte wie ein Löwe. Der *Leprechaun* gab auf und deutete auf eine Jakobskrautpflanze: Dort ist der Schatz vergraben. Weil Finbar ein ziemlich fauler Farmer war, wuchsen auf seinem Land viele Jakobskrautpflanzen, und um ganz sicherzugehen, knotete Finbar sein rot gepunktetes Taschentuch an das Jakobskraut, unter dem der Goldschatz liegen sollte, bevor er eiligst nach Hause lief, um seine

Schaufel zu holen. Nach wenigen Minuten kehrte der Farmer zurück. Der *Leprechaun* war verschwunden, und an allen Jakobskrautpflanzen in der weiten Umgebung hingen rot gepunktete Taschentücher.

Eine wahre Geschichte? Sagen wir: eine schöne Geschichte. Eine wahre und verbriefte Geschichte dagegen ereignete sich im Jahr 1999 im Westen Irlands, im County Clare. Die alte Nationalstraße 18 zwischen Limerick und Galway sollte großzügig ausgebaut werden, die Stadt Ennis eine Umgehungsstraße erhalten. Die neue Trasse wurde in Latoon bei Newmarket-on-Fergus über ein Feld geplant, auf dem ein einzelner alter Weißdornbaum stand. Von dem kleinen Weißdorn – mehr Busch als Baum – hieß es, er sei ein wichtiger Feenbaum, unter ihm versammelten sich regelmäßig die *Fairies* aus der gesamten Südwestprovinz Munster, bevor sie gegen die Feen aus der Nordwestprovinz Connaught zu Felde zogen. Der im ganzen Land bekannte Geschichtenerzähler Eddie Lenihan,[115] ein gebürtiger Kerryman mit Wohnsitz im County Clare, konnte nicht fassen, welch achtlose Schandtat die Straßenbauer planten, und griff zu seinen Waffen: das Wort und die Geschichte. Eddie erzählte bei Demonstrationen, vor Journalisten, vor Mikrofonen und Fernsehkameras seine Geschichte vom wichtigen Versammlungsort der Naturgeister. Man habe den Ort und seine Bewohner zu respektieren und in Ruhe zu lassen, alles andere bringe Unglück. Eddie Lenihan erzählte, was er von dem alten Eigentümer des Feldes erfahren hatte, wie jener Klumpen grüner leberartiger Masse am Weißdorn gefunden hatte – ein eindeutiger Beweis: Feenblut. Eddie sah es als seine Pflicht an, die Menschen im Land und ganz besonders die Straßenbauer zu warnen: »Wenn dieser Busch zerstört wird, werden die Feen sich fürchterlich rächen: Es wird an der Stelle zahlreiche Unfälle, Verletzte, Tote geben.«

Die Geschichte vom Weißdorn von Latoon wurde von der *New York Times* aufgegriffen, stand danach in allen großen Zeitungen der USA und wurde auch von den Medien in Europa verbreitet. Die gewaltlose Kampagne des Mannes, der mit den Feen und *Leprechauns* auf Du und Du lebt, wurde ein großer Erfolg, der Feenglaube feierte einen späten Sieg: Der Weißdorn blieb erhalten, die nationale Straßenbehörde willigte ein und führte die neue Straße nach jahrelanger Verspätung der Bauarbeiten um das Feld mit dem Namen »Lynch's Crag« herum.

So etwas kann nur in Irland passieren, dort, wo der Feenglaube noch immer verbreitet ist. Eddie Lenihan erklärte, warum es in Irland noch gibt, was andernorts unmöglich erscheint: »Weil die Feen in Irland keine vage, unpersönliche Macht sind. Sie sind Menschen wie wir. Sie kommen vielleicht aus einer anderen, einer Parallelwelt, aber sie sind uns doch in vielerlei Hinsicht auch ähnlich. Wir verstehen jedenfalls genug von ihnen, um vorsichtig zu sein und ihre Behausungen zu respektieren.« Der Unbekannte, der dem geretteten Weißdorn am 9. August 2002 im Schutz der Nacht mit der Kettensäge zusetzte und alle Äste absägte, war offensichtlich anderer Ansicht. Er musste nach Überzeugung der Feengläubigen das Schlimmste für sich und sein Leben befürchten. Der Baum jedenfalls überlebte auch diesen Anschlag und trieb neu aus.

Meine eigene Suche nach den Little People war bis heute nicht erfolgreich, man sagte, ich sei zu skeptisch. So bleibt mir, ganz am Ende den Ratschlag zu geben: Suchen Sie selbst. Kommen Sie hierher auf diese herrliche kleine Insel. Unternehmen Sie einen schönen Spaziergang, entfernen Sie sich so weit vom letzten Haus im Dorf, bis Sie dessen Fenstersprossen nicht mehr erkennen können. Setzen Sie sich auf einen Stein und warten sie. Warten Sie einfach. Halten Sie ein. Genießen Sie die Ruhe. Sie werden es nicht bereuen. Auch wenn Sie niemals einen *Leprechaun* sehen werden. Willkommen in Irland.

Anhang

Anmerkungen

1 Central Statistics Office, Census 2011, www.cso.ie (letzter Zugriff am 5.6.2013).
2 Houellebecq, Michel: Karte und Gebiet, Köln 2010.
3 Central Statistics Office, Census 2011, www.cso.ie.
4 Met Éireann, www.met.ie (letzter Zugriff am 5.6.2013).
5 ARD, Tagesschau vom 24.9.2012.
6 IDA Ireland, www.idaireland.com (letzter Zugriff am 5.6.2013).
7 Fáilte Ireland, www.failteireland.com (letzter Zugriff am 5.6.2013).
8 Daily Mail vom 28.7.2010.
9 Alle Beispiele aus: Forstering a culture of compensation, in: Irish Examiner vom 10.8.2012.
10 Google 2.4% Rate Shows How 60 Billion Lost to Tax Loopholes, auf Bloomberg.com vom 21.10.2010 (letzter Zugriff am 5.6.2013).
11 Wikipedia zum Stichwort »Double Irish Arrangement« und Die Zeit Online vom 28.11.2012: »Die Jagd nach den staatenlosen Milliarden«.
12 Siehe Fußnote 10.
13 Die Geschichte Irlands aus der Perspektive des englisch-irischen Konflikts beschreibt Noetzel, Thomas: Geschichte Irlands. Vom Erstarken der englischen Herrschaft bis heute, Darmstadt 2003. Eine gute Kurzübersicht bietet die Website www.droichead.net (letzter Zugriff am 5.6.2013). In englischer Sprache, auch für Jugendliche leicht verständlich geschrieben und äußerst unterhaltsam und schön illlustriert: O'Brien, Brendan: The Story of Ireland, Dublin 2009.
14 Irish Times vom 21.5.2011.
15 Coogan, Tim Pat: Eamon de Velara. The Man Who Was Ireland, New York 1996.
16 Die Rede ist als »The Ireland That We Dreamed Of« bekannt geworden. Premier de Valera hielt sie am 17.3.1943 über Radió Éireann.
17 Wer sich eingehender für die Geschichte Irlands interessiert, hat eine gute Auswahl an deutsch- und englischsprachiger Literatur. Beispielhaft seien erwähnt: Stuchtey, Benedikt: Geschichte Irlands, München 2012. Maurer, Michael: Kleine Geschichte Irlands, Stuttgart 1998: Kurzweilig in Englisch die Geschichte in Landkarten von Duffy, Seán: Atlas of Irish

History, Derbyshire 2000. Ausführlich und gediegen dagegen: Foster, R. F.: Modern Ireland 1600–1972, London 1988 (seit 2011 auch als Reprint erhältlich). Eine kurze Geschichte Irlands für Menschen ohne Zeit gibt es auf www.irlandnews.com/geschichte (letzter Zugriff am 5.6.2013).

18 Das Standardwerk über die Kelten ist Birkhan, Helmut: Kelten. Versuch einer Gesamtdarstellung ihrer Kultur, Wien 1999.

19 McEvoy, Brian / Richards, Martin / Forster, Peter / Bradley, Daniel G.: The Longue Duree of genetic ancestry: multiple genetic marker systems and Celtic origins on the Atlantic facade of Europe. Dublin 2004.

20 www.fluentin3months.com.

21 Duffy, Seán: Atlas of Irish History, Derbyshire 2000.

22 Census 2011, www.cso.ie; alle Personen älter als drei Jahre.

23 www.gaelscoileanna.ie, die Website der Gael Scoils in Irland (letzter Zugriff am 5.6.2013).

24 Der Autor gehört zu den 2,5 Millionen Menschen in Irland, die allenfalls ein Verkehrsschild oder einen Ortsnamen verstehen und übersetzen können. Er verzichtet deshalb auf Kostproben der Sprache, die so anders ausgesprochen wird, als es auf den ersten Blick aussieht. Wer Irisch hören möchte, kann im Internet live bei RTE »Raidio na Gaeltachta« reinhören.

25 Die erwähnten Beispiele stammen alle aus den ersten Sitzungswochen des Jahres 2013. Die Tagesordnungen und Sitzungsprotokolle des Parlaments lassen sich online einsehen: www.oireachtas.ie (letzter Zugriff am 5.6.2013).

26 Spotlight – PR STV and localism in Irish politics; No. 2 2011.

27 Fintan O'Toole: Enough is Enough. How to Build a new Republic, London 2010.

28 Die Irish Times vom 22.3.2012 berichtete ausführlich über die wichtigsten Befunde des Mahon-Tribunals.

29 Der Abschlussbericht des Mahon-Tribunals, benannt nach dem Vorsitzenden Richter Alan Mahon, kann auf der Website www.planningtribunal.ie (letzter Zugriff am 5.6.2013) heruntergeladen werden.

30 Corruption Perception Index von Transparency International 2012, www.transparency.de (letzter Zugriff am 5.6.2013). Der jährlich aktualisierte Index misst die wahrnehmbare Korruption von Politikern und Amtsträgern in 174 Ländern weltweit.

31 Dohmen, Doris: Das deutsche Irlandbild. Imagologische Untersuchungen zur Darstellung Irlands und der Iren in der deutschsprachigen Literatur, Amsterdam 1994.

32 Kohl, Johan Georg: Die Völker Europas, Hamburg 1868.

33 Dohmen, Doris: Das deutsche Irlandbild.

34 Foster, R. F.: Luck & The Irish, New York 2008.

35 Ebenda.

36 Levine, Robert: Eine Landkarte der Zeit. Wie Kulturen mit Zeit umgehen, München 1999.

37 New York Times, Ausgabe vom 3.9.2012.

38 Waters, John: An Intelligent Person's Guide to Modern Ireland, London 1997.

39 Eine ausführliche Liste prominenter irisch-amerikanischer Menschen findet man bei Wikipedia: www.wikipedia.org/wiki/List_of_ Irish_s.

40 Gabriel Byrne am 6.11.2012 im Programm »The Last Word« des Radiosenders Today FM.

41 Die wirtschaftlichen Basisdaten für Irland können bei der OECD, bei Eurostat oder beim irischen Wirtschaftsinstitut ESRI nachgeschlagen werden.

42 Zum Beispiel bei Friedman, Thomas L.: The End of the Rainbow, in: New York Times vom 29.6.2005

43 The Irish Echo vom 14.12.2010.

44 Central Statistics Office, www.finfacts.ie.

45 Harald Schumann, Wirtschaftsjournalist beim Berliner Tagesspiegel, wies in seiner Fernsehdokumentation »Staatsgeheimnis Bankenrettung« diese Zusammenhänge erstmals schlüssig nach (Erstausstrahlung am 26.2.2013 auf Arte).

46 Emigration slows population growth, in: Irish Times vom 27.9.2012.

47 Die Berichte der Kommissionen sind im Volltext online zu lesen, zum Beispiel der umfängliche Ryan-Report auf www.childabusecommission.ie.

48 An Archbishop Burns While Rome Fiddles, in: New York Times vom 4.6.2011.

49 Cillins waren in Irland Beerdigungsstätten, an denen vor allem ungetaufte Kinder, Mörder, Selbtmörder und Ortsfremde begraben wurden, denen die Kirche ein Grab auf dem geweihten Friedhof verweigerte.

50 Joint Oireachtas Committee on Health and Children: National Priority Issues for the Quarterly Meeting with the Minister for Health, 2012.

51 Over 70 % support X-case legislation on abortion, in: Irish Times vom 11.2.2013.

52 O'Connor, Joseph: The Irish Male – His Greatest Hits, Dublin 2009.

53 Doyle, Roddy: Typisch irisch, München 2007.

54 Alle Zahlen stammen aus dem Report »Profile 6 – Migration and Diversity«, einer kommentierten Auswertung des Census 2001, die im Oktober 2012 veröffentlicht wurde.

55 Die Dunkelziffer der illegal in Irland lebenden Ausländer wird als hoch eingeschätzt.

56 Eine Studie des University College Dublin, zitiert nach Huck, Dirk: Irland ist jetzt meine Heimat, Dublin 2013, unveröffentlichtes Manuskript.

57 O'Brien, Dan: Unravelling the facts, and myths, of Irish inequality, in: Irish Times vom 14.2.2013.

58 Laut Zensus 2011 hatten 84 Prozent der 29573 Irish Travellers einen festen Wohnsitz.

59 DNA study: Travellers a distinct ethnicity, in: Irish Examiner vom 31. 5. 2011.

60 Alle Zahlen stammen aus dem Parlamentsreport The Misuse of Alcohol and other Drugs, House of the Oireachtas, Januar 2012.

61 Irish alcohol consumption drops, in: Irish Times vom 8. 3. 2013.

62 www.rutlandcenter.ie.

63 Rice, Damien: A Country in Need of Some Mothering, in: Irish Times vom 16. 3. 2010.

64 Dirk Huck hat auf dem lesenswerten Blog for Ireland (www.blog-for-ireland.blogspot.com) zahlreiche interessante Beiträge über Irland mit Insidertipps für Besucher veröffentlicht.

65 Dublin Chamber of Commerce, www.dubchamber.ie.

66 Occupation transformation aims to help young unemployed, in: Irish Examiner vom 22. 1. 2013.

67 Stand 2013.

68 Irish have second shortest working week in Europe, in: Irish Times vom 6. 10. 2012.

69 Alle Zahlen stammen aus Berichten des Department of Social Protection, www.welfare.ie (letzter Zugriff am 5. 6. 2013).

70 Booze-filled Botox parties »immoral«, says clinic boss, in: Irish Independent vom 27. 1. 2013.

71 Der Euro Health Consumer Index wird seit 2005 jährlich vom schwedischen Think Tank Health Consumer Powerhouse ermittelt und gilt als zuverlässiger Vergleichsindikator.

72 Burke, Sara: Irish Apartheid – Healhtcare Inequality in Ireland, Dublin 2010.

73 Three-quarters of junior doctors plan to leave Irish healthcare system, in: Irish Times vom 13. 2. 2013.

74 The New Green Cuisine, in: New York Times vom 8. 3. 2013.

75 Darina Allen veröffentlicht auf der Website der Ballymaloe-Kochschule zahlreiche irische und internationale Rezepte zum Nachkochen: www.cookingisfun.ie (letzter Zugriff am 5. 6. 2013).

76 Bunbury, Turtle / Fennell, James: The Irish Pub, London 2008.

77 Die Rückkopplungseffekte irischer Kulturvermarktung auf Irland beschreibt Foster, R. F. in: Luck & the Irisch, New York 2008.

78 Cullen, Paul: The pub loses its pulling power, in: Irish Times vom 18. 2. 2012.

79 Ireland's Pubs In Trouble, Along With Celtic Economy, in: The Huffington Post vom 24. 9. 2012.

80 Hotels, pubs to be badly hit by recession – McKenna, in: Irish Times vom 29. 1. 2009.

81 Fans der alten Handball-Anlagen haben diese für Irland typische Architekturform erforscht, sie betreiben den interessanten Blog www.irish-handballalley.com (letzter Zugriff am 5. 6. 2013) und sammeln dort Fotos und Adressen der Handball-Spielfelder in Irland.

82 Waters, John: An Intelligent Person's Guide to Modern Ireland, London 1997.

83 O'Donohue, John: Landschaft der Seele, München 2000.

84 Die Website www.irishtrails.ie (letzter Zugriff am 5.6.2013) gibt einen guten Überblick über die Rundwege in Irland.

85 Keane, John B.: The Field, Cork 1991. Das Theaterstück wurde verfilmt, der Film ist als DVD erhältlich.

86 Central Statistics Office, www.cio.ie (letzter Zugriff am 5.6.2013).

87 Zu sehen und zu studieren im National Museum Irlands in Dublin.

88 Moorleiche entdeckt. So qualvoll starben die irischen Könige, in: Spiegel Online vom 6.10.2011 (letzter Zugriff am 27.6.2013).

89 Enzensberger, Hans Magnus: Der alte und der neue Luxus, in: Der Spiegel 51/1996.

90 Alle Zahlen: Census 2006 und 2011, www.cso.ie (letzter Zugriff am 5.6.2013).

91 Viele dieser Grundstücke wurden nie bebaut. Beispiele finden sich in West Cork.

92 Frank, Hans Georg: Urlaub im geheimen Exil, in: Südwest-Presse vom 14.4.2012.

93 Gruber, Harald auf www.irlandlive.com (letzter Zugriff am 5.6.2013).

94 Böll, Heinrich: Irisches Tagebuch, Köln 1957.

95 Hugo Hamilton (*1953) wuchs als Sohn einer Deutschen und eines Iren in Dublin auf. Er beschäftigte sich intensiv mit Bölls Irischem Tagebuch und veröffentlichte Bezug nehmend zum 50. Jahrestag des Erscheinens seinen Erzählband Die redselige Insel, München 2007.

96 The loneliness of being German, in: The Guardian vom 7.9.2004.

97 Dohmen, Doris: Das deutsche Irlandbild.

98 Der Autor dieses Buches betreibt das Irland-Webmagazin www.irland-news.com (letzter Zugriff am 5.6.2013). Unter der Rubrik Irland-Links findet sich eine aktuelle Zusammenfassung der Blogs, auf denen über Irland informiert und diskutiert wird.

99 Im Irlandforum www.irland.net (letzter Zugriff am 5.6.2013) wird diese Frage gerne, oft und leidenschaftlich diskutiert.

100 Kristof Magnusson hat unter anderem die Gebrauchsanweisung für Island, München 2011, geschrieben.

101 Beispielsweise im September 2011 auf www.boards.ie (letzter Zugriff am 5.6.2013), dem größten multithematischen Internet-Diskussionsforum Irlands.

102 Die Liste wird regelmäßig auf der Website www.irlandnews.com (letzter Zugriff am 5.6.2013) veröffentlicht.

103 £ 18,000 for the waitress taunted over her red hair, in: Daily Mail vom 26.6.2007.

104 Einen guten Eindruck zum Thema kann man sich auf der Website www.thedonkeysanctuary.ie (letzter Zugriff am 5.6.2013) verschaffen.

105 Artikel zum Thema zu lesen waren 2010 in: Die Welt, Der Spiegel, FAZ und WAZ.

106 Urban, Beatrix: Die Tierschutzsituation in Irland, in: Irische Hunde in Not, www.ihin.de (letzter Zugriff am 5.6.2013).

107 BBC Radio Ulster am 18. März 2012.

108 Eine Schätzung aus dem Jahr 2009; publiziert auf www.anvilireland.ie (nun offline).

109 An idea that might just fly, in: Irish Times vom 23.6.2012.

110 EEA/European Commission: Urban sprawl in Europe – The ignored challenge, Kopenhagen 2006.

111 Gilmore, Eamon: EU membership crucial for our economic future, in: Irish Times vom 31.12.2012.

112 Übersetzt aus Groult, Benoîte: La touche étoile, Paris 2006.

113 Goldammer, J. G. / Prüter, J. / Page, H.: Feuereinsatz im Naturschutz in Mitteleuropa. Ein Positionspapier, Schneverdingen 1997.

114 Eine Geschichte aus Connor, Aine: The Little People of Ireland, Dromore, Bantry 2008.

115 Eddie Lenihan, Jahrgang 1959, beschreibt die Kampagne für den Weißdorn in seinem Buch Meeting The Other Crowd – The Fairy Stories of Hidden Ireland, New York 2004. Die Radiodokumentation »Eddie and the Lone Bush« von Peter Woods für RTE Radio 1 erzählt die wahre Geschichte des Feenbaums im Detail nach (ausgestrahlt am 2. März 2009).

Literatur und Websites

Hier eine kleine subjektive Auswahl meiner Lieblingsbücher und bevorzugten Websites aus und über Irland. Weitere interessante Bücher werden im Quellenverzeichnis genannt.

Sachbücher

Dohmen, Doris: Das deutsche Irlandbild. Imagologische Untersuchungen zur Darstellung Irlands und der Iren in der deutschsprachigen Literatur, Amsterdam 1994.

Everett, Nigel: Wild Gardens. The Lost Demesnes of Bantry Bay, Cork 2000.

Eagleton, Terry: Die Wahrheit über die Iren, München 2000.

Foster, Roy: Luck & the Irish, New York 2008.

McCarthy, Pete: McCarthy's Bar. Mein ganz persönliches Irland, München 2004.

Mersey, Richard: The Hills of Cork and Kerry, Gloucester 1987.

Mitchell, Frank / Ryan Michael: Reading the Irish Landscape, Dublin 2003.

O' Donohue, John: Connemara Blues, München 2001.

O'Toole, Fintan: Enough is Enough – How To Build A New Republic, London 2010.

Uris, Jill and Leon: Irland. Schreckliche Schönheit, München 1985.

Waters, John: An Intelligent Person's Guide to Modern Ireland, London 1997.

Ders.: The Politburo Has Decided That You Are Unwell, Dublin 2004.

Erzählungen und Romane

Doyle, Roddy: Typisch Irisch, München 2007.

Hamilton, Hugo: Die redselige Insel. Irisches Tagebuch, München 2007.

Ders.: Der irische Freund, München 2012.

Ungerer, Tomi: Der Nebelmann. Eine Geschichte aus Irland, Zürich 2012.

Reiseführer

Aus dem großen Stapel der Irland-Reiseführer zwei Empfehlungen von Autoren, die seit langem in Irland leben und das Land besonders gut kennen und beschreiben:

Biege, Bernd: Stefan Loose Reiseführer Irland, Ostfildern 2011.

Dubilski, Petra: Dumont Reise-Handbuch Irland; Ostfildern 2011.

Websites (letzter Zugriff am 22.5.2015)

www.boards.ie. Irlands größtes Diskussionsforum zu allen möglichen und unmöglichen großen und alltäglichen Themen.

www.citizensinformation.ie. Umfangreiche Bürgerinformation über öffentliche Dienste, Gesetze und Rechte. Interessant für alle, die länger in Irland leben wollen.

www.irishtimes.com. Die Website meiner bevorzugten irischen Tageszeitung *Irish Times.*

www.irland.de. Irish-Net, das Irland-Portal von Thorsten Blum. Interessantes und vielfältiges Informationsangebot über Irland (mit dahinter verborgenem Reisebuchungstool eines Reiseveranstalters).

www.entdeckeirland.de. Die offizielle Website der Irland Information (Tourism Ireland) in Deutschland. Nützliche Reiseinformationen und Anreisetipps.

www.met.ie. Die Website des amtlichen irischen Wetterdienstes Met Éireann. Unverzichtbar.

www.politics.ie. Das große irische Diskussionsforum über politische Themen.

www.taz.de. Die Berliner Tageszeitung beschäftigt als einzige deutsche Tageszeitung einen ständigen Korrespondenten in Irland. Die Artikel des Kollegen Ralf Sotschek sind meist genauso lesenswert wie seine Bücher, etwa: Nichts gegen Iren. Psychogramm eines komischen Volkes, München 2011.

www.thejournal.ie. Irlands wichtigstes reines Online-Nachrichtenangebot.

www.irland-wandern.de. Zum Schluss ein bisschen Eigenwerbung: Unsere Website für Wanderer und wandernde Irlandfans; und www.irlandnews.com, unser (fast) tagesaktuelles Irland-Webmagazin mit Berichten über das Leben und Reisen in Irland, das in der Rubrik »Links« auch einen Überblick auf die deutschsprachigen Irland-Blogs gibt.

ULSTER

Lifford

Nordirland
(Vereinigtes Königreich)

Nord-
Kanal

Belfast

Sligo

Monaghan

Carrick-
on-Shannon

ULSTER

Cavan

Dundalk

Castlebar

CONNACHT

Longford

Navan

Irische
See

Roscommon

Meath

Lough Corrib   Lough Ree

Mullingar

Swords

Galway

Tullamore

Dublin

Tallaght

Dún
Laoghaire

Shannon

LEINSTER

Naas

Atlantischer
Ozean

Lough Derg

Portlaoise

Barrow

Lugnaquilla
(925m)

Wicklow

Ennis

Carlow

Nenagh

Limerick

Kilkenny

Tralee

MUNSTER

Clonmel

Wexford

Sankt-
Georgs-
Kanal

Blackwater

Dungarvan

Carrauntoohil
(1039m)

Cork

Keltische
See

- - - - -   Landesgrenze

·········   Provinzgrenze

LEINSTER   Provinz

0   50   100 km

N

Schottland

Nord-
irland

Vereinigtes
Königreich

Irland

Wales

England

Frankreich

Basisdaten

Fläche: 70 273 km^2

Küstenlänge: 1448 km

Einwohner: 4 595 000 (2013), davon leben mehr als 40 % in einem Umkreis von 100 km um Dublin

Bevölkerungsdichte: 65 Einwohner pro km^2 (Deutschland 226)

Lebenserwartung: 80,38 Jahre, Männer: 78,8 Jahre, Frauen: 83,4 Jahre (Stand: 2013; Vergleich Deutschland: 80,25 Jahre, Männer: 78,2 Jahre, Frauen: 82,9 Jahre)

Geburtenrate: 15,81 Geburten je 1000 Einwohner (Stand: 2012; Vergleich Deutschland: 8,33 Geburten je 1000 Einwohner)

Religion: römisch-katholisch: 3 831 187 Mitglieder, Church of Ireland: 124 445, andere Religionen: 509 566, bekenntnislos: 256 830 (Stand: 2011)

Nationalfeiertag: 17. März (Saint Patrick's Day)

Landessprachen: Irisch, Englisch

Staatsform/Regierungsform: parlamentarisch-demokratische Republik

Staatsoberhaupt: Präsident (Michael D. Higgins, seit 29. Oktober 2011)

Regierungschef: Taoiseach (Ministerpräsident; Enda Kenny, seit 9. März 2011)

Verwaltungsgliederung: 4 Provinzen (Connacht, Leinster, Munster, Ulster), unterteilt in 26 Grafschaften (Countys)

Hauptstadt: Dublin

Unabhängigkeit: Free State im Commonwealth: 6. Dezember 1922

Verfassung: angenommen am 29. Dezember 1937; Gründung der Republik Irland: 18. April 1949

Größte Städte: Dublin (1 110 627 Einwohner), Cork (198 582), Limerick (91 454), Galway (76 778) (Stand: 2011)

Höchster Berg: Carrauntoohil, 1039 m

Bruttoinlandsprodukt: 162,3 Milliarden Euro, 34 370 Euro pro Kopf (Stand 2012; Deutschland: 2903,8 Mrd. Euro, 35 200 pro Kopf, 2012)

Inflationsrate: 0,3 % (Deutschland: 1,6 %, Stand: 2014)

Arbeitslosigkeit: 13,1 % (Deutschland: 5,3 %, Stand: 2014)

Landwirtschaftliche Produkte: Gerste, Kartoffeln, Weizen, Rindfleisch, Milchprodukte

Industrielle Produkte: Arzneimittel, medizinische Geräte, Chemie- produkte, Hard- und Software für Computer, Alkohol

Kommunikation: ca. 2,047 Millionen Festnetz-Anschlüsse, ca. 4,906 Millionen Handys (Stand: 2011)

Quellen: www.cia.gov, Statistisches Bundesamt, www.cso.ie, www.statcentral.ie (letzter Zugriff am 14.6.2014)